Hermann Gühring

Da geht's lang

*Die besten Geschichten
meiner verwegenen Reisen
in über 100 Länder*

Bibliografische Information der Deutschen Nationalbibliothek
Die Deutsche Nationalbibliothek verzeichnet diese Publikation in der
Deutschen Nationalbibliografie; detaillierte bibliografische Daten sind im
Internet über www.dnb.de abrufbar.

Die Bibelstellen wurden, soweit nicht anders angegeben,
folgenden Übersetzungen entnommen:

BasisBibel / Luther 1984 / Luther 2017
sowie ein paar eigenen Übersetzungen des Autors.

© 2021 by Fontis-Verlag Basel

Umschlag, Karten und Bildteile: René Graf, Fontis-Verlag Basel
Copyright sämtlicher Fotos by Hermann Gühring
Satz: Inno Set AG, Justin Messmer
Druck: Finidr
Gedruckt in der Tschechischen Republik

ISBN 978-3-03848-208-6

Inhalt

1
Kein Vorwort

Dieses Vorwort können Sie glatt vergessen – denn es tut eigentlich nichts zur Sache. Vielleicht lesen Sie es lieber hinterher, vielleicht gar nicht; es wäre nicht schade darum.

Meine Beobachtungen sprechen für sich. Sie sind zwar subjektiv, wirken aber auch unabhängig vom Autor. Denken Sie einfach, da ist einer neugierig, offen für Gott und für die Welt, Geschäftsmann, Genießer, Sinnfrager, Entdecker fremder Kulturen und der Schönheit der Welt. Und einer, der Menschen nicht einstuft in liebenswerte und andere, sondern Respekt hat vor dem Andersartigen. Mehr müssen Sie über mich nicht wissen.

Nur wenn es Sie wirklich interessiert, wer ich bin – schlagen Sie die letzten Seiten auf.

Sonst springen Sie einfach direkt mitten in eine Wirklichkeit, die schonungslos ehrlich daherkommt – so wie es wirklich war. Wenn ich ein paar Mal Namen und Orte verändert habe, dann nur, um die Spuren zu verwischen zu denen, deren Identität ich schützen muss. Manche leben am Limit, die Menschenwürde wurde ihnen genommen. Sie haben es verdient, geschützt zu werden; aber gerade sie haben es sich gewünscht, dass ich nichts beschönigen oder weglassen soll.

Auf meinen Reisen in über 150 Ländern wurde ich oft von der Wirklichkeit ent-täuscht, was meiner Freude an berauschender Schönheit der Natur und an fremden Kulturen keinen Abbruch tat. Wie bei einem Puzzle können Sie mit jedem Element anfangen – wenn etwas zusammenpasst, ist es kein Zufall. Weil alles, was ich gesehen habe, Teil der Realität ist, muss ein überragendes Ganzes existieren. Schon die Suche danach ist spannend – wie wird erst das Finden sein?

«Da also geht's lang …» – mögen auch Sie sich dann sagen.

2

Auf die Spitze getrieben

Zu meinen Schwächen (und manchmal Stärken) gehört es, dass ich absolut immer bis zum Äußersten gehe. «Mit *einem* Messer im Rücken gehen wir noch lange nicht nach Hause» – so hatten wir als Studenten gesagt, und so kommt es, dass ich noch heute auf den höchsten Turm muss, auf die entlegenste Insel, in das unmöglichste Projekt. Und bevor es absolut nicht mehr weitergeht, bin ich kaum zur Umkehr zu bewegen.

So üben auch Caps – Landspitzen aller Art – eine magnetische Anziehungskraft auf mich aus. Die Südspitze Indiens weniger als 2000 km weg? Ich habe drei Tage Zeit und schnappe mir einen Mietwagen. Nach 19 Stunden mit Schlaglöchern und Geisterfahrern erreiche ich die Küste. Noch war ich in Hochstimmung, denn die beiden Kollisionen mit einem lichtlosen Ochsenkarren und beim Ausweichen vor einer ebenfalls unbeleuchteten Kuh erlebte ich erst auf der Rückfahrt.

Leider war das an der Südspitze Indiens gebuchte Beach-Resort nicht zu finden. Es liege ungefähr 50 km aufwärts an der Westflanke des indischen Dreiecks, meinte jemand zu wissen. Ich hatte ja sogar eine Telefonnummer, aber die Nachtwache an der Rezeption konnte nicht erklären, wie der Ort zu finden war. «Nein, ich bin noch nie weiter als eine halbe Stunde zu Fuß aus diesem Ort hinausgekommen.» Wie sollte er wissen, wo er ist?

In völliger Dunkelheit tasteten meine Scheinwerfer eine immer schlechter werdende Straße nach Nordwesten ab, die dummerweise immer mehr an Höhenmetern gewann. Bald waren Küste und Meer nicht mehr zu sehen, nur noch die dichte tropische Vegetation. Ab und zu ging eine Stichstraße nach links, unbefestigt und mit felsigen Rippen, und es kostete mich jeweils eine halbe Stunde für die ca. 20 km, bis ich am Wasser war. Dort aber ging es weder links noch rechts, kein fahrbarer Weg an der Küste entlang. Also wieder falsch, und ich musste zurück auf die Hauptstraße und weiter nach

Norden. Nach 70 km kehrte ich um – ich musste es verpasst haben. Inzwischen war es nach Mitternacht. Hatte ich einen Abzweig übersehen?

Schließlich stand ich wieder am Wasser und erkundete zu Fuß das stark bewachsene Ufer. Das Handy zeigte nur noch wenig Saft, im Auto laden konnte ich nicht. Nochmals investierte ich etwas Energie in einen Anruf an der Rezeption – inzwischen nahm keiner mehr ab. Wie in aller Welt sollte ich das jetzt noch finden? Meine einzige Antwort: So nah wie möglich an der Küste bleiben, woanders kann ja ein Beach-Resort nicht sein.

Und weil es keine andere Möglichkeit gab, in Sichtweite des Meeres zu bleiben, beschloss ich, mich auf den durch die Ebbe freigewordenen Sandstreifen zu wagen; den Dschungel hatte ich jetzt rechts von mir. Eine fatale Entscheidung, wie sich leider herausstellte. Anfangs ging es noch recht gut, aber da ich vielleicht 20 km zurücklegen musste, wurde ich immer schneller und frecher und landete prompt in unpassierbarem, mit Flugsand bedecktem Schlamm. Die Räder drehten durch, ohne dass sich das Auto noch vorwärtsbewegte.

Noch einmal vorsichtig Vorwärts- und Rückwärtsgang, noch einmal schaukeln – keine Chance. Gleich waren alle vier Räder tief im Sand versunken, und das Chassis saß auf. Und so hing ich da, allein in einer inzwischen mondhellen Nacht, und bekam zuerst mal einen fast hysterischen Lachanfall. «Bist du eigentlich verrückt geworden? Was tust du an der Südspitze Indiens, morgens um 3 Uhr, auf einem durch Ebbe frei gewordenen Stück Meeresboden, und jetzt auch noch bewegungsunfähig und mutterseelenallein?»

Oder war ich es doch nicht? Waren da nicht ein paar Gesichter aus dem Dickicht erschienen und gleich wieder verschwunden im 500 Meter entfernten Dschungelsaum? Holten sie Hilfe, oder hatten sie Schlimmeres vor? Da inzwischen auch mein Handy leer war, kannte keine Seele meine Position. Schlagartig wurde mir klar, dass ich niemandem auch nur ein Sterbenswort über meine verrückte Idee mit der Südspitze Indiens gesagt hatte. Man vermutete mich in Bangalore – zwölf Autostunden weit weg. Niemand würde mich finden, noch nicht mal hier suchen.

Als dann das Wasser stieg und immer näher kam, wurde mir klar, wie prekär meine Lage war: Natürlich, nach der Ebbe kommt die Flut!

So nahm ich alle Konzentration zusammen und dachte nach. Wenn du nicht hier untergehen oder dein Auto zurücklassen willst, bleibt dir nur eine Chance: Du musst das Auto ausgraben. Mit den Händen natürlich – etwas anderes hatte ich nicht. Doch selbst als der Boden so weit frei war, dass das Chassis nicht mehr auf dem Sand aufsaß, drehten die Räder sofort durch. Also weitergraben.

Nach dem zweiten Fehlversuch setzte ich auf eine letzte List: Ich brauchte eine längere Beschleunigungsbahn, die ich vor mir mit Wasser besprizte. Darauf legte ich die Klamotten aus dem Koffer. Ich wusste, es war mein letzter Versuch. Deshalb opferte ich alles, von der Unterwäsche bis zum Jackett – und setzte dann alles auf eine Karte. Ganz vorsichtig anfahren, und dann ja nicht mehr halten müssen – ich kam tatsächlich raus.

Es war nicht das einzige Mal, dass mich mein Entdeckereifer in Schwierigkeiten brachte, aber immerhin habe ich es bis heute immer wieder nach Hause geschafft.

Des Rätsels Lösung war damals, dass das von mir gesuchte Anwesen einige Kilometer weit im Landesinneren lag. Unverständnis bei dem übernächtigten Torhüter, der mich im Morgengrauen einließ. Was denn – warum auch soll denn ein Beach-Resort direkt am Meer liegen?

3

Heiße Nacht in Manila

Wer die Philippinen anfliegt und Glück hat mit dem Wetter, sieht eine bezaubernde Verzahnung von Land und Wasser in immer neuen Variationen. Die üppige Vegetation zerklüfteter und bewaldeter Inseln sucht ihresgleichen, nicht selten fordern Unwetter und Überflutungen ihren Tribut.

Auch die Bevölkerung gilt international als vielfach geschunden – in ganz Asien und Nahost werden Philippinos als billige Arbeitskräfte missbraucht. Umso berückender die Begegnung mit den Menschen hier in ihrem eigenen Land – selbst als einfacher Mietwagenkunde wird man so herzlich empfangen, als gehörte man schon lange zur Familie. Oder ist es gerade diese spontane Wärme und Zuwendung schon im ersten Moment, die diese Menschen so verletzlich macht?

Eine Freundin unserer Familie hatte hier in Auffanglagern für Boat-People als Hebamme gearbeitet, so hätte ich schon die Möglichkeit gehabt, bei besserer Vorbereitung gemeinsame Bekannte zu treffen. Dieser technische Stopp in Manila war aber erst kurzfristig zustande gekommen durch eine notwendige Umbuchung auf dem Weg nach Shanghai.

Einerseits empfing mich die Stadt mit einem stundenlangen Stau, andererseits bot das quirlige Leben neben der Straße genug Unterhaltung, um das Ganze zu genießen. Tankstellen haben hier keine Zapfsäulen, dafür hängen federgelagerte Schläuche von oben herab – man schnappt sich einen, zieht ihn herunter und hält ihn fest, bis der Tank gefüllt ist. Die Straßenhändler sitzen vor rauchenden Fässern und braten mit flüssigem Fett, und wenn sich der Himmel immer wieder sturzbachartig entleert, ist das nicht wie Regen, sondern als sei ein See in den Wolken gebrochen und stürzte wie eine Wasserwand herab.

Beseelt und voller Erwartung tauchte ich ein in eine fremdartige Welt, die mir noch am selben Abend eine bizarre Überraschung bieten sollte …

Günstige Mittelklassehotels wie bei uns üblich schien es hier nicht zu geben. Und weil ich kein Risiko bezüglich Hygiene und Sicherheit eingehen wollte, entschloss ich mich, gleich ganz oben einzusteigen. Das Traditionshotel für höchste Staatsgäste und Multiunternehmer hatte ein Last-Minute-Angebot, also warum nicht mal für eine Nacht etwas mehr ausgeben? Es war zwar ein «einfaches

Zimmer ohne Aussicht», aber Ambiente und Restaurant waren sicher für alle Gäste gleich. Und schließlich wollte ich ja nur schlafen und lieber abends noch mal raus in die Stadt – man ist ja nicht jeden Tag in Manila.

Doch es kam ganz anders als geplant. Schon der Zufahrtsbereich zu den Hotelparkplätzen mit verschiedenen Preiskategorien war weiträumig abgesperrt und durch Polizei und Militär geregelt. Als ich auf dem Handy eine Buchungsbestätigung vorweisen konnte, verlangte der Beamte noch eine Kreditkarte zu sehen. Er musterte sie intensiv und gab dann ein Zeichen zum Hochschwenken einer schweren Eisenkette – ich durfte ausnahmsweise bis direkt vors Portal vorfahren. Viktorianisch gekleidete Bellmen (Hotelpagen) kümmerten sich um mein Gepäck, eine edel gekleidete Schönheit eskortierte mich zum VIP-Schalter.

Gerne hätte ich auf den Auslöser meines Handys gedrückt, um die sporthallengroße Lobby mit etwa vierzig riesigen Kronleuchtern zu fotografieren – aber das hätte natürlich jetzt gar nicht gepasst.

Der Concierge hatte mein Gepäck in einen goldenen und mit Samt ausgeschlagenen Wagen gehängt, der zu meiner Beruhigung stets in Sichtweite von mir blieb. Der uniformierte Empfangschef musterte ebenfalls ausgiebig meine Kreditkarte und fand offensichtlich etwas bestätigt, was ihm wohl schon der Sicherheitsdienst signalisiert hatte. Er wirkte ganz ehrfürchtig, murmelte ein paar unterwürfige Floskeln und stellte mir ein kostenloses Upgrade in eine bessere Zimmerklasse in Aussicht. Nachdem er sich telefonisch die Zustimmung der Hoteldirektion eingeholt hatte, formulierte er sorgfältig und in wohlgesetzten Worten, dass sich das noble Haus die Ehre gebe, mich für diese Nacht in der Präsidentensuite einzuquartieren – man hoffe, meinen Ansprüchen zu genügen.

Und ob ich ein Fahrzeug hätte? Natürlich könne ich direkt vor der Empfangshalle stehen bleiben, natürlich müsse ich keinen normalen Parkplatz aufsuchen, und natürlich würde mein Auto auch Tag und Nacht bewacht. Ich hatte schon Sorge, er würde selbst rausgehen und den klapprigen Toyota sehen, den man mir gegeben hatte, aber er wollte nur das Kennzeichen und schickte einen Boten mit dem Ehrenparkausweis hinaus, der wahrscheinlich nach einem Ferrari oder Rolls Royce suchte. Da aber mein Autoschlüssel schon draußen beim Auto geblieben war, konnte nichts schiefgehen. Immer noch empfand ich alles wie in Trance und hatte keine Ahnung, was hier abging und wie mir geschah.

Nach Abschluss aller Formalitäten setzte sich der Tross mit mir, meinen vom Hotel zugewiesenen Begleiterinnen und meinem Gepäckwagen in Bewegung zum Aufzug, als mir der Empfangschef nacheilte und mich mit verschwörerischer Geste zur Seite winkte. «Wir haben hier durchaus Erfahrung mit Staatsgästen und Diplomaten», eröffnete er mir. Aber er sei jetzt doch etwas neugierig und habe eine Frage:

«Sagen Sie mir doch bitte diskret und im Vertrauen, ob deutsche Senatoren wie Sie ohne Bodyguards und eigenes Sicherheitspersonal reisen können?»

Im gleichen Moment gab er mir theatralisch meine Kreditkarte zurück, auf der die Lufthansa in großen Lettern meinen «Senator Status» vermerkt hatte.

Fast hätte ich schallend gelacht, aber ich blieb natürlich ernst und machte ein nachdenkliches Gesicht. Einen Augenblick rührte sich mein Gewissen, und ich überlegte, ob ich moralisch verpflichtet wäre, das Missverständnis klarzustellen. Aber wie sehr hätte ich meinen Gönner damit bloßgestellt! Und so flüsterte ich mit demselben verschwörerischen Raunen:

«Ich fühle mich sehr sicher bei Ihnen und glänzend bedient. Und ich darf doch wohl mit Ihrer absoluten Diskretion rechnen?»

Er versprach es mir in die Hand, und so erkannte kein anderer Gast, was für eine wichtige Persönlichkeit in dieser Nacht im Hotel abgestiegen war.

United States of America

4
Busfahrer mit Vollbart

Eine der Besonderheiten in meinem Reiseleben ist das ständige Umswitchen zwischen Beruf und Berufung – gerade noch in Verhandlungen mit Geschäftsleuten, dann kopfüber in die Arbeit an einem Netzwerk, das sich der Probleme der Welt annimmt. Was kann ich heute dazu beitragen, die vielen Studenten zu unterstützen, die durch die Akademien für junge Führungskräfte aus Entwicklungsländern gegangen sind?

Sehr oft besuche ich die großen Messen der Werkzeugmaschinen-Industrie. Die EMO in Hannover, in Mailand oder früher in Paris, die BIMU in Italien oder die BIEMH in Bilbao. Und seit mich die Geschäfte auch nach Asien treiben, stehen die SIMTOS in Korea, die JIMTOF in Tokio, die IMTEX in Indien und die CIMES in Beijing auf dem Programm. Was für eine Chance, auch auf diesen Reisen überall die Vision zu verbreiten, über die Brücke des Sports Beziehungen zu bauen – und dann entstandene Freundschaften zu pflegen.

Im normalen Leben kann ich nicht oft von Erlebnissen berichten, die ich als eindeutige Wunder einstufen würde. Aber es gab einige unterwegs, in Lagos oder Vientiane zum Beispiel, oder auch in Chicago. Auch in den USA gibt es so eine Großmesse, die unter der Bezeichnung IMTS alle zwei Jahre stattfindet. Weil in den Neunzigerjahren die riesige Halle am McCormick Center zu klein war, entschloss sich die Messeleitung, nur zehn Minuten vom Flughafen O'Hare entfernt – aber eine Stunde weg von McCormick – eine kleine Dependance mit zusätzlichen Ausstellern einzurichten. Diese klagten zwar über weniger Publikum, aber ich wollte mir das doch mal ansehen.

Chicago ist zu Messezeiten sündhaft teuer. Ein Hotelzimmer kostet pro Tag so viel wie bei uns in der Woche, und ein Parkplatz im Stadtzentrum ist teurer als das Doppelzimmer in einem Landgasthof. Also versucht man es mit einem Taxi – und das steht dann stundenlang im Stau, und der Taxameter rast. Deshalb kam mir als sparsamem Schwaben die O'Hare-Dependance gerade recht – es gab einen kostenlosen Shuttlebus, und so nahm ich am letzten Tag meinen Koffer mit auf die Messe, und anstatt das ein- oder mehrstündige Taxi vom McCormick Center zu nehmen, legte ich den größten Teil der Strecke kostenlos im Shuttlebus zurück bis in die Nähe des Flughafens.

Nach einem kurzen Besuch der Außenmesse würde ich für das letzte Stück ein Taxi nehmen – so hatte ich mir das jedenfalls gedacht.

Nach nur einstündigem Messerundgang war es Zeit, den Rückflug über den Atlantik anzutreten. Ich war nicht gerade gut in der Zeit und hoffte auf wenig Verkehr. Als der Taxifahrer dann doch recht zügig vorankam und schon in die langgezogene Kurve zu den Departures einbog, griff ich in meine Tasche, um zu zahlen – und da traf es mich wie ein Schock: Schlagartig wurde mir klar, dass mein Koffer, mein Handgepäck, mein wertvolles Täschchen mit dem Geld, aber auch mit allen Kreditkarten, dem Flugticket und dem Reisepass unten drin im Gepäckraum jenes Busses lagen, mit dem ich vor über einer Stunde aus dem Stadtzentrum von Chicago zur Außenstelle der Messe gefahren war.

Können Sie sich die Größe von Chicago als Stadt vorstellen? Die Zehntausende von Bussen, die kreuz und quer unterwegs sind? Die permanenten Staus und die Unmöglichkeit, meine Sachen – und das binnen einer Stunde – wiederzufinden?

Das Taxi hielt an, und ich sah durchs Fenster die lange Schlange der Reisenden, die womöglich schon zu meinem Flug eincheckten. Der Fahrer schaute mich mit gezückter Geldbörse erwartungsvoll an, und ich saß da, fühlte mich nackt wie ein Brathühnchen im Gefrierfach, während mein Ticket und mein Pass im Bauch eines Busses irgendwo durch Chicago cruisten. Ich habe selten Gott so angeschrien wie in dieser Situation: «Vater, wo waren denn gerade deine Engel? Du weißt doch, dass ich ein vergessliches Dummerchen bin und man mich eigentlich nicht allein fortlassen kann. Du hättest mich doch wenigstens erinnern können in dem Moment, als ich aus dem Shuttlebus ausstieg, wenigstens den Trolley mit den Wertsachen hätte ich doch vermissen müssen» – aber da war gerade ein Kunde am Telefon gewesen, und ich war direkt aus dem Bus einfach mit dem Handy am Ohr im Strom der anderen durch den Messe-eingang marschiert.

Eines war klar: Ohne meine Papiere platzte mein Heimflug über den Atlantik, und falls die Sachen ganz weg waren, hatte ich keine Ahnung, wie ich sie kurzfristig ersetzen könnte. Die Botschaft anrufen, um Hilfe bitten – das würde dauern. Zunächst einmal hatte ich dem Fahrer zu erklären, dass etwas nicht stimmte. «Houston, wir haben ein Problem», stammelte ich. Und als er mich durchdringend anblickte: «Ich kann Sie nicht bezahlen. Wenn Sie irgendwie Geld sehen wollen, müssen wir so schnell wie möglich dahin zurück, wo wir losgefahren sind.»

Als ich ihm die Sache mit dem Bus erklärte, wollte er gleich aufgeben, aber ich konnte ihn überreden, es wenigstens zu versuchen. Vielleicht stand ja der Bus noch da – aber nach über einer Stunde …

Natürlich war der Bus nicht mehr da. «Vor 15 Minuten losgefahren», hörte ich von anderen Busfahrern. Ob sie ihn per Funk oder so erreichen könnten? Sorry – es gibt zu viele, und sie wüssten ja auch nicht, welcher es genau war.

Mein Driver nahm es aber von jetzt an einfach nur sportlich: «Wenn der Bus zur Hauptmesse zurückgefahren ist», so mutmaßte er, «dann sicher auf derselben Strecke.»

Mit 100 mph raste er über den Highway – das ist in den USA so weit über dem Limit, dass man den Führerschein gleich abgeben könnte, und zwar für immer. Keine Ahnung, warum er dieses Risiko auf sich nahm. Er fragte mich, ob ich den Bus wiedererkennen könnte, aber sie sahen von hinten alle gleich aus. Vielleicht den Fahrer? Mann, hatte der nicht so einen imposanten Vollbart?

Während wir Myriaden von Bussen überholten, bat ich ihn, ja auf dem Gas zu bleiben, und verdrehte ständig den Kopf, um den Fahrer von vorne zu erkennen. Und plötzlich brüllte ich: «Slow down!» Ich war mir fast sicher, ihn erkannt zu haben.

Haben Sie mal erlebt, was passiert, wenn jemand auf einem 12-spurigen Highway an den Rand fährt und einfach stoppt? Dem

Busfahrer blieb nichts anderes übrig, als auf der Stadtautobahn anzuhalten – so hatte ihn mein Taxifahrer eingebremst. Während er unter Bremsengekreische und Hupkonzerten der nachfolgenden Fahrzeuge konsterniert seinen seitlichen Verschlag öffnete, geschah das Unfassliche: Da lag mein ganzes Gepäck – komplett und unversehrt. Wir schnappten es und rasten sofort los, ließen den verdutzten Mann einfach stehen, wir hatten keine Zeit zu verlieren.

Natürlich war's für den Flug zu spät – aber man kann's ja mal probieren. Dankbar und glücklich erklärte ich dem Fahrer, das habe Gott gemacht, der wohl in jedem Moment wusste, wo mein Gepäck war, und gab ihm 50 Dollar für den Ritt. Dann stürmte ich ins Flughafenterminal, hechtete durch die Abfertigung und rannte zum Gate. Dort war eine riesige Schlange, die sich nicht bewegte. Mein Flug hatte zwei Stunden Verspätung – «Sorry», sagte man zu mir, «wir bitten im Namen der Airline um Entschuldigung, wenn Sie dadurch Unannehmlichkeiten haben …»

5
Vogelfrei

An jenem Abend war ich über eine Stunde lang ganz im Glück. Anna Maria Island – diese Halbinsel im Golf von Mexico an der Westküste Floridas hat es mir angetan. Trotz der schon herbstlich geprägten Stimmung im November war es abends noch angenehm warm, und so machte ich mich erwartungsvoll auf zum Strand, immer in der Hoffnung, doch wenigstens einige meiner Lieblingsvögel zu sehen – ich nenne sie «Pelikanesen». Ich finde es so unglaublich putzig, wenn die Pelikane auf einem Geländer sitzen und ihren Schnabel ganz eng an den Körper ziehen, als wollten sie ihren ausgeprägten Kropf verstecken, der ihnen dieses charakteristische Aussehen gibt.

Manatee County nennt sich diese Gegend, nach der in den seichten Küstengewässern vorkommenden Seekuh, größer als ein Seehund, aber kleiner als ein Seeelefant – wie ein aus der Urzeit übriggebliebenes Geschöpf, das träge in den Wellen gleitet. Es hatte mich sehr beeindruckt, beim Schwimmen plötzlich ganz nahe dran zu sein – und dann legt sie sich noch so auf den Rücken, als wollte sie gekrault werden.

Das war schon vor mehreren Jahren gewesen, ein Stück weiter oben an der Inselspitze – und natürlich ging mir auch dieses Bild durch den Kopf. Ich hatte jetzt einfach vor, etwas abzuschalten zwischen zwei anstrengenden Konferenzen in Orlando und die Natur zu genießen, die mich immer wieder neu staunen lässt. Und da segelte bereits der erste Pelikanese daher, nördlich die Küste hoch, im Tiefflug knapp über den leichten Wellen. Immer wieder ein paar Flügelschläge, dann wieder Gleitflug im rasanten Tempo. Und dann – wie ganz häufig, ein zweiter hinterher. Sie treten oft paarweise auf, aber auch in größeren Gruppen, und nur selten bleibt einer allein.

Ich konnte mein Glück kaum fassen, als immer mehr Tiere dazukamen, immer über dem Wasser nahe am Strand, ein Stück die Küste rauf und dann wieder runter. Einige schwangen sich hoch und ließen sich dann kopfüber im Sturzflug fallen. Dabei kamen sie mit dem Schnabel einiges unter Wasser – und man konnte genau sehen, ob sie erfolgreich waren oder nicht. Meistens schwammen sie einen Moment ruhig auf dem Wasser, rissen dann auf ihre unnachahmliche Art den Kopf hoch, und man sah etwas aus ihrem Kropf in den Hals rutschen.

Inzwischen senkte sich die Sonne zu einem roten Feuerball und näherte sich dem Horizont. Mehr und mehr wurde mir klar, dass ich einem größeren Schwarm dieser wunderschönen Tiere beim Abendessen zusehen konnte. Sie hatten es gar nicht eilig, ihr Tisch war überreich gedeckt. Als ein Pärchen hochbeiniger Stelzenvögel kam – fast einen Meter groß –, stellten sich die umherfliegenden Möwen in Reihe um sie herum und hielten ehrfürchtig inne. Ein weiterer weißer Vogel kam dazu – etwas kleiner, aber ebenfalls wunderschön. Dazwischen immer an der Brandungsgrenze Strandläufervögel, die stets zu Fuß unterwegs waren und immer fleißig pickten, wenn die schäumende Welle zurückging.

So saß ich gebannt, genoss die lebhafte und doch friedliche Stimmung, und wie zur Krönung ging die Sonne in einer dunkelroten Farbensinfonie unter. Erst als es fast dunkel war, zogen sich die Pelikanesen langsam zurück, immer noch mit genialen Flugübungen, an denen ich mich kaum sattsehen konnte.

Als ich barfuß durch den Sand zu meiner Unterkunft zurückstapfte, kam mir das Ganze wie ein Traum vor. Hatte ich das tatsächlich erlebt? Ich hatte für eine Stunde alles in der Welt vergessen, alle Sorgen, Probleme, Nöte, Katstrophen, auch dass hier noch vor wenigen Wochen der schreckliche Hurrikan Irma durchgezogen war.

In dieser Stunde fühlte ich mich meinem Schöpfer ganz nahe, stellte mir vor, was für eine Riesenfreude er gehabt haben muss, als ihm der Pelikan einfiel. Noch etwas zottiger das Federkleid, den Schnabel vorne etwas breiter, und dann diesen Gesichtsausdruck – wenn er ein Mensch gewesen wäre, hätte Gott sich den Bauch gehalten vor Lachen über diese groteske Kreatur.

Aber die Hurrikane, sind die auch Gottes Idee? Es war doch «alles sehr gut» gewesen, oder? Machen wir Menschen etwa die Schöpfung kaputt?

An diesem Abend ließ ich einfach Gott Gott sein und war glücklich als ganz kleiner Mensch. Wie gut, dass wir nicht auf jede Frage eine Antwort haben müssen. An jenem Abend war ich einfach glücklich.

6
Schüsse auf Marion

Marion ist nicht nur – wie das Lexikon sagt – eine ursprünglich französische Abwandlung von Mary oder Maria, sondern auch der Vorname meiner geliebten Frau. Als ich die damalige Studentin an der Sporthochschule Köln kennenlernte, war sie unerreichbar für mich, und meinen ersten Heiratsantrag beantwortete sie mit einem klaren «Nein». Und nicht nur das: «Wenn es stimmt, was du sagst, nämlich dass du mich liebst, dann beweise es, indem du mich nie wieder fragst.»

Das waren tatsächlich ihre Worte, und für mich, die Kämpfernatur, ein ganz schönes Dilemma.

Wahrscheinlich hatte sie geahnt, was es bedeuten würde, einen Unternehmer zu heiraten, der nebenher noch schnell die Welt retten muss. Vier Jungs und zwei Mädchen hat sie fast allein großgezogen, worauf ich überhaupt nicht stolz bin. Dass ich trotzdem zu deren Prägung beitragen konnte, verdanke ich auch ihr – auch wenn sie mich manchmal nur über mein Sekretariat erreichen konnte. Dies aber mit absoluter Priorität. Durch die Leitung von sechs Firmen musste ich manchmal meine Abfangjäger gegen jede Art von Anrufen aktivieren, besonders wenn ich kreativ arbeiten wollte. Meine Sekretärinnen durften nie lügen und trotzdem niemanden zu mir durchlassen – mit Ausnahme «vom Kaiser von China und meiner Frau». Manchmal klingelte schon nach kurzer Zeit das Telefon, und einer von beiden wurde mit mir verbunden.

Mit Staunen erlebten wir, welch guten Geschmack die junge Generation bei der Wahl ihrer Ehepartner bewies. Jetzt haben wir vier wunderbare Schwiegertöchter und zwei großartige Schwiegersöhne, und die damals noch familienscheue Marion ist eine glückliche Oma mit derzeit 13 prächtigen Enkeln, was sich vermutlich bei jeder neuen Auflage dieses Buches ändern wird.

Was übrigens das Reisen betrifft, liebt Marion es, irgendwo hinzufahren und sich dort zu erholen, während ich am liebsten immer auf Achse bin. Seit die Kinder aus dem Haus und die Schwiegermutter nicht mehr unter uns ist, begleitet sie mich ein- bis zweimal im Jahr, ansonsten ist sie die beste Reisemanagerin, die ich kenne.

Irgendwie ist sie aber unterwegs immer dabei. Und so bin ich schon manch kleinen Umweg gefahren, wenn ich «Marion's Castle» oder «Chez Marion» angeschrieben sah. Manchmal drücke ich dann auf den Auslöser der Kamera, um ihr einen «Beweis» mitzubringen dafür, wie mich auch auf meinen Reisen vieles an sie erinnert.

So zum Beispiel bei einer Fahrt von Chicago nach Atlanta. Die über 700 Meilen schreckten mich nicht. Wo andere fliegen würden, reise ich am liebsten mit dem PKW, mit der Nase im Wind und möglichst nah am Boden – um ja kein örtliches Flair oder Aroma zu verpassen, was den Überfliegern natürlich verborgen bleibt. Gerade hatte mich eine Kuh mit ihrem unsäglich dumpfen und doch so anmutigen Blick beäugt, und ich hatte mir überlegt, ob sie wohl weiß, dass sie am Highway 57 zwischen St. Louis und Nashville steht; da stieß ich auf das Städtchen «Marion», irgendwo im südlichen Ohio. Und eigentlich wollte ich sowieso gerade einen Kaffee trinken.

Als Erstes fiel mein Blick auf die «Bank of Marion» – gratuliere, mein Schatz, dieses stolze Gebäude werde ich doch sofort für dich festhalten. Ob es hier eine kleine Broschüre gab, die ich mitnehmen konnte – vielleicht beim «Tourist Office»? Ich bekam nur eine mündliche Auskunft darüber, wofür «Marion» berühmt war. Ein Bundesgefängnis mit einem Hochsicherheitstrakt für ganz besondere Kriminelle, angeblich gesichert wie Fort Knox. Das hörte sich weniger schmeichelhaft an.

Und weil mein Interesse dann doch bald wieder nachließ, fuhr ich auf der anderen Seite Richtung Ortsausgang. Da sah ich es: Auf der Rückseite des Ortsschildes mit der Aufschrift «Marion» waren mehrere Austrittslöcher von Pistolenkugeln – eindeutig! Ich machte ein Foto von vorne und vergrößerte besonders den Pistolenschuss durch das Pünktchen auf dem «i».

Was ihr wohl besser gefallen würde bei meiner Heimkehr – ihre Bank, das Gefängnis oder die Nachricht, dass auf Marion geschossen wurde?

7

No cash, no chance

Wer am John. F. Kennedy Airport in New York landet, hat einen langen Weg in die Stadt vor sich. Ich wollte am nächsten Morgen Richtung Süden nach Pennsylvania fahren und überquerte deshalb die Verrazzano Bridge, die damals längste Hängebrücke der Welt. Hier also war das geschehen, was mir so zu denken gegeben hatte, weil ich oft mit jungen Leuten über den Sinn des Lebens spreche.

Als Ingenieur faszinieren mich Brücken ebenso wie viele technische Bauten, besonders wenn man erkennt, wie der menschliche Pioniergeist wieder einmal die Grenzen des bisher Möglichen gesprengt hat. Die zweistöckige Brücke über einen Meeresarm verbindet Brooklyn mit Coney Island, die freie Spannweite von 1298 m ist länger als die der Golden Gate Bridge in San Francisco, und mit 211 Meter über dem Wasserspiegel sind die Pylonen so hoch wie der Stuttgarter Fernsehturm ohne Antenne ursprünglich war.

Bekannt ist die Verrazzano Bridge nicht nur für das sagenhafte Verkehrsaufkommen von ca. 200.000 Fahrzeugen pro Tag, sondern auch als Hotspot für Selbstmörder. Wer sich besonders spektakulär aus seinem Erdendasein verabschieden möchte, macht es dort, klettert so hoch wie möglich hinauf und verursacht wenigstens noch einen gigantischen Stau, bevor er sich vor aller Augen hinunterstürzt. Als wieder einer nach oben unterwegs war, kletterten ihm mehrere Feuerwehrmänner nach, um ihn möglicherweise zu retten. Einer von ihnen war bereits auf Rufweite herangekommen, als ihm der Lebensmüde zurief: «Keinen Schritt weiter, oder ich springe sofort.» Der Feuerwehrmann hielt inne und rief zurück: «Gib mir zehn Minuten Zeit, um mit dir über den Sinn des Lebens zu diskutieren.» Sie unterhielten sich engagiert über die Frage, ob es sich wohl lohne, weiterhin zu leben. Als die Zeit um war – sprangen sie beide in den Tod!

Aber ich wollte eigentlich nicht über den Sinn des Lebens schreiben, sondern über eine der längsten Nächte meines Lebens. Um am nächsten Morgen früh loszukommen Richtung Philadelphia und nicht durch die Rush Hour von Manhattan fahren zu müssen, bezog ich Quartier in einem Motel an der Ausfallstraße nach Süden – etwa sechzig Meilen südlich von New York. Dann machte ich mich fröhlich und unternehmungslustig mit meinem Mietwagen auf den Weg nach Manhattan, in Jeans, T-Shirt und Turnschuhen. Weil ich wusste, wie leicht man dort was verlieren oder bestohlen werden konnte, nahm ich auch nur einige Dollar mit fürs Abendessen und sonst nichts. Was ich dabeihatte, einschließlich des Handys, ließ ich lieber im Auto, als ich ein hübsches Restaurant in Soho und wie durch ein Wunder einen freien Parkplatz direkt um die Ecke gefunden hatte.

Während des Essens überlegte ich mir noch, ob ich New York bei Nacht lieber vom Empire State Building genießen wollte oder vom World Trade Center, das damals noch stand. Ich zahlte und begab mich zu meinem Parkplatz, aber – das Auto war nicht mehr da. Wie konnte ich nur so leichtsinnig sein, keine Papiere dabeizuhaben, keine Kreditkarte und keine Dollar, noch nicht einmal einen Nachweis dafür, dass der Mietwagen, falls er gefunden würde, mir gehörte? Wie hieß noch mal das Motel, in dem ich eingecheckt war? Jedenfalls war es sechzig Meilen weg und damit unerreichbar weit für mich entfernt.

Nachdem ich noch schnell und fast ohne jede Hoffnung in alle Richtungen gespäht hatte, überschlug ich meine Optionen. Zur Polizei gehen? Natürlich, aber was sollte ich dort sagen? Als ich ankam, musste ich zuerst lange warten, es schien hier wirklich viel los zu sein mitten in der Nacht. Zuerst sollte ich mich natürlich ausweisen, was ich nicht konnte. Mit so etwas macht man sich bei den Cops gleich ungemein beliebt. Als ich dann noch zugab, kein Bargeld für eine Strafe dabeizuhaben, wurde ich erst mal erkennungsdienstlich erfasst. Man steckte mich in einen Nebenraum und ließ mich warten.

Vieles ging mir durch den Kopf: dass mein ganzer Reiseplan auf dem Kopf stand, dass ich wieder mal zuhause niemand informieren konnte, dass meine Papiere alle weit weg lagen in diesem Motel, dessen Name mir nicht mehr einfiel – hatte ich jetzt den Mietwagen bei der Abholung gegen Diebstahl versichert oder nicht? War er tatsächlich gestohlen wie 200 andere Fahrzeuge pro Nacht – oder, wenn ich Glück hatte, von der Polizei abgeschleppt?

Jedenfalls kam nach einer knappen Stunde tatsächlich jemand und hörte sich meine Geschichte an. An meinem Autoschlüssel hing ein Anhänger mit dem Kennzeichen, und bald stellte sich heraus: Mein Auto war von der Verkehrspolizei ordnungsgemäß abgeschleppt worden. Mir fiel der erste Stein vom Herzen – aber nur, weil ich nicht wusste, was mir bevorstand.

Die abgeschleppten Fahrzeuge kämen in einen Hangar im Südwesten der Halbinsel, nicht erreichbar mit öffentlichen Verkehrsmitteln. Es sei die ganze Nacht auf, aber man brauche eine Zahlungsbestätigung über 450 Dollar für das Abschleppen und natürlich auch sonst alle Dokumente wie Pass, Führerschein, Mietvertrag usw. Da ich aber nichts von all dem hatte und vor allem mein Handy brauchte, war meine beste Chance, einfach hinzugehen und darum zu betteln, wenigstens mein Handy aus dem Auto holen zu dürfen.

Auf der Polizeiwache hatte ich versucht, mir den Stadtplan einzuprägen – für eine U-Bahn-Fahrt zur letzten Station hatte mein Kleingeld noch gereicht. Von der Haltestelle aus peilte ich die Richtung an – wohlwissend, dass es schwierig wäre, den beschriebenen Hangar zu finden.

Was dann kam, war eine Mischung aus Leichtsinn und Mutprobe, wie mir immer mehr klar wurde. Längs und quer und längs und quer, dann plötzlich ein Fabriktor, Zäune, eine Sackgasse – also zurück. Ich war ganz auf meine intuitive Orientierung angewiesen, wegen des Regens war kein Mond zu sehen. Während es anfangs noch einzelne Straßenlaternen gab, war es später stockdunkel. Gefühlt kein Mensch auf der Straße, aber einige der mit leichten Planen bedeckten Knäuel in Hofeinfahrten bewegten sich.

Eineinhalb Stunden irrte ich in Jeans und T-Shirt dort herum und fühlte mich sehr verwundbar und ausgesetzt. Bis ich weiter weg wiederkehrende Geräusche von LKWs hörte und denen nachging. Dann wusste ich, dass ich auf dem richtigen Weg war – im Minutentakt kamen aus verschiedenen Richtungen Abschleppfahrzeuge mit geladenen Autos und bogen alle in dieselbe Richtung ab. Ich schätzte, dass wohl circa fünfzig Autos pro Stunde gebracht wurden – eine richtige Abschleppindustrie. Ob ich da einen verständigen Menschen ansprechen konnte?

Eigentlich hoffte ich, gleich aus einem Alptraum aufzuwachen – zu bizarr war diese Geschichte. Aber es war real, und ich hatte schon zu viel Zeit und Energie reingesteckt, um umzukehren. Also betrat ich einen Hof, der zu einer riesigen Abfertigungshalle führte – mit langen Menschenschlangen vor den verschiedenen Schaltern. Jeder hatte zuerst Formulare auszufüllen und dann Papiere vorzulegen. Und tatsächlich, als ich vorne war, verflogen alle Hoffnungen. Unmöglich, an mein Fahrzeug zu kommen ohne Pass, Führerschein, Geld und die Bestätigung der Polizeiwache.

Ob jemand mir wenigstens mein Handy aus dem Auto bringen könne? No way. NO WAY!

So stand ich nun um drei Uhr nachts in den düsteren Vorbezirken von Manhattan – zu Fuß, ohne Geld, ohne Telefon, ohne Auto. Keiner der Abschleppfahrer nahm mich mit in die Stadt, hier schien jeder jedem zu misstrauen. Ich hatte immerhin zwei 50-Euro-Scheine dabei, aber die erwiesen sich als völlig wertlos. Selbst an mehreren Hotelrezeptionen in der Innenstadt war schon vor Stunden niemand bereit gewesen, mir auch nur 20 Dollar für 100 Euro zu geben, und morgen war auch noch Sonntag. Schöne Aussichten.

Irgendwie trabte ich zurück auf eine Hauptstraße, wo der Verkehr wieder zunahm.

Dann spielte ich meinen letzten Trumpf aus. Ich wollte einen Taxifahrer überreden, mich die sechzig Meilen zum Motel zu fahren und mich erst dort bezahlen zu lassen. Also hielt ich einige an – die ersten drei sprachen nur Spanisch und verstanden nicht mal, was ich wollte. Dann hielt einer an, ließ mich einfach einsteigen und fuhr los. «Holland-Tunnel», sagte ich, er bog sofort nach Süden ein, und bevor er weitere Fragen stellen konnte, war er bereits in der Schlange zwischen den festen Spurleitplanken, aus denen es kein Entkommen mehr gibt. Auch er sprach kein Englisch, fand aber den von mir angegebenen Ort im Navi und schien erst mal erfreut zu sein über die lukrative und lange Tour. Dann aber verlangte er hinter dem Tunnel einen Vorschuss und drohte sonst umzukehren. Sein Wortschwall war vielsagend, aber ich verstehe ja kein Spanisch.

Schließlich, nach einer guten Stunde, es war etwa 7 Uhr morgens, standen wir vor meinem Motel. Als dem Fahrer klarwurde, dass ich die ganze Fahrt ohne einen Dollar in der Tasche mitgefahren war, bekam er einen Tobsuchtsanfall. Ich lud ihn ein, mit mir aufs Zimmer zu kommen, Pass, Kreditkarten und mein Gepäck einzusacken und dann nach New York zurückzufahren zu meinem Auto. Dafür bot ich ihm ein fettes Trinkgeld an, und schließlich ließ er sich darauf ein, vielleicht auch, weil es die einzige Chance war, an sein verdientes Geld zu kommen. Und er hatte ja selbst gesehen, dass mein bezahltes Hotelbett unbenutzt zurückgeblieben war und ich ja wohl wirklich in Schwierigkeiten steckte.

Der Rest ging einigermaßen glatt. Bis auf die Tatsache, dass ich nochmals über zwei Stunden anstehen und fast 600 Dollar Auslösung zahlen musste – zusätzlich zu den Abschleppkosten. Was hatte ich für diese 1000 Dollar gelernt?

1. Trau nie einem freien Parkplatz in Manhattan. Es könnte ein Wasserhydrant in der Nähe sein.
2. Euroscheine sind in New York weniger wert als Klopapier, wovon man bei richtiger Anwendung wenigstens etwas hat.
3. Um keinen Preis würde ich nochmals nachts durch die verlassenen Docks am Westend gehen – die Stricher und Fixer unter ihren schmutzigen Decken hätten erst nachher gemerkt, dass ich kein Geld in der Tasche habe.

Vielleicht ist gerade die letzte Erkenntnis die 1000 Dollar wert. Jahre später drehte ich in den Docks von Buenos Aires lieber um und las am nächsten Tag in der Zeitung von einem Überfall – genau dort, wo ich eigentlich hinwollte.

8

Kalter Rauch in Pink

Nichts ist trister als ein Nachtlokal am späten Vormittag. Aber das sieht ja keiner, es ist meist geschlossen, und so fehlt das ganze Drumherum, das einen wohl «bei Betrieb» über den Jammer hinwegtäuscht.

Wie ich trotzdem in den Genuss kam – das war ein ganz eigenartiges Erlebnis. Im mittleren Westen der USA wollte ich spontan einen

Freund besuchen, von dem ich nur die Telefonnummer hatte. Und weil er nicht abnahm, wollte ich in seinem Wohnort seine Adresse ausfindig machen. Das war gar nicht so einfach; kein Mensch war auf der Straße, und selbst in der Main Street waren die meisten Lokale morgens zu.

So öffnete ich vorsichtig die einzige Tür, die überhaupt aufging. Etwas komisch war mir schon beim Anblick der spärlich bekleideten Frauen auf den Plakaten. Zuerst dachte ich, es sei nur die Spanisch sprechende Putzfrau drin. Doch sie verwies mich an einen Mann am Tresen. «Schnaps oder Bier?», fragte mich der am hellen Vormittag. «Eine Auskunft», antwortete ich, und buchstabierte den Namen meines Freundes. Schon fürchtete ich eine ablehnende Reaktion, aber es kam ein freundliches: «I am glad to help if I can.» Gerne bereit zu helfen – war dies das unverbindliche «keep smiling», oder war's etwa echt? Ich hatte nur einen Namen, und der Mann begann nachzudenken, was er tun könnte. Kein Telefonbuch, kein Internet, aber er fing an, reihum seine Freunde anzurufen.

Als nichts gelang, bat er mich um etwas Geduld. Er werde jetzt kurz wegfahren zu seinem Onkel, «der kennt jeden hier». Ellie würde mir solange einen Kaffee machen – gehe aufs Haus.

Ellie machte einen unausgeschlafenen Eindruck. Reste ihrer «Kriegsbemalung» von der Nacht davor verdarben ihr hübsches Gesicht. Auch hatte sie sich wohl noch nicht für den Tag angezogen. Wie gerne hätte ich ihr etwas Gutes gesagt, was ihr Hoffnung geben könnte, aus dieser Spelunke herauszukommen. Aber konnte ich dies meinem «Wohltäter» antun – er rennt für mich rum nach einer Adresse und lässt mich mit seiner Geliebten oder Angestellten allein, und ich «nutze es aus»?

Während ich versuchte, ihr ein paar freundliche Worte zu sagen, rasten meine Gedanken. Was war hier meine Aufgabe – den Moralapostel zu spielen und wohlgemeinte Ratschläge zu erteilen? Ein Bibelwort kam mir in den Sinn: Der Menschensohn ist nicht gekommen, um die Welt zu richten, sondern um zu retten.

Der kalte Rauch hing wie ein Vorhang in den Räumen, und die hereinfallenden Sonnenstrahlen bauten feine und wechselnde Muster hinein. Die Wände waren trostlos und alle pink – wie das wohl im abendlichen Rotlicht aussah, das die vielen jetzt ausgeschalteten Lampen warfen? Das Geschäft gehe schlecht, sagte Ellie, sie wüssten kaum, wie zu überleben …

Dann kam Ben zurück. Freudestrahlend, fast glücklich, schwenkte er einen Zettel mit einer Adresse. «War gar nicht so einfach», sagte er stolz, «aber ich gebe nicht so leicht auf.» Ob dies auch für seine Bar. gelte, fragte ich ihn. Immerhin sei ich Unternehmensberater – vielleicht könne er ja das Gewerbe wechseln und etwas anderes versuchen. «Sei ehrlich», sagte er mir, «dein Freund ist Missionar, und wahrscheinlich bist du auch einer» – und davon wollte er im Moment nichts wissen. Er nahm auch nichts für seine Dienste – wolle mich mal in Germany besuchen, wenn er dort vorbeikommt. «May I pray for you?», brachte ich noch heraus. Er nickte. «Bet nur für mich, kann nichts schaden. Ich werde ja sehen, ob das Geschäft dann besser wird.»

Am nächsten Tag und nach meinem Besuch fuhr ich durch die endlose Weite Richtung Pazifikküste und San Francisco. The «loneliest road of the world» – die einsamste Straße der Welt, stand auf einem Blechschild. Und dass man hier nochmals volltanken solle: «Next village with gas station 350 miles.» Ich dachte an mein Versprechen vom Vortag und betete während der einsamen Fahrt lange und intensiv. War ich nicht voller Vorurteile da reingegangen und mehr als freundlich behandelt worden? Hatte nicht Jesus eine tiefe Zuneigung zu denen, die gesellschaftlich «abgerutscht» waren? Wie *mich* der Vater gesandt hat, *so* sende ich *euch!* Und Er war nicht zum Richten gekommen, sondern um zu retten!

Ben hatte mir bewusst erlaubt, für ihn zu beten, mit der Erwartung, dass dann vielleicht das Geschäft besser laufen würde. Ich machte mir schon Gedanken darüber, wie das aussehen könnte, wenn dieses Geschäft richtig floriert. Aber da Gott nicht nur zuhört, was wir ihm im Gebet vortragen, sondern gleichzeitig alles sieht, was damit zusammenhängt, weiß er sicher genau, was Ben und Ellie wirklich brauchten. Genügt es nicht, einfach den Segen Gottes herab zu bitten auf jemand, dem man nur kurz begegnet ist und dem man doch so liebend gerne helfen würde?

Ab und zu gleiten meine Gedanken zurück zu jener Bar und ihren Besitzern – auch jetzt, während ich dies auf dem Flughafen in Johannesburg in den Laptop tippe. Es ist schon ein paar Jahre her, aber Gott sieht auch jetzt gerade nicht nur mich, sondern auch die beiden. Ihm ist es ein Leichtes, «durch viel oder wenig zu helfen».

9
Which airline, please?

Amerikanische Hotels in Flughafennähe haben oft kostenlose Shuttlebusse – so auch das Super 8 in Chicago zum Flughafen O'Hare. «Which Airline, please?», lautet die stereotype Frage beim Einsteigen, denn auf diesem riesigen Flughafen gibt es vier Terminals und noch viel mehr Haltestellen, an denen man abgesetzt werden könnte. Oft ist das die ganze Unterhaltung, denn was haben sich Fahrgast und Driver morgens um 5 schon zu sagen?

Meine Gedanken schweiften ab: 37 Jahre ist das her, dass Marion und ich als junges Ehepaar mit unserem damals 15 Monate alten David unterwegs waren, der jetzt schon selbst Vater ist. Er konnte schon etwas laufen, aber irgendein Bewusstsein für Gefahr konnten wir noch nicht erkennen. Eigentlich war uns klar, dass wir ihn jeden Moment im Auge behalten mussten, aber dann geschah es doch: Während wir mit einem Angestellten der Airline um ein günstigeres Ticket feilschten, setzte sich in dem kleinen Mann hinter uns der Erkundungstrieb durch, und er verschwand in der Menge, ohne dass wir es bemerkten.

Natürlich waren wir alarmiert, aber zuerst war es noch keine Panik. Er konnte ja nicht weit gekommen sein in der halben Minute, seit wir ihn zuletzt gesehen hatten. Marion und ich rannten in entgegengesetzte Richtungen, zehn Schritte links und dann rechts, dann zwanzig Schritte und immer weiter – er war einfach weg. Jetzt erfasste uns schreckliche Angst. Eine Viertelstunde verging, und wir glaubten an ein Verbrechen. Nie wäre er allein so weit weggekommen – hatte ihn jemand mitgenommen? Unsere Gebete waren wie Schreie zu Gott – unser einjähriger Sohn verloren auf dem damals größten Flughafen der Welt.

Dann sah ich die Rolltreppe. Ein interessantes Gerät eigentlich. Womöglich auch für einen 18 Monate alten Jungen? Ich konnte es kaum erwarten, bis ich oben war – und da stand er, ganz allein vor einem Stand mit Süßigkeiten.

Meine Gedanken kehrten zurück in die Gegenwart. Ich sah nur den Hinterkopf des Courtesy Drivers, der mich als einzigen Fahrgast zum Flughafen brachte. «Was haben Sie denn für Arbeitszeiten?», sprach ich ihn an. «Habe ich Sie nicht schon gestern Abend fahren gesehen?» – «Ja, aber heute fahre ich nur am frühen Morgen. Von 4 bis 12 Uhr», war seine Antwort, und ich bewunderte ihn ein bisschen dafür. Dann fragte er zurück: «Wohin fliegen Sie?» – «Nach Sint Maarten», war meine Antwort, «und dann weiter zu den West Indies und nach Guyana, Suriname, French-Guyana …» – «Und was machen Sie da»?

Das ist immer ein Punkt im Gespräch, wo man Belangloses antworten oder den Stein ins Wasser werfen kann. «Ich bin Christ und suche dort Leute, die den Sport und Jesus lieben.» – «Wie schön», sagte er, «ich habe gerade die Wartezeit auf dem Parkplatz zum Beten benutzt.»

Dann erzählte er mir seine Geschichte. Seine Frau war vor zehn Jahren gestorben, er hatte zwei Kinder allein großgezogen, jetzt gingen sie auf die High School. Er hatte Schweres erlebt, war aber glücklich, dass er darüber zum Glauben kam. «Jeden Tag verbringe ich viel Zeit mit Jesus», sagte er. «Die meisten Leute wissen gar nicht, wie gut das tut.»

Jetzt war *ich* dran, um ihm einige Gedanken aus der Bibel zu sagen, die mir gerade wichtig waren, und er nahm sie auf wie ein trockener Schwamm. Obwohl die Fahrt nur kurz war, bekam unser Gespräch einen gewaltigen Tiefgang, und als er meinen Koffer aus dem Bus hievte, glitzerte es in seinen Augen. «Wie heißt du?», fragte ich ihn. «Ich möchte gleich im Flugzeug noch für dich und deine Kinder beten.» – «Tom» war seine Antwort, «und ich bete für dich.»

Dieser Tag hatte gut angefangen. «Der Herr hat Gnade zu meiner Reise gegeben», so zitierte ich innerlich aus der Geschichte von Elieser, als er auf Brautwerbung für Isaak war. Nun werde ich nicht mehr nur an unseren Sohn David denken, jedes Mal wenn ich von Chicago O'Hare ausfliege, sondern auch an Busfahrer Tom.

10
In Honolulu und am Jakobsbrunnen

Die meisten Menschen bevorzugen bei «Rund um die Welt» den Flug Richtung Osten – weil man an der Datumsgrenze vermeintlich einen Tag jünger wird. Mich hat's diesmal andersrum erwischt – ich bin gerade am 20.06. mittags in Honolulu losgeflogen und lande sieben Stunden später abends in Guam. Dieser amerikanische Stützpunkt in der mikronesischen Inselgruppe liegt auf meinem Weg nach Manila. Er befindet sich auf der anderen Seite der Datumsgrenze, und deshalb zeigt der Kalender schon den 22.06., den 21.06.2016 gibt es in meinem Leben nicht.

Was mich beschäftigt auf diesem Flug, ist eine Begegnung am Morgen zuvor, die so unverhofft kam und so schnell vorüber war, und ... ich habe sie verpatzt.

Als ich in meiner Bed-and-Breakfast-Unterkunft nach unten gegangen war, um mir einen Kaffee zu machen, war in der Küche die *«maid»* des Hauses – zuständig für das Putzen und Richten der Zimmer. Während der Wasserkocher lief, setzte ich mich kurz an den Küchentisch, und sie setzte sich mit einer Tasse Tee dazu.

Der Smalltalk in den nächsten zehn Minuten hatte es in sich. Immerhin erzählte sie mir, dass sie erst ein halbes Jahr auf Hawaii war, davor in Indiana und Ohio. Aus Wisconsin, wo sie eigentlich her war,

war sie abgehauen, weil ihr Boyfriend sie sitzen ließ, obwohl eigentlich die Hochzeit geplant war. Gerade als mein Kaffee fertig war und ich aufstand und nach oben in mein Zimmer ging, sagte sie noch, dass sie es allein schon ganz gut aushalte, aber eigentlich sei sie einsam und suche einen Mann.

Ich wollte gerne noch meine E-Mails checken, verabschiedete mich deshalb und ging nach oben in mein Zimmer. Aber jetzt kreisten ihre Worte durch meinen Kopf. Wie war das noch mal mit der Begegnung, als Jesus die Frau am Jakobsbrunnen traf – was hatte Er daraus gemacht?

Langsam zeichnete sich für mich eine Idee ab, was ich ihr sagen könnte. Erstens vielleicht, sie solle etwas vorsichtig damit umgehen, allein reisenden Männern zu erzählen, dass sie sich einsam fühle. Viel wichtiger aber: Es gab ja vielleicht eine Lösung für ihr Problem. Die Einsamkeit, so wollte ich beginnen, sei ein Hinweis darauf, dass Gott uns als Beziehungswesen geschaffen hat. Von ihm stammt das Wort: Es ist nicht gut, dass der Mensch allein sei. Einsamkeit ist also wie ein Phantomschmerz nach der verlorenen Beziehung zu Gott – aber auch die Sehnsucht nach einem Menschen, mit dem man alles teilen kann.

Was könnte sie tun?

Ich würde von meiner Überzeugung sprechen, dass sich alle unsere Sehnsüchte dort lösen, wo wir eine persönliche Beziehung zu unserem Schöpfer wiederfinden. Ich würde ihr kurz schildern, wie man das anpacken kann, und – falls sie dafür offen wäre – konkret eine Gemeinde vor Ort empfehlen, wo sie Christen finden würde, die ihr weiterhelfen können. Ich würde ihr sagen, dass es mindestens genauso viele einsame Männer gibt, die sich eine Frau wünschen, wie umgekehrt, aber dass es eben darauf ankomme, in welchem Umfeld man suche. Die Chance, einen lieben und treuen Mann in einer Gemeinde zu finden, sei höher als auf der Tanzfläche oder auf der Straße. Irgendetwas in ihrem Blick hatte mich nämlich hoffen lassen, dass sie sogar offen sein könnte für einen ernstgemeinten Rat.

Dann ging ich entschlossen nach unten. Aber sie war nicht mehr da. Und so fand das oben skizzierte Gespräch nie statt; ich hatte es vermasselt.

Warum war Jesus in der Lage, sofort die richtigen Fragen zu stellen und Antworten zu geben, als sich die Chance bot? Warum war ich so gar nicht darauf eingestellt, den suchenden Menschen zu erkennen, obwohl ich doch immer gerne Menschen auf Jesus hinweisen möchte? Ich kam mir schlimmer vor als nach einem verschossenen Elfmeter – eher so, als ob ich ihn gar nicht ausgeführt hätte, obwohl er gepfiffen war.

Wenigstens werde ich für sie beten, obwohl ich nicht einmal einen Namen kenne. Auch die Leserinnen und Leser dieser Geschichte möchte ich dazu einladen – wenn Gott die «maid» segnen will, wird er sie schon finden.

11
Weltklasse in Tallinn

Riga ist stolz und schön, Tallinn charmant und bezaubernd. 258 teils hohe Steinstufen sind der Preis für den Blick auf die Dächer vom Turm der St.-Oscar-Kirche. Doch am meisten beeindruckt hat mich in Tallinn ... Sofia.

In den Gassen und Plätzen reiht sich Kneipe an Restaurant. Als plötzlich ein Wolkenbruch losgeht, suche ich den nächsten Schirm – «Josefine» nennt sich das Lokal mit französischem Einschlag, in dem man auf der Straße und doch im Schutz der Plastikplane sitzen kann. Der warme Camembert mit Honig und Walnüssen ist ein Fest für die Geschmacksnerven. Langsam essen – denke ich mit Blick auf die geöffneten Schleusen des Himmels und die Sturzbäche, die von dem künstlichen Regendach triefen.

Als es wieder klar wird, strömen die Besucher ins Freie – und da fällt mir zum ersten Mal Sofia auf. Noch hat sie keinen Namen, sondern ist einfach ein sehr hübsches, freundliches Wesen, das mit Anmut behauptet, ihr Restaurant sei das Beste. In Gedanken an den Camembert lehne ich höflich ab.

Gefühlte drei Stunden später komme ich wieder in diesen Bereich. Davor habe ich die Burg erklommen und eine öffentliche Toilette besucht, die nach Einwurf von 20 Cent per Motor eine schwere Metalltür schließt. Nur keine Platzangst, dachte ich – und dass dies eine prima Anlage wäre, um jemand auf immer loszuwerden. Beruhigt sehe ich innen die Schilder mit dem grünen Knopf, in jeder Höhe angebracht – selbst ein Hund könnte sich befreien – und zusätzlich die beruhigende Information, dass die Tür nach zwanzig Minuten automatisch aufgeht. Nicht ohne Warnton zwei Minuten vorher, versteht sich, damit man die Hose noch hochziehen kann ...

Jetzt aber bin ich wieder am riesigen Rathausplatz mit allein zwanzig Restaurants in Sichtweite – Sofia bearbeitet gerade eine Gruppe Asiaten, die aber nur ein Foto mit ihr haben wollen, nichts essen. Da entdeckt sie mich, wie ich mich auf der anderen Seite vorbeischleichen will. Jetzt eine Pasta? Ein Steak? Oder lieber Lettisch oder Estnisch essen? Sauerkrautsuppe und Schweinebauch? Oder lieber ein Stück Kuchen?

Ich fühle mich so freundlich eingeladen, dass ich mich hinsetze. Schnell informiert sie ihren Kollegen – Andrus wird gleich kommen. Tatsächlich werde ich bestens bedient und esse hervorragend. Der Clou aber ist Sofia. 23 Passanten fischt sie in vierzig Minuten – ich musste einfach zählen. Ihr Vorgehen ist beeindruckend: Sie nimmt leicht hinter den Zielpersonen Fahrt auf und wartet erst, ob sie von sich aus stehen bleiben. Dieses Pärchen da hat gar kein Interesse und ist schon auf der Höhe des nächsten Restaurants. Immer klappt's nicht, denke ich, aber Sofia bleibt dran. Sie macht ein paar schnelle Schritte und flüstert der Dame etwas ins Ohr. Eine Minute später nehmen sie Platz.

Auch auf meinen Reisen kann ich mir den «Arbeitgeberblick» für die Qualität der Angestellten nicht verkneifen. Hier aber bin ich geschockt. Wie kann sie alle anderen ausstechen, die x-fach an der Gasse stehen und ebenfalls einladen? Ich spreche sie an und mache ihr ein Kompliment. Auch dies nimmt sie mit einem feinen Augenzwinkern. Ich sage ihr, wenn sie nach Deutschland auswandern will, hat sie sofort einen Job – und wenn ich dafür ein Restaurant aufmachen muss. Sie lächelt freundlich und sagt, dass es ihr in «Eesti» gefällt.

Und dann wird es wie eine Decke vor meinen Augen weggezogen. Wie wäre das, wenn wir *solche Leute* hätten zum Einladen ins Reich Gottes? Es sind noch Plätze frei an seinem Tisch, und wenn er selbst bedient, werden keine Wünsche offenbleiben. «Und es werden kommen von Osten und von Westen, von Norden und von Süden, die zu Tisch sitzen werden im Reich Gottes» (Lukas 13,29). Ja – dahin sind wir unterwegs, aber wir wollen nicht allein dort ankommen, sondern so viele wie möglich mitnehmen.

Wie ist das bei uns? Schöpfen wir bei unserem «Einladen» die Möglichkeiten voll aus – etwa im Sinne von 2. Korinther 5,19: «So bitten wir nun an Christi statt: Lasst euch versöhnen mit Gott»?

Nachdenklich trete ich den Heimweg an. Statt ein Taxi zu rufen, gehe ich lange am Sandstrand entlang zu Fuß, genieße das Wetterleuchten am wolkenverhangenen Himmel. Lernen von Sofia? Attraktiv auftreten, freundlich und sensibel zugleich, und doch das Ziel haarscharf im Auge behalten, den Fremden nicht weglaufen zu lassen? Und das alles mit sportlichem Elan und einem fröhlichen Lächeln? Sofia kriegt ihren Laden voll. Egal, was sie verdient, es ist zu wenig. Ich hatte sie noch nach ihrem Namen gefragt, damit ich für sie beten kann. Und für Andrus, der mich so gut bedient hat.

12
Sprachlos in Genua

Business und Mission durchweben einander wahllos in meinem Leben – so auch bei einer Italienreise mit Verhandlungen in Mailand, Bergamo und Turin. Auch wenn Genua nicht gerade auf der Strecke liegt, machte ich doch einen Abstecher – jemand hatte mir eine Telefonnummer gegeben von einem brasilianischen Fußballer, der als Profi beim FC Genua spielte. Paulo Pereira heißt er, Bruder des brasilianischen Nationalspielers Silas – und angeblich als Christ recht einsam dort.

Also lenkte ich mein Gefährt auf die Autostrada A7 und versuchte es mal mit dem Autotelefon, was Anfang der Neunzigerjahre eine Extravaganz war. Es stand als Koffer neben mir und wog 33,7 kg – «C-Netz» hieß das damals und rauschte fürchterlich, selbst mit dreifach ausgefahrener Antenne. Aber was für eine Freude am anderen Ende der Leitung, als ich gesagt hatte, ich könne noch am selben Abend vorbeikommen. Eine Frauenstimme erklärte mir in feinstem Englisch, wie ich fahren musste und ab wann Paolo da sei.

Ich holte noch Blumen und klingelte an einer Tür. Als ein freundlicher, aber sprachloser Pereira mich strahlend hereinbat, wurde mir langsam klar, dass der Turmbau zu Babel nicht spurlos an uns vorübergegangen war. Wir nahmen uns in den Arm, obwohl wir uns das erste Mal sahen, aber wenn einer etwas sagte, verstand der andere kein Wort. Ich sprach Deutsch, Englisch, Französisch und etwas Italienisch – er sprach fließend Portugiesisch mit brasilianischem Akzent. Irgendwie musste seine Englisch sprechende Frau weg an diesem Abend, und so saßen wir uns etwas ratlos gegenüber. Wie gerne hätten wir uns über vieles ausgetauscht, aber außer freundlichem Lächeln und der innigen Umarmung war nichts drin.

Da ich nicht mal rausbekam, ob und wann sie wiederkommen würde, zog ich alle Register. Ein paar Brocken Italienisch waren alles, was ging.

Dann spielte ich meinen letzten Trumpf aus: Bibbia? Strahlend stand er auf und holte seine – portugiesische – Bibel. Ich blätterte in meiner und zeigte auf eine Stelle. 1. Timotheus 1,2 zeigte ich ihm: «Ich wünsche dir Gnade, Barmherzigkeit und Friede von Gott, dem Vater, und Christus Jesus, unserem Herrn.» Er schlug die Stelle auf in seiner portugiesischen Bibel, strahlte und antwortete mir mit einem anderen Bibelvers.

Über eine Stunde lang «korrespondierten» wir auf diese Weise, und mit strahlendem Lächeln gab er mir zu verstehen, wie sehr er sich über den geistlichen Austausch mit mir freute. Wir hatten eine kindliche Freude daran, uns gegenseitig unserer Empfindungen zu versichern. Er kannte seinen Gott – und ich meinen. Und es war derselbe.

Selten habe ich mich so ergriffen verabschiedet. Auch in seinen Augen glänzte es verdächtig. Und dann kam sie, seine lebensfrohe und sprachgewandte Frau – «Sorry, it took a little longer …» – aber wir hatten nur noch Zeit zu einem letzten Lebewohl.

Als ich auf der Autostrada durch die Nacht weiterfuhr nach Pisa, wurde mir bewusst, wie grotesk, wie bizarr und doch wie bezaubernd diese Situation gewesen war. Rita kam mir in den Sinn, eine syrische Studentin während ihres Praktikums in Afrika, die sich beim Sport mit Slumkindern gebalgt hatte und so gerne etwas von ihrer Liebe zu Jesus weitergegeben hätte. Leider sprachen die Kinder kein Englisch und verstanden kein Wort – aber sie war dennoch zufrieden. «Always communicate», schrieb sie in ihr Tagebuch, «always communicate – if necessary use words.» – Kommuniziere immer, bei Bedarf benutze gegebenenfalls auch Worte.

Wie eigenartig: Manchmal sagt man ohne Worte mehr als das, was die Zunge formulieren könnte …

13
Waterloo in Gent

Für Radfahrer ist Belgien ein «Gelobtes Land» – und die flandrische Stadt Gent ein Mekka unter den Austragungsorten hochkarätiger Wettbewerbe. Kein Wunder, dass das Genter Radstadion «'t Kuipke» kochte, als dort die Olympiaqualifikation für 1988 in Seoul über die Bühne ging.

Ich war mit Sandra da. 1984 in Los Angeles war sie als 17-Jährige als das «German Fräuleinwunder» in die Sportgeschichte eingegangen. Unvergessen die deutschen und amerikanischen Kommentatoren, als sie mit ihrer blonden Mähne völlig unerwartet als Dritte auf die Zielgerade kam und im olympischen Frauenstraßenradrennen zu Bronze spurtete.

Drei Jahre später war die Situation recht schwierig. Sie war die Tour de France und den Giro d'Italia gefahren – und unter Leiden und Schmerzen und mit hohem Fieber ausgestiegen, weil sie «sich zu schade war, als Siebte im Rennen zu bleiben», wie eine große Zeitung zu wissen meinte …

Danach hatte sie begonnen, den tieferen Sinn des Lebens zu suchen – und ihn gefunden. Ihr strenger Vater und Trainer konnte es nicht begreifen, dass sie stundenlang mit mir in der Bibel las. So stand er bei mir zuhause eines Tages kurz nach Mitternacht vor der Tür: «Sie sind also Sandras Guru?», knurrte er mich mit starrem Blick an. «Ich bin gekommen, um sie nach Hause zu holen. Soll ich ihr glauben, dass man die halbe Nacht mit Bibellesen verbringen kann?»

Freundlich hatte ich ihn hereingebeten, und wir fingen an zu diskutieren. Mit der Zeit konnte ich ihm zeigen, was die Bibel zu seinen Meinungen sagte. Ich erinnere mich, wie erfrischend und direkt ich seine Argumente fand, er hatte sie mit viel Eifer und Herz vorgetragen. Endlich schaute er auf die Uhr – 2 Uhr morgens! «Ich Idiot», rief er aus, «da behaupte ich, man kann nicht stundenlang über die Bibel diskutieren ...»

Bei den Juniorenweltmeisterschaften in Gent habe ich ihn dann wieder getroffen. Und natürlich Sandra, für die es neben der Meisterschaft im 3000-Meter-Verfolgungsfahren auch um die Qualifikation für Olympia in Seoul ging. Sie war in diesem Wettkampf schon sehr weit gekommen, musste jetzt aber noch das anstehende Rennen gegen eine hochtalentierte US-Athletin gewinnen, die ebenfalls zur Weltspitze gehörte.

Wir verbrachten den Tag mit intensiven Gesprächen und leichtem Training, um sie auf das entscheidende Ausscheidungsrennen um den Einzug ins Finale vorzubereiten. Ihr Vater hatte längst nichts mehr dagegen, dass ich sie wie viele Leistungssportler damals mental auf wichtige Wettkämpfe vorbereitete. Es tut ihr gut, stellte er fest, und für den Erfolg gab er alles.

Der ganze Tag war genau getimt. Von der Startzeit rechneten wir zurück – warmfahren auf der Rolle, davor eine halbe Stunde im flotten Tempo auf der Straße usw. Vor der Halle verabschiedete sich Sandra zu diesem Warmfahren, und als ich eine Viertelstunde später in die Halle kam, traf mich fast der Schlag. «Last call for Sandra from Germany», dröhnte es aus den Lautsprechern. Ihr Rennen wurde eine Stunde früher aufgerufen. Die deutsche Rennleitung war mit den Nerven fertig, man hatte versäumt, Sandra die Änderung im Zeitplan weiterzuleiten. Aber es gab kein Pardon, man gab ihr nur wenige Minuten Karenzzeit. Ich wusste, wenn sie nicht antrat, wird sie disqualifiziert.

So warf ich mich ins Auto und fuhr mit fast 100 Sachen die Straße am Kanal entlang. Zum Glück hatten wir vereinbart, dass sie dort fahren sollte, um sich nicht womöglich zu «verirren» und um die Länge des Rückwegs genau abschätzen zu können. Tatsächlich fand ich sie, und wir jagten zur Halle zurück. Es lief bereits der Countdown in Sekunden – und so zog sie in der Halle die windschlüpfrige Rennkleidung über, musste ohne Rolle direkt an den Start.

Alles lief in kompletter Hektik und fast wie in Trance – das Gegenteil von einer guten Rennvorbereitung. Sie saß noch nicht richtig im Sattel, als der Schuss fiel, und verlor nur denkbar knapp gegen die amerikanische Weltklassefahrerin. Leider war keine Zeit mehr gewesen, ihr Rennrad noch mal auf die optimale Übersetzung für diese Rennsituation zu überprüfen, was die wenigen Meter Rückstand sicher ausgeglichen hätte …

Aus der Traum von der Weltmeisterschaft, Olympische Spiele ade. Selten erlebte ich eine so verzweifelte Stimmung nach einem Rennen. Wie bitter, auf solche Weise Medaillenchance und Olympiateilnahme zu verlieren! Sie hatte sich heldenhaft geschlagen, aber das Handicap war zu groß. Hatten wir nicht gebetet für diesen Abend? Hatten wir nicht Gott unser Vertrauen ausgesprochen auch für diesen Wettkampf?

Als der Puls wieder etwas unten war und die Tragweite der Enttäuschung ins Bewusstsein rückte, konnte ich nicht anders, ich musste sie fragen.

«Sandra», sagte ich, «ich weiß, du bist noch nicht lange Christ, du hast gelernt zu beten und dein Vertrauen auf Gott zu setzen. Auch für dieses Rennen haben wir das getan – und dann das! Bereust du es jetzt, dass du Gott vertraut hast?»

Wie beim Auftauchen der Sonne durch die Regentropfen ein Regenbogen entsteht, huschte jetzt ein Lächeln auf ihr Gesicht: «Bereuen?», sagte sie, ohne zu zögern. «Niemals. Gott hat mir ewiges Leben geschenkt! Siege sind super, aber sie sind vergänglich. Aber was Gott mir geschenkt hat, das kann mir niemand mehr nehmen.»

Wenn Gott ein Mensch wäre, hätte er wohl Tränen der Freude in den Augen gehabt. Er hat es gesehen. Was mag er gedacht haben? Warum hat er es zugelassen? Wir werden es einmal erfahren – spätestens bei ihm.

14

Abgesoffen – aber nur fast

Der Sport spielte schon immer eine wichtige Rolle in meinem Leben. Während meiner Studentenzeit hatte ich als Handballtorwart in verschiedenen Mannschaften gespielt und dabei auch internationale Begegnungen absolviert – zum Beispiel in der Aachener Hochschulmannschaft oder bei der Europameisterschaft auf CVJM-Ebene in Dänemark, wo wir die Bronzemedaille errangen. Ein weiteres Highlight war eine Mannschaftsreise durch Israel, mit Besuch in der Wüstenstadt Beer-Sheva und Empfang beim Bürgermeister, der uns diesen Schmelztiegel von Einwanderern aus mehr als 100 Nationen erklärte.

Später gründete ich im Rahmen eines damals «Sportler ruft Sportler» genannten Sportvereins (heute: SRS e. V.) das «Team Christlicher Handballer».

Es spielte für uns keine Rolle, welchen konfessionellen Hintergrund die Mitspieler hatten – es waren auch immer welche dabei, für die noch gar nicht klar war, ob sie an den Gott der Bibel glauben wollten oder nicht. Wichtig war nur, dass sie genauso verrückt waren nach Handball wie wir – und bereit, sich dem auszusetzen, was wir bei unseren Treffen morgens in der Bibel studierten und in Gebete für den vor uns liegenden Wettkampftag packten.

Unsere Bereitschaft, sich mit unseren sportlichen Gegnern freundschaftlich über jede Frage des Lebens zu unterhalten, bekam oft so einen Tiefgang, dass Klartext geredet wurde, auch von denen, die in jungen Jahren schon auf die schiefe Bahn geraten waren. Man muss sich klar sein darüber, dass auch unsere Sportvereine einschließlich der Jugendmannschaften ein Spiegelbild unserer Gesellschaft sind, und so darf man nicht geschockt sein über die Abgründe, die sich in ehrlichen Gesprächen auftun, zum Beispiel vor dem Hintergrund zerrütteter Familien.

Bei einem Handballturnier für Vereinsmannschaften über Pfingsten in Tauberbischofsheim gab es für die über hundert Mannschaften zwischen den Sportanlagen eine richtige Zeltstadt, in der die Teams von Freitag bis Sonntag übernachteten. Natürlich wurde samstagabends ausgiebig gefeiert, und auch der Alkohol floss in Strömen. Dann gab es über Nacht ein Gewitter, das alle aus dem Schlaf riss – glücklicherweise, denn nach mehreren Stunden sturzbachartigen Regens standen alle Zelte unter Wasser, und jeder versuchte zu retten, was zu retten war.

Auf der einzigen asphaltierten Fläche stand das riesige Bierzelt, und mancher mag wissen, wie es dort am Morgen nach einer rauschenden Party riecht. Ausgerechnet dort durften wir, das Team Christlicher Handballer, traditionsgemäß sonntagmorgens einen kleinen Gottesdienst anbieten, den wir bewusst im Sportdress hielten, und üblicherweise kamen vielleicht zwanzig bis dreißig Sportler – die anderen zogen es vor, eine Stunde länger zu schlafen. An diesem Tag aber war das ganz anders: Während wir unser kleines Tischchen und die Mikrofone aufbauten, füllte sich das Zelt.

Der Regen draußen hatte sich zum Gewittersturm gesteigert, und während alle fluchtartig ihre Zelte aufgaben und im Hauptzelt Schutz suchten, kam die Turnierleitung und wollte noch vor dem kleinen Gottesdienst eine Ansage machen. Leider müsse das Turnier wohl abgebrochen werden, da der Wetterbericht für den ganzen Tag Starkregen prophezeite. Es wurde ja auf über zehn Grasplätzen im Freien gespielt, und die meisten standen bereits unter Wasser. Eine Stunde wollte man noch warten und dann die endgültige Entscheidung der Turnierleitung bekannt geben.

Man kann sich vorstellen, dass die Stimmung im Keller war. Gleichzeitig drängten sich so viele Menschen im jetzt brechend vollen Zelt, dass sich unser Gottesdienst einer völlig unerwarteten Zuhörerschaft erfreute. «Der Herr hat sie in unsere Hand gegeben», zitierte einer aus dem Alten Testament.

Es war zwar etwas unruhig während meiner Predigt, aber alle verstummten rücksichtsvoll, als ein junger Kreisläufer namens Jens ein Schlussgebet sprach. Wir selbst kannten ihn noch kaum, aber was jetzt kam, ließ den Verantwortlichen in unserem Team den Atem stocken. Hatte dieser junge Kerl doch die Stirn, Gott um ein Wunder zu bitten. «Lieber Vater im Himmel», sprach er ihn an. «Du siehst doch, wie jeder hier heute so saumäßig gern Handball spielen würde, und wir haben uns doch so darauf gefreut. Wenn du der Schöpfer bist, dann mach es doch jetzt wie damals Jesus auf dem See. Stille den Sturm, stoppe doch einfach den Regen und lass es so weit abtrocknen, dass wir spielen können. Amen.»

Wir waren sprachlos. Was, wenn es jetzt einfach weiterregnete, was ja am wahrscheinlichsten war? Noch immer prasselte der Regen aufs Zeltdach, und fast niemand machte Anstalten, das große Zelt zu verlassen. Alle wollten wohl sehen, wie das weitergeht.

Die Turnierleitung besprach sich kurz, und einer ging ans Mikrofon: «Wir warten nochmals eine Stunde. Ihr könnt schon mal die Sachen ins Auto packen, aber bitte fahrt noch nicht weg.»

Um es kurz zu machen, der Himmel klarte auf, zwei Stunden später waren die Plätze mit vereinten Kräften in einen Zustand gebracht worden, dass man wieder anpfeifen konnte. Den ganzen Tag über war ein Wolkenloch direkt über uns, und wenn es auch manchmal schwarz über uns wurde, fiel doch kaum ein Tropfen. Erst während des Endspiels, in das wir sensationellerweise gekommen waren, fing es wieder an. Während der Verlängerung und des anschließenden Siebenmeterschießens regnete es stärker, und nach dem letzten gehaltenen Siebenmeter rannten alle ins Zelt.

Viele der Sportfreunde waren beeindruckt – kaum einer missgönnte uns den Sieg. «Ihr scheint ja schon eine besondere Beziehung nach oben zu haben», bemerkte einer öffentlich. «Und eigentlich ist es ja ein bisschen unfair. Wie sollen wir gewinnen, wenn bei euch zeitweise Jesus selbst im Tor zu stehen scheint?»

15
Die Asche der Nörgler

Lamorlaye – malerischer Ort im ländlichen Norden von Paris. Hier scheint die Landschaft noch das Flair feinster französischer Aristokratie zu atmen, parkartige Wiesen mit hochstämmigen Laubbäumen, deren heute noch höher gewachsene Kronen wohl schon die Reiterspiele der Höflinge des Sonnenkönigs Louis XIV. gesehen haben.

Unweit der kaiserlichen Reitanlagen liegt die Bibelschule in einem burgartigen Schloss, dessen obere Reihe von Rundfenstern wie Bullaugen eines Schiffes wirkt und den Blick freigibt auf einen idyllischen Park. Einen winzigen Morgenspaziergang entfernt bewegten sich schemenhaft jagende Pferde in der Morgendämmerung – der tägliche Betrieb einer der erfolgreichsten Zucht- und Trainingsanlagen für den internationalen Pferderennsport.

Schon im Morgennebel waren zahlreiche Jockeys unterwegs, die rassige Rennpferde in leichtem und dann wieder strengem Galopp bewegten. Der Duft von feuchtem Laub und der naheliegenden Ställe schwängerte die Luft. Vom scharfen Training zurückkehrende Pferde wurden von Stallburschen trockengerieben, von Tierärzten und Pflegern umsorgt.

Man konnte ahnen, was manche Pferde wert sein mögen – vielleicht ist ein zukünftiger Sieger beim Grand Prix de l'Arc-de-Triomphe dabei, der als Saisonhöhepunkt in mehr als 50 Länder übertragen wird und mit einem Preisgeld von 5 Millionen Euro dotiert ist, ganz abgesehen von den Wetteinsätzen. Reporterlegenden wie Addi Furler oder der gefragte Hans-Heinrich Isenbart konnten schon im Radio eine Spannung entfachen, deren Klimax sich beim Zieleinlauf innerhalb von Sekunden entlud.

Unvergessen der Kollege, der den verbotenen Galoppsprung des weit in Führung liegenden und dann disqualifizierten Trabers mit den Worten kommentierte: «Ein Pferd ist eben auch nur ein Mensch.»

In diesem wunderbaren Ambiente fanden einige der ersten Vorstandssitzungen der European Christian Sports Union statt, unser französisches Vorstandsmitglied Gérard Lanniée von «Sport et Foi» hatte uns erstmals dahin eingeladen. Morgens beim Frühstück gab es wie erwartet Café au Lait mit frischem Baguette, reichlich Beurre demi-sel und Marmelade. Wir fühlten uns wohl und willkommen bei Christen in einem weitgehend atheistisch geprägten Land, umgeben von berückender Pracht der Natur und von royalen Prunk atmenden Gemäuern. Fast hatten wir ein schlechtes Gewissen, dass es uns unter der liebevollen Betreuung der Bibelschulleitung so gut ging – wir arbeiteten und tagten, rangen um die Erschließung der Länder Osteuropas, und das alles mit der Vorfreude auf den Abend und den verführerischen Duft der französischen Küche im kleinen Dorfrestaurant.

Es war das letzte Treffen, an dem ein enger Freund und treuer Weggefährte noch bei voller Gesundheit teilnahm, der nur sieben Monate später nach leidenschaftlichem Kampf einem Gehirntumor erlag. Joe Smalley, der damalige Leiter von «Athletes in Action Europe», vertrat als ECSU Board Member seine in mehreren Ländern aktive Arbeit, er sprühte vor Energie und positiver Erwartung. Seine Vision für West- und Osteuropa war überragend, seine Kompetenz kleidete er in ein bescheidenes, aber immer sportlich flottes Auftreten.

Mit feinem Humor eröffnete Joe von ihm geleitete Sitzungen mit witzigen Videos, nicht ohne ihnen noch einen tieferen Sinn abzugewinnen. Seine beste Geschichte war die von der amerikanischen Ringermannschaft, die noch vor dem Fall des Eisernen Vorhangs zu einem Gottesdienst im Ostblock eingeladen war: Wie die Orgelpfeifen saßen die Athleten vom Fliegen- bis zum Schwergewicht in der zweiten Reihe, und da sie kein Russisch verstanden und die Gemeinde bei der Liturgie immer wieder aufstehen und hinsitzen sollte, orientierten sie sich dabei an einem jungen Mann, der allein noch in der Reihe vor ihnen saß. Gegen Ende des Gottesdienst brüllte auf einmal die ganze Kirche los vor Lachen – ganz im Kontrast zu der sonst so feierlichen Stimmung. Als die US-Ringer sich verstohlen umsahen, ahnten sie, dass *sie* der Auslöser der Erheiterung waren. «Was hat der Pfarrer denn gesagt?», fragten sie später ihre Gastgeber. «Nun, seine Worte waren: Unsere Schwester Soundso hat diese Woche einen gesunden Jungen zur Welt gebracht. Der Vater soll doch bitte kurz aufstehen …»

Da Joe nach unserem Treffen noch einen weiteren Termin hatte, ich glaube in Holland, brachte ich ihn mit dem Auto zum Regionalbahnhof. Mit Wehmut denke ich an die Viertelstunde im Auto, als wir zu früh am Bahnhof waren und noch bis zur Ankunft des Zuges sitzen blieben. Freudig und gelöst erzählte Joe von seiner Familie mit den noch kleinen Kindern, von der Schönheit seiner Aufgabe, die ihm übertragen worden war. Jeder von uns spürte aber auch die Spannung, sich als Leiter mit den sich abzeichnenden Veränderungen in der Gesellschaft zu bewähren. Hatte ich einen wichtigen Verbündeten gefunden? Spürte auch er etwas von der Resonanz in unseren Herzen, als wir diese tiefe Übereinstimmung im Blick auf Gott und die Welt entdeckten?

Es war so ein Augenblick, bei dem man gerne die Uhr anhalten würde, aber wir hörten schon den einfahrenden Zug. «Solange wir beide unsere Aufgaben in diesem Vorstand behalten», sagte er noch, «werden wir uns gegenseitig unterstützen. Unsere Freundschaft lassen wir uns durch nichts nehmen.»

Wenig später erfuhr ich, wie er sich während der Reise in Holland unerklärlich müde fühlte und kurz darauf beim Vorlesen für seine Kinder erste Ausfälle beim Sehen und Sprechen hatte. Niemand konnte es verstehen, dass er schließlich seine Familie und die geliebte Arbeit zurücklassen musste – doch er selbst begann es als Erster zu akzeptieren. Wie gerne wäre er geblieben – aber angesichts des bedrückenden Zerfalls strahlte er sogar Vorfreude auf den Himmel aus, und wir, die wir zum Trauern gekommen waren, wurden durch ihn getröstet.

Wenn Joe diese Geschichte aufschreiben würde, käme ganz sicher noch augenzwinkernd die Pointe, über die wir beim Aussteigen aus dem Auto noch schallend gelacht hatten. Die Klassenzimmer der Bibelschule waren für unsere kleine Gruppe zu groß, außerdem lief der

Lehrbetrieb. Also hatte man uns den besten Raum des Hauses angeboten – das Büro des Rektors, das auch für kleinere Konferenzen benutzt wurde. Es war eigentlich ideal, abgesehen von der Anordnung der fest am Boden verschraubten Stühle. Da prangte, etwas erhoben sogar, eine Art Thronsessel, der etwa die Hälfte des Raums einnahm – und die andere Hälfte des Raumes füllten fünf im Halbkreis aufgestellte Stühle mit kleinen Tischen davor. Gerne hätte ich mich zu den anderen gesetzt, aber dann hätte ein Stuhl gefehlt. «Keine Frage», waren sich alle einig, «du bist der Chef, setz dich da hinauf, wir können uns auch so unterhalten.»

Nie hatte ich aus meiner Leiterschaft eine Sache gemacht oder mir Sonderrechte genommen – im Grunde widerstrebt es mir, und so war ich nur widerwillig dazu zu bewegen, über den anderen zu thronen wie ein feudalistischer Herrscher über seinem Hofstaat. Die anderen aber nahmen es mit Humor – und wir hatten wunderbare Sitzungen.

Nach zwei Tagen fassten wir die Ergebnisse zusammen und ich machte eine Bemerkung, dass wir noch kaum einmal so zügig vorangekommen waren – wie immer in Einmütigkeit, aber auch nicht ohne den üblichen Austausch kontroverser Argumente. «Du darfst dich nicht wundern, dass wir so gefügig waren», sagte unser Franzose und wies auf eine Art Urne hin, die schräg hinter meinem Thronsessel stand. Darauf stand – und das war mir bis jetzt gar nicht aufgefallen: «In diesem Gefäß befindet sich die Asche derer, die anderer Meinung waren als der Chef.» Offensichtlich hatten sich's alle zu Herzen genommen, und immer noch sehe ich Joe vor mir, wie er das mit seinem schelmischen Jungenlächeln quittierte.

16
Russki? Njet!

Nachdem 1989 die erste ARENA-Konferenz christlicher Sportler in Gmunden/Österreich stattgefunden hatte, wurde im Folgejahr die

European Christian Sports Union (ECSU) gegründet. Als Übersetzer nahm mich Helmfried Riecker, der damalige Leiter von «Sportler ruft Sportler», auf das Treffen der europäischen Sportmissionsleiter mit.

Als ich den Tagungsort verließ, hatte ich ein eigenartiges Gefühl im Magen – hatte man mich tatsächlich soeben zum Chairman der ECSU gewählt? War ich der «kleinste gemeinsame Nenner», auf den man sich einigen konnte? Vielleicht hatte ja meine Vision eines europäischen Netzwerks überzeugt, das keiner der bestehenden Organisationen Konkurrenz machen sollte, aber alle übergeordneten Interessen vertreten würde, zum Beispiel bei der Koordination internationaler Einsätze. Ich hatte vorgeschlagen, in jedem europäischen Land Menschen zu suchen, die ihren Glauben auch in ihrem sportlichen Umfeld auf natürliche Weise ausleben wollen.

Na ja – für *ein* Jahr hatte ich zugesagt. Die Leitung sollte jährlich zwischen den Länderchefs «rotieren». Damals wusste ich noch nicht, dass ich die Aufgabe 13 Jahre lang behalten sollte und dass aus sieben beteiligten Ländern 38 werden würden.

Schon damals fassten wir den Entschluss, systematisch für die Sportler aller Länder Europas zu beten. Dabei wurde uns bewusst, dass wir kaum Kontakte nach Osteuropa hatten, auch weil niemand die russische Sprache beherrschte. Wir lasen darüber, dass diese früher etwas abgeschottete Welt nach Perestroika und Glasnost überflutet wurde von den Segnungen des Kapitalismus, und scheinbar kritiklos waren materialistisches Denken und ein Abgleiten in eine Ellenbogengesellschaft auf einem unaufhaltsamen Siegeszug – ganz abgesehen von westlichen Trends zu Genusssucht und Pornografie. So wurde es zu einem besonderen Anliegen, dass auch andere Signale gesendet wurden in die Länder jenseits des Eisernen Vorhangs, der damals auch in den Köpfen der Menschen gerade zu fallen begann.

Etwa zehn Jahre später: Wir saßen am Strand von Malaga. Gesprächszeit nach der Andacht bei der ECSU-Jahreskonferenz im

Jahr 2000. Die Einigkeit unter den Christen unterschiedlicher Werke und Denominationen war unser Thema. Sprach nicht schon Paulus in der jungen Christenheit von denen, die apollisch oder paulisch oder kephisch waren?

Soeben hatte ich die Geschichte vom Turmbau zu Babel ausgelegt. «Wenn die Menschen *eine* Sprache sprechen», sagte Gott, «wird ihnen nichts unmöglich sein.» Wie wichtig ist also Einigkeit! War es nicht der letzte Wunsch Jesu in seinem Gebet in Johannes 17, wo er den Vater inständig um Einheit unter seinen Jüngern bittet? Einige sagen, es sei das einzige bis heute *unerhörte* Gebet, das Jesus gesprochen habe. Werden wir Christen nicht immer wieder durch Uneinigkeit über Kleinigkeiten auf Nebenschauplätze gelockt, die unsere geistliche Fruchtbarkeit blockieren?

Wie schön war vor diesem Hintergrund die wunderbare Atmosphäre der Einheit und Einigkeit unter den Sportlern aus mehr als zwanzig Ländern, die sich vorher kaum kannten und schon am zweiten Tag der Konferenz dieses wunderbare Empfinden teilten, zu *einer* Familie zu gehören – derer, die den Sport lieben und noch mehr diesen Jesus, der zum Dreh- und Angelpunkt unseres Lebens geworden war.

Und dann die Überraschung: Beim Bilden von Kleingruppen äußerten acht Personen den Wunsch, sich am liebsten in Russisch unterhalten zu wollen. Nicht nur die beiden Russen, sondern auch Teilnehmer aus mehreren jetzt unabhängigen Staaten der ehemaligen Sowjetunion. Und so saßen sie am Strand und diskutierten unter der Leitung des Schwergewichtsringers Carl Dambman, der – obwohl Amerikaner – sein ganzes Leben den Sportlern Russlands gewidmet hatte und ihre Sprache beherrschte.

Obwohl ich kein Wort Russisch verstand, entschloss ich mich, in einer spontanen Regung zu dieser Gruppe zu gehen. Ich wollte einfach dabeisitzen und in Dankbarkeit genießen. Genau dafür hatten wir vor zehn Jahren schon gebetet! Kleingläubig zwar, wir hatten doch kaum damit gerechnet, dass wie «aus dem Nichts» so prächtige Exemplare von Menschen zu uns stoßen würden, und ihre Lebensläufe fühlten sich an wie maßgeschneidert. War hier eine Truppe am

Start, die die Botschaft der Liebe verstanden hatte und die Vision in ihre Länder tragen sollte?

Weil ich kein Wort verstand, schaute ich einfach in ihre Augen – und was sah ich da! Welche Dankbarkeit, welches Glück, welches Feuer über die neue Aufgabe, das Entdecken, dass sie nicht die Einzigen waren, die Jesus liebten und den Sport. Hier der russische U-Boot-Kapitän, der während der Zeit des Kalten Krieges jahrelang in europäischen Gewässern auf den Feuerbefehl gewartet hatte, der zum Glück nie kam. Dort die Wintersportlerin aus Weißrussland, die Carl Dambman bei den Olympischen Spielen kennen gelernt hatte. Der Taekwon-Do-Champion aus Moldawien, der sein ganzes Land umkrempelte, was die Präsenz des Evangeliums in seiner Sportart betraf.

Ob er mir übersetzen solle, fragte Carl. «Nein», sagte ich, «ich genieße das einfach.» Aber er solle eine Frage übersetzen, die ich den anderen stellen wollte. Ob sie denn wissen, dass sie die Antwort Gottes auf jahrelange Gebete sind – und damit das von ihm ausgewählte Team, eine Art Mannschaftsaufstellung, mit der er in ihren Nationen wirken wollte. Wie ein guter Coach hatte er ja ganz unterschiedliche Typen nominiert, den Individualisten, den Mannschaftsdienlichen, den Reißer, den Brecher, das Gehirn … Ich war gerührt, als ich ihnen das sagte, es ging mir ans Herz.

Und dann fragte ich einfach, was mir auf der Zunge lag. «Woher kommt ihr denn so plötzlich? Jahrelang hatten wir gesucht und niemand gefunden!»

Und so erzählten sie einer nach dem anderen, wie sie zum Glauben gekommen waren und wie ihre Liebe zu diesem Jesus und zu ihren Sportkameraden immer mehr wuchs, je mehr sie Jesus vertrauten.

Und plötzlich dämmerte mir etwas. «Carl», sagte ich, «frag mal jeden nach der Jahreszahl, wann diese Wende in ihrem Leben eingetreten ist.» Und tatsächlich – keiner von ihnen außer Carl war schon Christ, als wir anfingen, für die Länder in Osteuropa zu beten. Großer Gott! *Da* hast du also das unerschöpfliche Potenzial deiner Diener – unter den Millionen, die dich noch gar nicht kennen!

An diesem Tag zog ich mich später zurück, bat ganz allein um Vergebung für das begrenzte Sichtfeld meines Glaubens, für die Winzigkeit meiner Vision.

Und so kristallisierte sich das Thema für die Abendbotschaft heraus. Wie lechzte die postkommunistische Gesellschaft, jahrelang atheistisch indoktriniert, nach der Wahrheit! Aber da gab es bei der Übersetzung ein Problem. «Prawda» heißt auf Russisch Wahrheit, und das war der Name des allgegenwärtigen Parteiorgans gewesen, in dem laut einer zynischen Bemerkung niemals etwas gestimmt hatte als höchstens mal der Wetterbericht. Wenn Jesus also unserem Erzählen gemäß sage, er sei die Wahrheit, die «Prawda», fangen die Menschen an zu kichern. – Wie gut, dass hier Leute waren, die ihre Sprache und Kultur besser kannten als wir. Die sollten besser selbst dahinterkommen, wie sie es anpacken und welche Worte sie benutzen wollten.

In den Ländern der ehemaligen Sowjetunion ist heute vieles besser geworden, aber es gibt auch die sogenannte «vaterlose Gesellschaft» – zerrüttete Familien, weitverbreiteter Alkoholismus, eine hohe Selbstmordrate unter Jugendlichen. Da ist es gut zu wissen, dass die Erben jener Pioniere von Malaga in allen elf Zeitzonen unterwegs sind, um eine Botschaft der Hoffnung zu streuen.

17
Chartreuse – und was ich an den Franzosen mag

Die Mönche des Kartäuserordens gelten als besonders genügsam – einmal im Orden integriert, verzichten sie nicht nur auf persönliches Eigentum, sondern auch weitgehend auf das Vergnügen der Kommunikation untereinander. Was meine Neugier reizte, war ein wunderbarer Likör, den es in Gelb oder in Grün gibt. Zwei Flaschen «Chartreuse» hatte ein französischer Geschäftsfreund meinen Eltern einst mitgebracht.

Weil ich damals noch keinen Alkohol trinken durfte, staunte ich nur darüber, wie sich meine sonst so bescheidenen Eltern ab und zu abends ein kleines Gläschen gönnten – um dann mit lobenden Worten die Lippen zu lecken. Über ein Jahr hielt so eine Flasche bei uns, meine Eltern waren ja keine Alkoholiker. Ich aber, das muss ich zugeben, war damals schon beeindruckt von diesem betörenden Duft.

Es sollte Jahrzehnte dauern, bis ich dieses exklusive Getränk wiederentdeckte, und das ausgerechnet in den Vereinigten Arabischen Emiraten, wo bekanntlich Alkohol verpönt ist. Im Burj al Arab, jenem Luxushotel, das von weitem wie ein riesiges Segel aussieht, gibt es in 300 Meter Höhe eine Skybar, die man nur in Kombination mit einem «Gedeck» buchen kann. Dieses besteht aus vielen exklusiven kleinen Häppchen – pikant und süß im Wechsel – und zur Krönung aus einem Cocktail, den man sich aus der illustren Karte mit vielen interessanten Zutaten auswählen kann.

Hier ist natürlich alles extrem teuer, und so wundert es nicht, dass auch der Barmann ein Weltklasse-Genie ist. Portugiese ist er, und schon in den mondänsten Hotels der Welt aufgetreten: Im Atlantis auf den Bahamas, im Ritz-Carlton in Acapulco, im Oberoi in Mauritius, im Taj Mahal Palace in Mumbai ... Seine Show ist fast noch besser als das Getränk, virtuos wirbelt er die einzelnen Mixbecher durch die Luft, lässt offene Gläser um die Finger kreiseln und den Strahl farbiger Flüssigkeit fängt er hinter dem Rücken in einem engen Glas wieder auf. Manchmal geht etwas daneben, «absichtlich», raunt er mir auf Französisch zu, «die Leute merken sonst gar nicht, wie schwierig das ist.» In goldenem Geschirr wird dann serviert. Garniert mit wunderbaren frischen Früchten und glitzernden Girlanden ist das Ganze eine Augenweide.

Mehrfach hatte ich mir die Cocktailkarte durchgelesen und bin dann nach den klingenden Namen gegangen. In einem der Cocktails sollte der sagenumwobene Chartreuse sein, und eben deshalb wählte ich ihn, und er war jeden Dollar wert. Bei meiner nächsten Reise nach Paris fragte ich dann in einer sehr guten Bar nach Chartreuse, und man konnte ihn tatsächlich servieren. Dort erfuhr ich auch von dem geheimnisvollen Mythos, der mit seiner Herstellung verbunden ist.

Ausgerechnet Mönche hatten diese Mixtur erfunden, oder besser gesagt: eine unverwechselbare Kombination von Kräutern zusammengestellt. Sie gehörten einem im Jahr 1084 vom Heiligen Bruno von Köln in den französischen Alpen gegründeten Orden an. Noch heute gibt es weltweit Tausende von Kartäuser-Mönchen, die ganz nach den ursprünglichen Regeln leben. Ihr Kennzeichen ist das eremitische Leben – in Klöstern zwar, aber jeder für sich in einer mit allem Nötigen eingerichteten Zelle. Sie leben nach ihrer Weihe ohne jeden Kontakt zur Außenwelt und verzichten auch weitgehend auf die Begegnung untereinander, um sich ungeteilt ihrer Beziehung zu Gott widmen zu können. Man mag ihre Konsequenz und Leidensbereitschaft bewundern. Wie dies aber mit dem Vorbild des Gottessohnes Jesus vereinbar ist, bleibt mir ein Rätsel. Gab es je einen Menschen, der sich leidenschaftlicher seinen Zeitgenossen zuwandte? Der zu Menschenmengen sprach und Einzelnen begegnete und immer einen Blick dafür hatte, wer gerade seine Zuwendung besonders brauchte?

Die Mönche mögen vielem entsagt haben, aber die wunderbare landschaftliche Umgebung ließen sie sich nicht nehmen. Die etwa 1500 Meter hoch gelegene Klosteranlage ist in einem Seitental des Massif de la Grande Chartreuse versteckt, unweit des Städtchens Saint-Pierre-de-Chartreuse. Man kann sie von Grenoble oder von Chambéry aus erreichen oder auf einer steilen gewundenen Straße durch wunderbare Wälder von Montmélian zum Col du Granier. Auf diese Weise kommt man hinter die kilometerlange Gebirgskette, die durch markante, bis zu 200 Meter hohe und fast senkrechte Wände aus Kalkstein gekennzeichnet ist. Einige Passstraßen führen aus dem dahinterliegenden Hochtalkessel hinaus zu einer Aussicht wie aus dem Flugzeug, und bei klarer Sicht entdeckt man am Horizont die Schneeflanken des Mont Blanc. Weiter unten im Tal gibt es dichte Wälder urtümlicher Vegetation, mit steilen Schluchten und felsigen Bächen – eine traumhafte Landschaft, die man sich wegen zahlreicher Fahrverbote teilweise zu Fuß erobern muss.

In dieser Abgeschiedenheit wird das Geheimnis gehütet, das der Zusammensetzung des Chartreuse-Likörs zugrunde liegt. Er soll aus 130 Kräutern, Gewürzen, Rinden, Wurzeln und Blättern bestehen, deren Namen und Anteile jeweils nur zwei lebende Mönche auswendig kennen. Die Rezeptur darf niemals aufgeschrieben werden; wenn einer von beiden stirbt, wird der andere einen jüngeren Mönch auswählen und diesen einweihen. Derzeit sind es Vater Benoît und Bruder Jean-Jacques, die das Geheimnis hüten, und alle lizenzierten Destillerien müssen die Essenz von ihnen kaufen.

Und weil die Franzosen nicht gerne auf einen geliebten Genuss verzichten, lassen sie sich ihre Spezialitäten auch ungern verbieten. Dies geschah fast ein Jahrhundert lang mit dem seit 1850 beliebten, ebenfalls dunkelgrünen Kräuterlikör Absinth. Er hatte sich zum Modegetränk in der Bohème entwickelt, von 17 bis 19 Uhr genoss man «die grüne Stunde». Allerdings kam man dann zu dem Schluss, er würde wegen seiner ätherischen Öle abhängig machen und schwere gesundheitliche Schäden verursachen wie Schwindel, Halluzinationen, Wahnvorstellungen, Depressionen, Krämpfe und sogar Blindheit.

Nachdem 1905 ein mit Absinth Angetrunkener seine schwangere Frau und die 2- und 4-jährigen Töchter grausam ermordet hatte, wurden Herstellung und Genuss von Absinth ab 1914 verboten und unter Strafe gestellt. Erst 1991 wurden Herstellung und Konsumation im Rahmen der europäischen Gesetzgebung wieder legalisiert. Augenzwinkernd räumen die Franzosen ein, dass dieses Verbot nicht gar sooo schlimm gewesen war, da ja dieselben Kräuter auch im Chartreuse versteckt waren – nur dass man, weil niemand dessen Zusammensetzung wirklich kennt, diesen Verdacht weder nachweisen noch widerlegen könne.

Glückliches Frankreich – man genießt das Leben, wie es ist, und notfalls drückt man ein Auge zu. Nur wenn es um Revolutionen geht, da sind die Franzosen einen Tick konsequenter. Uns Deutschen sagen sie nach, wir würden vorher beim Amt ein Formular ausfüllen und um Genehmigung ersuchen, wenn wir einen Umsturz planen. Wenn die Bauern mit Traktoren demonstrieren, gibt es bei uns für ein paar Stunden Verkehrsbehinderungen, in Frankreich sind für fünf Tage alle Tankstellen blockiert.

Im November 2018 waren die Gelbwesten-Demos wochenlang in den Medien. Als Ehrengast beim von einem Geschäftsfreund initiierten «Salon des Métiers Industriels et de l'Entreprise» war ich im Prachtgebäude «Grand Palais» direkt an der Avenue des Champs-Élysées, als gegen 15 Uhr das Gebäude und die Champs-Élysées zwischen Place de la Concorde und dem Triumphbogen «wegen eines Polizeieinsatzes» geräumt wurden. Ich folgte meinem unstillbaren Trieb, Geschichte live zu erleben, wie damals Wochen vor der Räumung des «Platzes des Himmlischen Friedens» in Peking, und wollte so was von innen heraus erleben. Das war wieder eine der Ideen, derentwegen meine Frau immer noch meint, man könne mich nicht alleine fortlassen.

Ich diskutierte gerade mit einem vermummten Parolenschreier, ob ihnen ihr Anliegen noch bewusst oder die Sache doch etwas aus dem Ruder gelaufen sei, als die Polizei erstmals an diesem Wochenende beschloss, die Demo mit Wasserwerfern, Warnschüssen und Tränengas gewaltsam aufzulösen. In der Panik hätte man totgetrampelt werden können. Es ist furchtbar zu spüren, wie das Tränengas die Atemwege verätzt, aber man kann nicht aufhören zu atmen, weil man dann ersticken würde. Auf dem Boden kriechend kriegt man noch etwas Sauerstoff, die Hände bluten wegen zersplittertem Glas.

Irgendwie fand ich raus aus dem Kessel, aber da Métro und Busse stillgelegt waren, kam ich erst nach drei Stunden Fußmarsch ins Hotel zurück, wo ich die Überreste der Polizeiaktion im Fernsehen verfolgen konnte. Auch diesmal war wieder alles gut ausgegangen, und zum Glück war die Bar noch offen. Obwohl körperlich völlig erschöpft, konnte ich jetzt nicht einfach ins Bett, und ein paar nette Leute saßen auch noch rum. Mein Puls ging schon wieder fast normal, und so gönnte ich mir einen Absinth – und zur Krönung noch einen grünen Chartreuse.

18
Wo sind die Polen an Allerheiligen?

Es war eine Geschäftsreise diesmal – Bialystok, eine Provinzhauptstadt in der Mitte von Nirgendwo. Genauer: Flughafen Warschau, Mietwagen, drei Stunden östlich fahren bis ins Dreieck zwischen Litauen im Norden und Weißrussland im Osten, aber noch auf polnischem Staatsgebiet. Und dort, wo stundenlange Straßenbaustellen von der Entschlossenheit der Regierung künden, etwas an der Infrastruktur zu verbessern, findet sich ein kleines historisches Juwel. Das Schloss von Bialystok mit seinen symmetrischen Gärten weckt Reminiszenzen an Versailles – und erinnert an bessere Zeiten.

Auch die Innenstadt ist recht attraktiv, eine riesige Kathedrale, viele schmucke Winkel – wenigstens für einen Abend kann man das genießen. Dazu ein hübsches Boutiquehotel mit bestens ausgestatteten Zimmern zum günstigen Preis und einem sensationellen Restaurant. Wer hier Ente oder Gans bestellt, kommt aus dem Staunen nicht heraus – vorausgesetzt, der Chefkoch ist da.

Doch eines hatte ich nicht bedacht – was es heißt, am 1. November nach Polen zu reisen. Dieses zutiefst katholische Land feiert an Allerheiligen einen wichtigen Feiertag. Schon das Flugzeug von Berlin nach Warschau war fast leer, und nicht nur, weil ich am Sonntagmorgen ankam, war selbst in der Metropole Warschau alles dicht – Geschäfte, Restaurants, sogar Tankstellen. Und alles wie ausgestorben: Wo sind nur die Polen alle?

Die Antwort kam, als ich es auf der Weiterfahrt unbedingt hinkriegen wollte, in einer kleinen Stadt etwas zu essen zu finden. Ich fand zwar nichts Essbares – aber die Polen. Sie suchen nämlich an Allerheiligen alle dieselbe Umgebung auf – natürlich den Friedhof! Zuerst merkte man es an den Polizeifahrzeugen, die mit Mühe versuchten, eine Gasse auf der Hauptstraße freizuhalten, ansonsten war alles mehrspurig zugeparkt. Überall wimmelte es von Menschen, es duftete nach Kirmes und Weihrauch. Hunderte Händler priesen Blumen, Friedhofskerzen, Heiligenfiguren und kultische Gegenstände an. Irgendwie dachte ich an die Tempelreinigung, als Jesus die Händler und Wechsler vom Tempelberg vertrieb. Aber darf ich mir als Fremder ein Urteil anmaßen, oder verletze ich damit tiefste religiöse Gefühle? Davor habe ich nämlich großen Respekt, auch wenn ich mal etwas nicht nachvollziehen kann.

Wie gerne hätte ich mir Zeit genommen, das näher auf mich wirken zu lassen; ich fand aber im Umkreis von mehreren Kilometern keine Chance zum Parken. Das Fahrzeug mitten auf der Straße unverschlossen stehen zu lassen wie alle anderen, so dass es die Polizei jederzeit wegfahren konnte, wenn sich zum Beispiel ein Bus seinen Weg bahnte, das erschien mir dann doch zu fahrlässig …

Also fuhr ich hungrig und inzwischen ohne Trinkwasser weiter und war froh, als ich circa drei Stunden später mitten im Wald ein Hinweisschild fand, auf dem in mehreren Sprachen stand: «Küche 24 Stunden geöffnet.» Ich hielt an, und tatsächlich, da gab es eine Speisekarte mit mindestens dreißig Gerichten – aber alles auf Polnisch, und das mit der Mehrsprachigkeit erwies sich als Fake. Aber kein Problem: Über meinem verzweifelten Gesicht erbarmte sich die Wirtin und gab eine Empfehlung – ein einfacher Eintopf?

Natürlich folgte ich dem Vorschlag der Wirtsfrau, und es erwies sich später als Krautsuppe mit grober Wurst, etwas Kartoffel und Gemüse. Da ich vorher zahlen musste, legte ich meine Zloty auf den Tisch. Sie fischte sich etwas Geld, und ich erschrak – hatte sie gerade umgerechnet 28 Euro genommen? Erst auf der Weiterfahrt wurde mir klar, dass ich mich um eine Zehnerpotenz verrechnet hatte. Der Bauernschmaus kostete 2 Euro 80. Hätte ich es nur gleich bemerkt und etwas mehr Trinkgeld gegeben …

In Bialystok angekommen, tauchte eine goldene Herbstsonne das Schloss und die Altstadt in ein berückendes Licht. Im Schein historischer Straßenlaternen schwelgte ich in dieser beschaulichen Welt, genoss den Abendschmaus und das komfortable Zimmer. Was wohl der Geschäftsbesuch am nächsten Morgen bringen würde? Ob es stimmte, dass hier in der hintersten Nordostecke Polens ein hochmodernes Industriewerk von gigantischen Ausmaßen erbaut worden war, kurz vor den unpassierbar erscheinenden Grenzen nach Litauen und Weißrussland?

Die Wirklichkeit übertraf dann alle meine Erwartungen. Wie im Flug war der Montagvormittag vergangen. Der in Strickweste und mit ergrautem Pferdeschwanz auftretende Eigentümer erwies sich als ein quietschlebendiger und gewiefter Geschäftsmann. «Ich kaufe gern noch eine Firma hinzu», sagte er. «Oder wollen Sie mir das Werk vielleicht abkaufen? Es gibt immer einen Preis, über den man reden kann.» – «Ich weiß nicht, ob ich genügend in der Tasche habe», erwiderte ich, in meine Hosentasche greifend, und er, der fließend Deutsch, aber kein Englisch sprach, beantwortete meinen Scherz mit einem wissenden Augenzwinkern.

Mit Blick auf mein Erlebnis vom Vortag an Allerheiligen erklärte er, das sei ihre Kultur, die tief bei seinen Landsleuten verwurzelt sei. – Hätte ich hier einhaken sollen, um das Gespräch auf den Glauben zu lenken? Aber wir waren ja erst dabei, uns gegenseitig zu beschnuppern. Später blieb dann nicht mehr viel Zeit für weitere Konversation. Der Rundgang hatte den ganzen Vormittag in Anspruch genommen, und wegen des anstehenden Rückflugs aus Warschau am selben Abend musste ich mich beeilen.

Zu meinem Bedauern musste ich sogar die freundliche Einladung zum Mittagessen ausschlagen und fast überstürzt losfahren. «Natürlich wollen wir die Möglichkeit gemeinsamer Geschäfte ausloten», versicherten wir uns gegenseitig – und schon befand ich mich auf der Straße Richtung Warschau. Besser gesagt in einem zähen und wahrscheinlich vierzig Kilometer langen Stau – auf ampelgeregelten Einbahnstraßen durch die riesige Straßenbaustelle, die nur an Allerheiligen so leicht zu passieren gewesen war.

Während ich meinen Rückflug schon fast aufgegeben und mich innerlich mit einer weiteren Nacht in Polen abgefunden hatte, nutzte ich die Zeit im Stau zum Nachdenken. Was hatte mich in diese entfernte Ecke Europas getrieben? Hatte meine «Witterung» gestimmt, dass man da für einen Klienten ein ganz großes Rad drehen könnte, mit großen Produktionskapazitäten für den Weltmarkt?

Nicht jede Begegnung kann ja zu einem Geschäft führen – aber

67

manchmal gibt es eine sehr wertvolle menschliche Komponente. War hier eine Sehnsucht zu spüren, dass das Leben mehr bieten müsste als überragenden geschäftlichen Erfolg? Geschäftsleute verabschieden sich ja gerne mit der Floskel: «Ich melde mich dann.» Oft ist das aber auch der Anfang von nichts. Aber wenn es anders kommt und etwas Großes ansteht, ist mir kein Kilometer und keine Reisestunde zu schade.

Und während ich schon nach einer Übernachtung googelte und eine Umbuchung auf den nächsten Morgen plante, meldete sich meine geniale Lufthansa-App: Der Abflug aus Warschau verschiebe sich um drei Stunden. So profitierte ich von den Stauwarnungen meines Navis und umfuhr erfolgreich die blockierten Zufahrtsstraßen zum Flughafen, stellte das Auto in letzter Minute an der Mietwagenstation des Flughafens einfach ab und warf einem Agenten den Schlüssel zu.

Wieder einmal hatte ich eine Reise gemacht, deren Wert erst langfristig zu beurteilen war. Aber wenigstens waren die Umstände günstig, um sie planmäßig mit der Rückkehr am Montagabend zu beenden. Und eigentlich würde ich diesen Gesprächspartner sehr gerne wiedersehen.

19
Der Balkon von Granada

Die Sierra Nevada in Südspanien hat es mir angetan. Wenn man die Autobahn meidet und aus dem Süden die zerklüfteten Passstraßen wählt, hat man einen Blick wie aus dem Flugzeug. Während in Almeria noch alles weißlich-braun und von der Sonne ausgedörrt wirkt, fährt man mit zunehmender Höhe durch alle Vegetationsstufen. Zuerst kommen Ölbäume, dann Pfirsich- und Limonenbäume, Weinreben, Viehzucht und schließlich Ackerbau.

Vor 43 Jahren war ich mit einem Freund hier gewesen und hatte einen maurisch aussehenden jungen Mann nach einem Übernach-

tungsplatz gefragt – eigentlich nur, wo wir unser Zelt aufstellen dürfen. Er hat uns spontan mit nach Hause genommen mit Abendessen in der Familie. Auf seinem Flachdach verbrachten wir auf unseren Schlafsäcken liegend eine warme Sommernacht unter dem Sternenhimmel – zum Schlafen viel zu schade.

Natürlich hat sich das Land in dieser langen Zeit weiterentwickelt.

Wo damals der alte Bauer mit dem Dreschflegel stand, wo der Esel mit verbundenen Augen um den Drehbrunnen lief, wo eine kleine Maschine mit einem langen Gummikeilriemen vom Traktor angetrieben wurde – da standen jetzt saubere Reihen mit Plantagenbäumchen.

Man kann die Zeit nicht anhalten, dachte ich, man ist selbst in ihr gefangen und unterliegt der Veränderung. Die einzige Konstante ist, wenn die Bibel recht hat, der Schöpfer, der das alles gemacht hat. Und von ihm heißt es, seine Güte sei an jedem Morgen neu.

Diesmal erkletterten wir die Gipfel der Sierra Nevada in der Abendsonne, und unser Wohnmobil kam gewaltig ins Keuchen. Aber dann lag sie vor uns, die Perle Andalusiens. Granada mit seiner Alhambra war das Ziel für den Abend. Eigentlich suchten wir per Navi einen Stellplatz für unser Campmobil, der für solche Fahrzeuge zugelassen war. Dabei mussten wir auf die andere Seite der Stadt und verfranzten uns total in der Altstadt. Wir achteten sorgfältig auf die Verkehrszeichen und die Zufahrtsbeschränkungen, aber offensichtlich hatte niemand etwas dagegen, dass wir die Altstadt durchquerten. Dass unser Fahrzeug 7,30 Meter lang und – vor allem – 2,80 Meter hoch war, sollte sich jedoch als fatal erweisen.

Einmal falsch abgebogen, und schon waren wir in einer Zone, in der es nur noch schmale Gässchen zwischen uraltem Gemäuer gab. Wenden war unmöglich und außerdem in der Einbahnstraße verboten. Wir fanden ein paar Polizisten und baten um Hilfe, hatten dabei auch ein latent schlechtes Gewissen. Aber sie zuckten nur ratlos die Schultern und wussten keinen Rat. Wir sollen es einfach versuchen und jede Gasse vermeiden, vor der ein Sackgasse-Schild stand. Es waren fast alle.

Hinter uns stauten sich ein paar Fahrzeuge mit ungeduldigen Fahrern. Nicht mal die Vespa-Roller kamen seitlich an uns vorbei. Also peilte ich die vor mir liegende Kuppe am oberen Ende der gepflasterten Straße an und sagte zu meinem Freund: «Wenn wir da hochkommen, haben wir es vielleicht geschafft, und es gibt oben einen Ausgang.»

Mit etwas Schwung und schleifender Kupplung versuchte ich es im ersten Gang, aber dann kippte das hohe Fahrzeug wegen eines Lochs in der Straße so zur Seite, dass sich das Dach unter einem überstehenden Balkon verfing. Das knirschende Geräusch ließ uns sogleich Übles ahnen, und bei genauerer Besichtigung des Schadens verschlug es uns vollends die Sprache. Wir saßen fest, und zwar so, dass wir kaum eine Chance sahen, da jemals wieder rauszukommen. Eine im Wortsinn «festgefahrene» Situation.

Plötzlich war die Straße voll mit vielen hilfsbereiten Menschen, die aber angesichts des Desasters die Hände vors Gesicht schlugen, sobald ihnen das ganze Ausmaß der Bredouille klar wurde. Und dazwischen eine hysterisch schreiende Frau, die verzweifelt den Balkon ihrer Nachbarin betrauerte. «Policia! Policia!», schrie sie ständig, und die kam auch – konnte aber auch nicht helfen. So baufällig das Balkönchen aussah – es gab kein bisschen nach und ließ uns nicht frei. Eigentlich hätte man jetzt einen schweren Kran gebraucht, aber der wäre an diese Stelle niemals hingekommen.

Zuerst schlug die Polizei vor, alles stehen zu lassen bis zum nächsten Tag. Sie wollten eine Umleitung einrichten und in Ruhe überlegen, ob es eine Lösung gab. Ob es mit roher Gewalt gehen konnte – z. B. den Balkon einfach abschlagen? Es wurde versucht, aber so baufällig er aussah, er bewegte sich keinen Millimeter.

Inzwischen hatten wir aus allen vier Reifen die Luft fast komplett abgelassen und hingen fast auf den Felgen. So entschlossen wir uns zu einem letzten Versuch – zuerst vor- und rückwärtspendeln. Aber oben bewegte sich nichts. Also die zwanzig Leute wieder wegscheuchen, die schieben wollten, dann Vollgas mit quietschender Kupplung – und plötzlich gab es einen Ruck. Es stank nach Gummi und Asbest oder nach einem Ersatzmaterial dafür – so genau wollte ich das gar nicht wissen.

Aber dann standen wir oben auf der Kuppe auf einem kleinen Platz, und obwohl einiges kaputtgegangen war, hatte ich noch selten so strahlende Polizisten gesehen. Sie waren unglaublich erleichtert und schlugen sich vor Freude und Erleichterung auf die Schenkel.

Ich wandte mich zuerst an die hilfsbereiten Passanten. Einige hatten sich besonders hervorgetan – eine sportliche junge Frau, die barfuß über Fahrradträger und Räuberleitern das Dach des Fahrzeugs erklommen und den Startversuch von oben kommentiert und unterstützt hatte, und ein junger Mann mit guten Englischkenntnissen und einem beruhigenden Einfluss auf die kreischende Nachbarin. Die Polizisten mussten zwar viele Papiere ausfüllen, ertrugen dies aber mit großer Gelassenheit. Sie waren ohne jeden Vorwurf, entschuldigten sich sogar dafür, dass Granada ja vor Hunderten von Jahren gebaut wurde – lange bevor es Autos oder gar Camper gab …

Nach einem aufwendigen Wendemanöver mit Millimeterarbeit – mit viel zu vielen Dirigenten und nur einem Fahrer – standen wir endlich richtig herum, um vorsichtig in die Häuserschlucht hineinzugleiten und, ohne nochmals das Dach zu touchieren, eine rettende Gasse zur Hauptstraße zu erreichen.

Leider gab es um diese Zeit keine offenen Tankstellen mehr, um Luft in die Reifen und etwas Sprit in den leeren Tank zu kriegen, dessen Anzeige schon längst auf Reserve geschaltet hatte. Und so schlichen wir kurz vor Mitternacht, eskortiert von Polizei mit Blaulicht, fast auf den Felgen im ersten Gang, den Berg hinter der Alhambra hinauf – mit «mehr Wasser in der Blase als Benzin im Tank», wie es der Fliegergeneral Harras in Carl Zuckmayers Drama «Des Teufels General» so anschaulich formuliert hatte …

Jetzt endlich schlafen? Aber es war unsere einzige Nacht in Granada. Also bei Uber ein Fahrzeug bestellt, das uns in die leider ziemlich verlassene Altstadt brachte. Ich hatte mich so auf die andalusische Küche gefreut, aber die Nacht ging so weiter, wie sie angefangen hatte. Außer einem vertrockneten Hamburger und etwas Stiel-Eis konnten wir nichts mehr ergattern. Die laue Nachtluft genossen wir trotzdem, auf einer Bank unter Pinien. Hier waren – weit im Westen Südeuropas – die morgenländische und die abendländische Kultur aufeinandergeprallt, mit allen militärischen und kulturellen Verwicklungen. Was hatten diese Pflastersteine alles gesehen, diese Mauern und Glockentürme, die in die mondhelle Nacht ragten?

Wie benommen stellten wir am nächsten Morgen fest, dass die letzten 24 Stunden ganz anders verlaufen waren als erträumt. Waren wir zu euphorisch gewesen nach dem großartigen Erlebnis der Passstraßen und der in der Abendsonne gefärbten Silhouetten der Bergkämme?

Und doch hätte das ja viel schlimmer enden können. Auf dem Autodach war einiges kaputt, die Selbstbeteiligungssumme der Versicherung wurde fällig, und die Freundin der hysterischen Dame bekam wohl einen neuen Balkon. In der Summe blieb von diesem Erlebnis trotzdem fast nur Positives; Enttäuschung und Nervenkitzel waren schnell vergessen.

Besonders beeindruckt war ich von der mit so viel Echtheit ausgelebten Hilfsbereitschaft wildfremder Menschen. Wenn's wirklich brenzlig wird, schweißt das die Menschen offensichtlich zusammen. Manch einer hatte sich beim Anpacken die Klamotten ruiniert. Gingen nicht alle «All in» und taten, was sie konnten? Eine wertvolle Erfahrung. Manches lernt man offensichtlich nicht, ohne dass es ein bisschen wehtut.

Und so liegt in meiner Sammlung bizarrer Reisesouvenirs ein kleines Stück Balkon aus Granada, das ich mehr als 1000 km später auf dem Dach des Wohnmobils gefunden hatte. Auch Steine, die eigentlich nichts Besonderes sind, können eine Bedeutung gewinnen, wenn sie mit Erlebnissen verbunden sind. «Ebenezer», so hatte der israelische Erzvater Jakob einen Gedenkstein benannt – «bis hierher hat der Herr geholfen».

20
Nachttankstelle in Iberien

Manche Erlebnisse wirken im Nachhinein unwirklich und bizarr – sie sind nur aus der Situation heraus zu verstehen. Der Rückgabetermin für unser riesiges Campmobil steckte uns in den Knochen, und wir waren wohl sehr übermüdet, als wir die zweite Nacht durchfuhren und trotz regelmäßiger Ablösung als Fahrer und Beifahrer in eine Art surrealen Dämmerzustand verfielen.

Bei der Umrundung der iberischen Halbinsel gibt es in der Nordwestecke – also nördlich von Portugal und von dort aus östlich an der baskischen Küste entlang – fast endlose Fahrstrecken in völliger Einsamkeit. Tagsüber hatten wir in Santiago de Compostela vorbeigeschaut – mit etwas schlechtem Gewissen, weil wir nicht wie so viele zu Fuß hierher gepilgert waren und somit den Respekt der anderen Reisegruppen zu Unrecht genossen. Ohne die Gefühle der überzeugten Pilger verletzen zu wollen: Auf uns wirkte doch vieles touristisch überhöht, und die Abzocke in den Preisen war unübersehbar. Deshalb begaben wir uns schon am frühen Nachmittag wieder auf die einsame Strecke und kamen uns nachts fast wie Geisterfahrer vor, weil oft lange kein Fahrzeug entgegenkam.

Da weckt mich mein Freund, und ich schlage im Halbschlaf die Augen auf. Ein Blick auf die Tanknadel bereitet ihm Unbehagen – ob wir irgendwann anhalten müssen und warten, bis morgens die ersten Tankstellen öffnen? Und dann sehen wir sie von weitem – eine Fata Morgana? Nein, eine hell erleuchtete Nachttankstelle, die sich beim Näherkommen als real und wirklich vorhanden erweist. Gerade verlässt ein Fahrzeug vor uns die Zapfsäule. 40 Euro stehen noch an der Preisanzeige – und da wir noch gar nicht angefangen haben zu tanken, hoffen wir, dass das Preisschild auf Null springt, sobald wir den Tankvorgang einleiten.

Aber nichts dergleichen geschieht.

Wir versuchen es noch einmal, wieder nichts. Die 40 Euro leuchten uns entgegen. Da drüben ist ein kleines Häuschen, in dem bei näherer Untersuchung ein kaum 20-jähriges Mädchen sitzt. Mutterseelenallein in dieser Einsamkeit? Wir nähern uns vorsichtig, damit sie nicht erschrickt. Aber sie antwortet forsch und mutig: «Bargeld oder Kreditkarte?»

Wir weigern uns natürlich, den vollen Tank des vor uns weggefahrenen Fahrzeugs zu zahlen. Auf Deutsch, Englisch, Französisch, Italienisch und mit ein bisschen Portugiesisch beteuern wir, dass wir noch gar nicht getankt haben. Unser Spanisch ist dürftig, aber wir versuchen ihr durch das Panzerglas hindurch klarzumachen, sie solle doch bitte die Zapfsäule auf Null stellen.

«Bargeld oder Kreditkarte», bedeutet sie uns. Wir werden nervös. In etwas schärferem Ton sagen wir nochmals, dass die 40 Euro nicht von uns stammen. Sie schüttelt den Kopf und wiederholt: «Bar oder per Karte?»

Langsam geraten wir in Streit. «Ich zahle nichts, was ich nicht getankt habe», wiederhole ich in allen Sprachen, derer ich mächtig bin, und es sind nicht wenige. Warum nur habe ich nie richtig Spanisch gelernt?

Mein Freund wird ungeduldig und schlägt ihr vor, sie könne ja die Polizei holen, wenn sie glaubt, im Recht zu sein. Sie wirkt etwas eingeschüchtert, beharrt aber darauf: «Bargeld oder Karte.»

«Dann komm doch raus und schau selbst nach an der Zapfsäule», schlage ich vor, inzwischen mit etwas erhobener Stimme. Aber sie kann nicht, sie ist zu ihrer eigenen Sicherheit eingeschlossen. Und wahrscheinlich will sie auch nicht – schließlich ist sie mitten in der Nacht mit uns ganz allein.

Bevor die Lage vollends eskaliert, habe ich noch einen lichten Gedanken. Können die Handys heute nicht auch übersetzen? Ich rufe eine App auf und schreibe: «Wir zahlen nicht, was wir nicht getankt haben.» Siegessicher halten wir ihr die spanische Übersetzung im Handy vor die Nase. Kapiert sie jetzt endlich?

Dann tippt sie selbst etwas in ihr eigenes Übersetzungsprogramm ein – und jetzt machen *wir* ein langes Gesicht: «Bei Nacht muss man in Iberien *vor* dem Tanken zahlen – nicht die 40 Euro des Vorgängers, sondern das, was Sie selbst gleich tanken wollen!»

Wie Schuppen fällt es uns von den verschlafenen Augen, und wir merken, dass sie sehr wohl im Recht ist. Wir haben uns völlig verrannt. Ob sie unseren fast hysterischen Lachanfall nachvollziehen kann? Wir hüpfen erleichtert von einem Fuß auf den anderen, denn schließlich bekommen wir jetzt die ersehnte Ladung Diesel. Wir reichen unsere Kreditkarte hinüber – und die Preisanzeige an der Zapfsäule springt auf Null.

Was mag diese nachts an der Tankstellenkasse eingeschlossene Kindfrau über die Deutschen denken, die meinen, sie könnten Sprit verlangen, ohne zu zahlen – und dann noch die Polizei holen wollen? Haben wir für unseresgleichen einen ganz schlechten Eindruck hinterlassen – oder nur ein Vorurteil bestätigt, das man in Südeuropa ohnehin über uns hat?

Ich bin wieder mit dem Fahren dran, mein Freund neben mir ist sofort weggenickt. Ob ich das jetzt geträumt habe? Nein, die Tanknadel zeigt auf Voll. Und so verlasse ich den Ort dieser nächtlichen Episode etwas belämmert, aber mit wertvollem Diesel im Auto und so viel Adrenalin in den Blutbahnen, dass ich noch einige Stunden fahren kann …

21
Liftboy im Nobelhotel

In einer Hauptstadt Osteuropas schwelge ich in Erinnerungen:

War ich nicht als Student mal hier auf meiner ersten Tour rund ums Mittelmeer? Auf dem Rückweg von der syrischen Grenze an der Südküste Kleinasiens fuhr ich damals mit einem Studienkollegen über Tarsus Richtung Ankara. Wir durchstreiften noch die Höhlenwohnungen im Tuffstein Kappadokiens und folgten dann der Schwarzmeerküste über Istanbul, Varna in Bulgarien und durch Rumänien bis zum Strand von Mamaia bei Konstanza. An der Grenze zur damaligen Sowjetunion war für uns Endstation, und jetzt wollten wir nur noch nach Hause und die fast 2000 Kilometer nonstop durchfahren.

Nur diese eine Pause wollten wir uns gönnen, um nach vierwöchi-
ger Campingküche den Rest der geplünderten Reisekasse auf den Kopf
zu hauen bei einem Mittagessen in einem echten Restaurant. Studen-
ten auf der Straße hatten uns geraten: Mit Westgeld geht ihr einfach
ins beste Hotel und bestellt das teuerste Essen, das kostet euch fast
nichts.

Während wir auf unser Gulasch Stroganoff warteten, hatte ne-
benan eine Tanzkapelle gewütet. Fröhliche Menschen feierten eine
Riesenparty, und dann wurde uns klar: Das ist eine Hochzeit. Entwe-
der echte Zigeuner, oder sie tun jedenfalls so. Keine halbe Stunde ver-
ging, da kam zwar nicht unser Essen, aber der Bräutigam rüber und
lud uns ein! Esst mit uns, tanzt mit uns – ihr könnt nicht so herum-
hocken und warten. Heute sind alle fröhlich, und ihr gehört dazu!

Wie im Rausch war der Nachmittag vergangen, als zwei Kellner
mit riesigen Platten mit Fleisch, Reis, Pommes frites und Salat nach
jenen Gästen suchten, die Stroganoff bestellt hatten – sie waren richtig
froh, als sie uns bei der Hochzeitsgesellschaft fanden. Die Brautleute
waren inzwischen fast schon gute Freunde für uns geworden, und
wir hatten es kaum geschafft, uns am späten Abend abzusetzen.

35 Jahre später war ich wieder in dieser Stadt, auf einer Rundreise
durch Südosteuropa – sechs Länder in sieben Tagen. Und diesmal
fuhr ich ganz allein. Ich hatte ein älteres Fahrzeug mitgenommen
und war losgedüst – über Salzburg nach Slowenien, dort war meine
erste Station. Unvergesslich das Elternpaar mit seinem leukämie-
kranken Kind, das wie durch ein Wunder und durch viel Gebet immer noch lebte. Dann weiter nach Zagreb – einfach in die Stadt reinfahren, wir treffen uns am Parkplatz von McDonald's. Die ganze
Nacht durch nach Belgrad – beim McDonald's anhalten und warten
auf eine Abholung in die Stadt. Danach nonstop nach Sofia – die
dritte Nacht ohne Schlaf. Ich war nicht mehr überrascht, dass mich
meine christlichen Freunde am McDonald's abholen wollten.

Auf dem Rückweg plante ich dann eine Übernachtung – in demselben Nobelhotel, in dem wir vor langer Zeit so geschlemmt hatten.
Ich war fest entschlossen, dort ein Stroganoff zu bestellen und die

Erinnerungen nochmals hochleben zu lassen. Und siehe da, ich fand das Hotel – etwas in die Jahre gekommen. Die Hotelkette hatte gewechselt, aber ich war eindeutig richtig.

Vorne an der Prachtstraße in der heute mondänen Innenstadt gab es keine Parkplätze. Ich könne hinter dem Hotel parken, sagte man mir, ich würde dort vom Liftboy abgeholt.

Er sprach ein ganz passables Deutsch, und während wir im Lift hochfuhren in den 5. Stock, stellte er meinen Koffer ab, weil er, wie er sagte, «mir etwas zeigen muss». Es war eine Art Bilderbuch mit vielen hübschen Mädchen. «Ganz billig», sagte er, «sehr jung. Und wenn du willst, etwas teurer, eine Jungfrau.»

Ich versuchte, freundlich zu bleiben und ihm klarzumachen, dass ich nicht interessiert sei. «Habe ich eine, die ist noch schöner», flehte er, «du musst selbst sehen.»

Ich blieb bei meiner Ablehnung, und als er meinen Koffer im etwas heruntergekommenen Zimmer abstellte, fragte er: «Bist du denn kein Mann?»

Mein Stroganoff war dann auch eine Enttäuschung – entweder es war der Rest von damals oder aus anderen Gründen fast ungenießbar, und so hatte ich genug vom Abend und ging schlafen. Das hatte ich wenigstens vor, aber nach kaum zehn Minuten klopfte es an der Zimmertür. «Musst du sehen», hörte ich den Liftboy sagen, «Mädchen schon da!»

Einen Moment überlegte ich, ob ich ihr für 50 DM etwas aus der Bibel vorlesen könnte – das wär's mir wert gewesen.

Aber der Liftboy sagte: «Nix Englisch, aber Sprache nix braucht.»

So verwarf ich den Gedanken. Die Tür blieb zu, und der Liftboy gab auf. Ob sie nun sehr enttäuscht war? Hatte ich eine Chance verpasst, ihr etwas Positives für ihr Leben mitzugeben, oder war das einfach nur richtig?

Noch heute – wenn auch immer seltener – kommt mir die Szene in den Sinn. Dann versuche ich, das unbekannte Mädchen und den Liftboy in mein Gebet einzuschließen. Und die vielen Männer, die auf ihren Missions- oder Geschäftsreisen solchen Versuchungen ausgesetzt sind ...

22

Schuld

Für meine Reise quer durch die Länder des Balkans hatte ich das äl-
teste Fahrzeug aus dem Fuhrpark ausgewählt. «Wenn das geklaut
wird, ist es kaum schade drum», so dachte ich – und war mir trotzdem sicher, dass mich der unverwüstliche Passat problemlos über
Stock und Stein tragen würde. Na ja, das Fenster an der Fahrertür
ließ sich nicht mehr runterkurbeln, was ziemlich ungeschickt war,
wenn man etwa beim Grenzübertritt oder an einer Autobahnzahl-
stelle immer die Tür öffnen musste. Aber gerade aus Respekt gegenüber der hohen Kilometerleistung behandelte ich mein Gefährt behutsam und nicht ohne eine gewisse dankbare Zuneigung.

Dass sich mir aus dieser Reise eine eigentlich belanglose Situation
tief eingeprägt hat, liegt wohl daran, dass sie bei jeder Erinnerung
ein Gefühl der Scham und des tiefen Bedauerns in mir auslöst.

Es war an einem strahlenden Morgen nach stundenlanger nächt-
licher Irrfahrt im slowenischen Mittelgebirge. Plötzlich waren da ein
brandneues Autobahnstück und direkt nach der Einfahrt eine recht
modern eingerichtete Tankstelle. Fast euphorisch brannte ich darauf, vieles von der verlorenen Zeit wieder gutmachen zu können,
und so reagierte ich recht unwirsch, als sich nach dem Tanken ein
Mädchen in den Weg stellte und mit Eimer und Schwamm winkte
fürs Säubern meiner Scheibe. Ich bin generell etwas allergisch gegenüber solch ungebetenen Hilfsangeboten, dachte aber mit keinem Gedanken an die Möglichkeit, dass in anderen Ländern und
Kulturen dies die einzige Option sein könnte für einen Bissen Brot.
War dieses kleine «Dienstleistungsangebot» nicht so viel besser als
Betteln?

Sie stellte sich mir so in den Weg, dass ich abbremsen und anhalten musste. Bevor ich es verhindern konnte, hob sie meinen Scheibenwischer an und träufelte dunkelbraunes Wasser auf meine saubere Scheibe. Dann zückte sie flink einen fadenscheinigen Lappen
und zerrieb den Staub darin vor meiner Nase.

Vielleicht hätte ich ihr ein kleines Geldstück gegeben, wenn die Fahrerscheibe nicht blockiert gewesen wäre, aber so funkelte ich sie nur mit bösen Augen an und gab Gas. Erst im Nachhinein sah ich das, was sich in meine Erinnerung einbrannte: Ihre Hände und Finger waren verkrüppelt, die Augen in ihrem hübschen Gesicht waren starr vor Enttäuschung. Mehr noch. War da nicht Verzweiflung drin, Hoffnungslosigkeit, die Bereitschaft zum Aufgeben ... endgültig womöglich?

Warum nur habe ich nicht sofort angehalten und bin ausgestiegen? Nach wenigen Sekunden, in denen ich zögerte, war ich schon in die Autobahn eingefädelt und konnte nicht zurück. Ich versuchte, alles hinunterzuschlucken und mich an der Sonne zu freuen, aber es lag wie ein Schatten auf mir.

Lange kam keine Ausfahrt, und so fuhr ich weiter – bis zu dem Punkt, wo ich mich entschloss, umzukehren. Es dauerte über zwei Stunden, bis ich wieder am Punkt der Begegnung war. Traurig musste ich feststellen, ich kam zu spät. Von dem Mädchen war weit und breit keine Spur, wahrscheinlich hatte man sie fortgejagt.

Auch jetzt wird mir wieder das Herz schwer, wenn ich an sie denke. Ich kann weder die verkrüppelten Hände noch die Augen vergessen, die mich aus diesem feingeschnittenen Gesicht voll entsetzter Verzweiflung anschauten. Wie schön Gott dieses Geschöpf gemacht hatte, jung und voller Lebensdurst, und dann erwischt sie den richtigen Moment, in dem Gott mich, seinen Boten vorbeischickt. Und der versagt.

Wie oft bin ich schuldig geworden, von Eile und Pflicht getrieben, ohne den Blick zu haben für den Moment der Chance für eine Wohltat? Dass mich das fast nichts gekostet, für das Mädchen aber vielleicht alles bedeutet hätte, macht das Ganze noch schlimmer. So steht dieses Erlebnis für mich beispielhaft für die Tatsache, dass ich ein unvollkommener Mensch bin, der trotz bestem Wollen immer wieder versagt.

Die Visitenkarte fällt mir ein, die mir mein Vater von einem gläubigen Geschäftsfreund zeigte. In großen Buchstaben stand da sein Name – und darunter wie als Berufsbezeichnung: «Fehlermacher».

Ganz ohne Hoffnung bin ich aber nicht, jenem Mädchen an der Straße im ehemaligen Jugoslawien noch etwas Gutes tun zu können. Ich habe über wenigen Menschen so oft Gottes Schutz, Bewahrung und Segen herabgefleht wie über sie, obwohl ich nicht mal ihren Namen kenne. ER, der mein Gebet hört, braucht kein Phantombild und keine Beschreibung, denn er erhört mich mit den Augen des Allwissenden. Er sieht sie und kennt ihren Namen. Er durchschaut ihr Herz und ihre Bedürfnisse. Vielleicht bekommt sie einen lieben Mann und erlebt auch anderes als herzlose Autofahrer – und falls ich ihr in der Ewigkeit begegne, werde ich sie in den Arm nehmen und mich entschuldigen.

Fast habe ich mich etwas in sie verliebt.

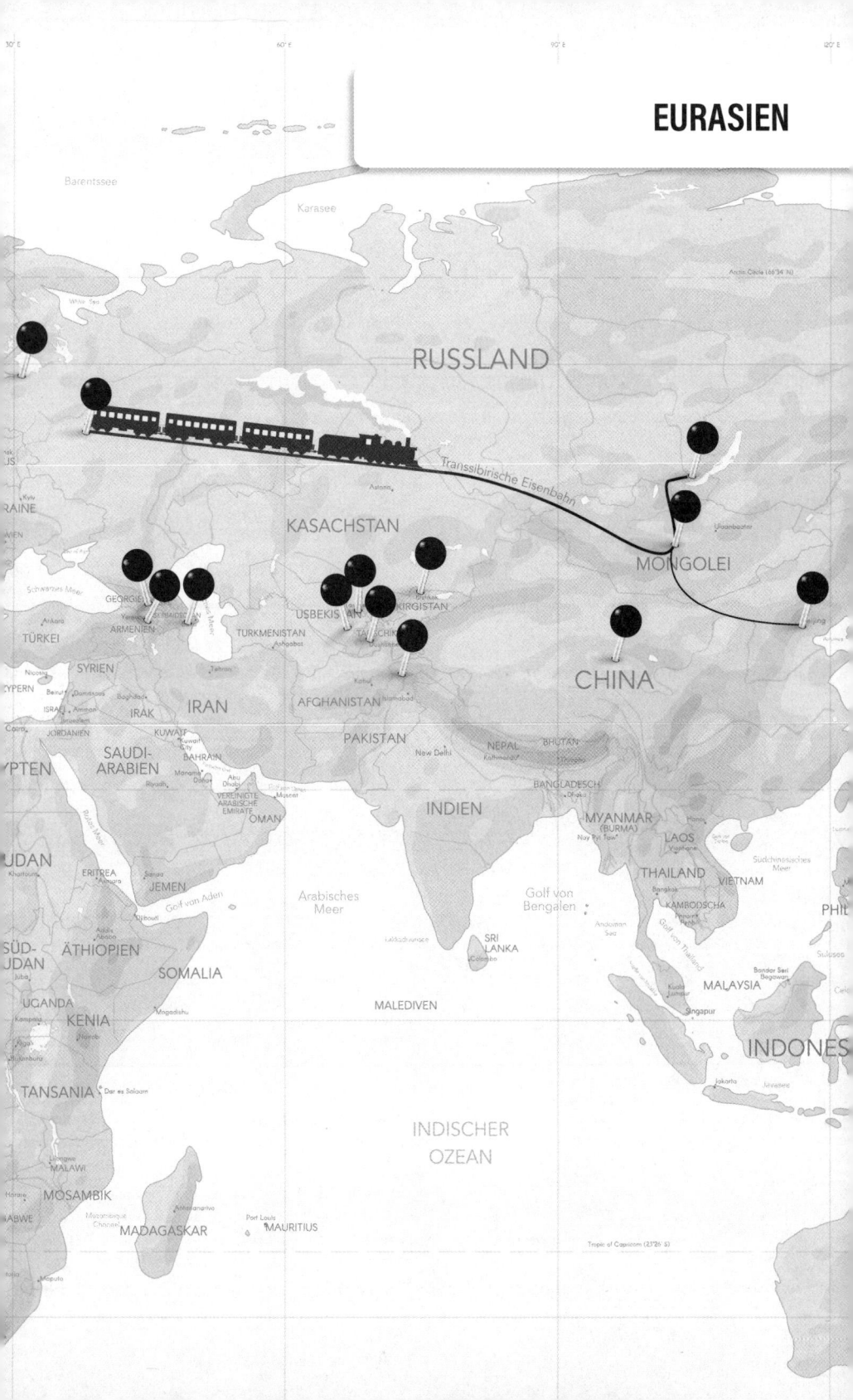

23
Zarengold

Das Stakkato der Eisenbahnschienen begleitete uns Tag und Nacht auf der Transsibirischen Eisenbahn. Ich hatte schon erwähnt, dass meine Frau Marion andere Vorstellungen vom Reisen hat als ich. Selbst 15 Karibikinseln in zwölf Tagen sind für mich noch schön, wenn ich lebenshungrigen Menschen vor Ort Hoffnung machen und konkrete Ansätze liefern kann aus ihrer Aussichtslosigkeit heraus, und dazwischen lasse ich immer noch die Seele baumeln. Für meine Frau wäre dies ein Horror, schon wegen der vielen Flugsegmente und oft kurzen Nächte. Aber zehn Tage in einem Zugabteil der Transsibirischen Eisenbahn, dafür konnte ich sie gewinnen.

Dieser Zug mit über 200 Passagieren hat einen Originalwagen aus der Zarenzeit – die Möbel in den Abteilen sind aus edlem Holz mit samtbeschlagenen Polstern. Die Betten sind schmal und liegen übereinander; wer oben ist, bleibt möglichst für ein paar Stunden, denn Auf- und Abstieg erfordern beim Gerüttel des Zuges fast alpines Geschick.

Jeder anfangs des 19. Jahrhunderts verfügbare Komfort ist hier eingebaut, einschließlich «fließend Wasser». Zwischen jeweils zwei Abteilen gibt es ein Waschbecken und eine Dusche – während unter dem Bodenrost die Schwellen des Bahnkörpers vorbeijagen, hält man mit einer Hand eine Brause über Kopf, mit der anderen versucht man sich einzuseifen. Was heute eher rudimentär wirkt, war damals edelste Klasse.

Moskau mit dem Roten Platz und dem Kreml lagen schon hinter uns, außerdem endlose Tage und Nächte in der Taiga, unterbrochen von Tagesausflügen in Ekaterinburg, Omsk und Kasan. Unvergessen das extra für uns ausgerichtete klassische Konzert des Konservatoriums für 8- bis 15-Jährige, von denen einige inzwischen Preise beim berühmten Tschaikowsky-Wettbewerb für angehende Konzertinstrumentalisten gewonnen haben. Bunte Folklore überall, es wimmelt von Husaren, Artisten und Tänzern, was immer den Touristen gezeigt werden soll. Wäre ich nicht schon vorher mit meinen einheimischen Akademiestudenten hier gewesen, ich hätte keine Chance gehabt, etwas von der Volksseele zu ahnen, die doch eher melancholisch und teilweise hoffnungslos verbittert geprägt ist.

Bei Alkoholismus, Ehescheidung und Selbstmordrate erreicht Russland international leider Rekordwerte – namenloses Elend in Einzelschicksalen verbirgt sich hinter dieser Statistik. Besonders seit dem Zerfall der Sowjetunion ist auch das Selbstbewusstsein als Nation sehr geschädigt. Für viele gilt Gorbatschow als Verräter, Putin als Heilsbringer. Und doch kommen die angekündigten Reformen nur langsam voran. Viele haben innerlich aufgegeben und leben fast in einer Art Agonie – was soll man machen, wenn die zeitweise aufkeimende Hoffnung wieder und wieder zerrinnt.

Der Baikalsee ist eine Perle. In diesem mehr als 1.600 Meter tiefen See sind über zwanzig Prozent des weltweiten Süßwasserbestands gespeichert. Aus der Nähe wirkt er eher wie ein Meer, spiegelglatt liegt er in bezaubernder Landschaft in der Sonne. Warum ist hier das Wasser so unglaublich klar, dass man jeden Felsen und die Fauna am Grund bildscharf erkennen kann? Angeblich gibt es im See Kleinstlebewesen, die alles Organische innerhalb von sieben Tagen auffressen – selbst einen Tierkadaver oder eine Leiche. Das wäre der ideale Ort für das perfekte Verbrechen, denke ich, und überlege, ob ein längeres Bad schon etwas zur Gewichtsabnahme beitragen könnte. Aber mehr als drei Minuten halten wir es dann nicht aus – vier Grad Celsius hat das Wasser. Nur weil es recht unwahrscheinlich ist, dass wir jemals zurückkommen werden, müssen wir jetzt unbedingt rein …

Weil sieben Tage später die Olympischen Spiele 2010 in Peking beginnen, wählen wir ab Irkutsk die nördliche Route über die Mongolei nach China. In Ulan-Bator steigen wir aus und tauchen für einen Tag in das Leben der halb sesshaften Nomaden ein, die mit ihrem Vieh die endlosen Weiten des Graslandes bewohnen. Vier Schafe auf eine Ziege ist der perfekte Herdenmix. Mehr Ziegen bedeutet das Aus für den Grasboden, da Ziegen die Büschel mit den Wurzeln ausrupfen, während Schafe das Gras nur abfressen.

Es gibt hier übrigens nur drei Sportarten – Reiten, Ringen und Bogenschießen. Aber das lernen alle Generationen perfekt.

An vieles könnte man sich hier gewöhnen, aber ans Essen? Niemals. Es gibt morgens, mittags und abends – und tagaus, tagein – Fleisch. Das Besondere ist: ohne jede Beilage. Kartoffeln, Reis, Teigwaren? Fehlanzeige. Gäbe es im ganzen Lande nicht. Gemüse und Salat? Angewidert schütteln sie den Kopf: «Das essen doch die Tiere.» Selbst in einem Edelrestaurant der Hauptstadt keine Ausnahme. Weil einige der Gepeinigten aus der Reisegruppe wenigstens ein Stück Brot zum Fleisch haben wollten, schickte das Hotelmanagement Boten aus – sie kamen nach über einer Stunde mit zwei baguetteähnlichen Brotstangen für fast hundert Leute – mehr könne man in Ulan-Bator einfach nicht auftreiben.

Die Reiseerlebnisse in der Äußeren und der Inneren Mongolei, die ja ins chinesische Reich integriert wurde, haben mich tief beeindruckt. Ich bin kein militanter Umweltaktivist, liebe aber die Natur und sehe eine große Verantwortung, sie zu schützen. Was sich China leistet im Blick auf Smog, Luft- und Wasserqualität, muss einfach aufrütteln. Wenn einem selbst an einem reinen Sonnentag der Reiseführer sagen muss, wo die Sonne gerade ungefähr steht, ist das beängstigend. Genauso wie das Propagandafeuerwerk während der Eröffnungszeremonie der Olympischen Spiele. Tausende von Teenager-Teams zum Empfang der weltweiten Olympiabesucher waren gedrillt worden und sitzen an jeder Ecke – wir kamen in ein Land, in dem alles uniformer und besser präsentiert werden soll als sonst wo auf der Welt.

Im Olympischen Dorf waren einige Athleten, die von meiner Sportmanagementfirma betreut werden; sie mussten allerdings an den Zaun kommen, da wir keinen Passierschein für den Athletenbereich hatten. Wie so oft war aber das Highlight des Tages für mich eine ganz schlichte Episode. Beim Warten am Zaun des Olympischen Dorfes saß eine junge Frau laut schluchzend vor einem Bündel Stabhochsprungstangen, die sie hätte überbringen sollen, aber sie hatte sich im Gewirr der riesigen Sportarenen verlaufen. Und drinnen wartete jetzt ein Zehnkämpfer an der Stabhochsprunganlage kurz vor dem Wettkampf und hatte keinen Stab. Verzweifelt und verweint hatte sie aufgegeben. Durch einen Anruf bei einem Betreuer im Dorf konnte ich ihr helfen. Es muss wohl noch geklappt haben; ich hatte den Namen auf einer Stabhülse erkannt, und der Besitzer landete unter den zehn Besten.

Vor der Abreise gelang es mir noch, meine Frau überglücklich zu machen. Warum war sie ein bisschen traurig beim Kofferpacken in Peking? Hatte sie noch einen Herzenswunsch? Dann kam sie damit heraus. «Schade, dass wir in dem berühmten Zoo nicht die Pandas besucht haben – ich hätte so gern mal einen lebend gesehen.»

Vier Uhr? Zu spät, und in dieser Nacht flogen wir ab. Ein Blick aufs Handy. Wo waren wir hier genau? Das Hotel lag nur wenige Straßenzüge weg vom Zoo – aber wie lange war Einlass? Wir probierten es, die Schranke und das Scherengitter an der Kasse waren bereits zu. Doch der uniformierte Beamte zeigte Herz. Wir bekamen kein Ticket, sondern mussten kostenlos rein. «Wenn ihr ganz schnell rennt, quer durch den Zoo auf die andere Seite, ist vielleicht das Panda-Haus noch offen.»

Schweißgebadet angekommen, war dann alle Hektik komplett weg. Diese putzigen Tiere ließen sich von uns nicht anstecken. Träge lagen sie auf der Seite oder auf dem Rücken, bewegten sich nicht oder nur in Zeitlupe, kauten gelangweilt an ihren Eukalyptuszweigen – ist eigentlich schon mal jemand aus diesem Bären-Club beim Essen eingeschlafen?

Ich sah in die Augen meiner Frau – sie war ganz aufgeregt und glücklich. Fast hätte sie, die kostenbewusste Beuteschwäbin mit Wurzeln in Thüringen und Düsseldorf, die Kontrolle über ihre Sparsamkeit verloren. Am Ausgang kaufte sie noch sündhaft teure und kitschige Plüschpandas – auch die Enkel würden bei unserer Rückkehr glücklich sein ...

24

Enttäuschung in St. Petersburg

Die Fußballweltmeisterschaft 2018 in Russland live zu sehen war ein besonderes Erlebnis. Vier Spiele waren es, die in meinen Reiseplan passten. Zuerst das sagenhafte 3:3 zwischen Spanien und Portugal in Sotschi mit einer Gala-Vorstellung von Cristiano Ronaldo. Dann England gegen Marokko in Wolgograd, dem früheren Stalingrad – und zuletzt das schmachvolle Ausscheiden einer völlig demotivierten deutschen Mannschaft in Kazan. Dazwischen aber lag ein Spiel, das ich nie gesehen habe: Brasilien gegen Costa Rica in St. Petersburg. In der Erinnerung ist es für mich das eindrücklichste von allen.

Man kann die euphorische Atmosphäre rund um so ein Livespiel kaum beschreiben: Da ergießen sich Scharen von Fans in den Farben ihrer Länder aus der überfüllten U-Bahn in die Zugangsschneisen zum Stadion. Ein strammer Marsch von zwei Kilometern war es, getragen von den Schlachtgesängen der Fans. Die Brasilianer waren in der Überzahl, und sie ließen in ihrer heißblütigen Art der angestauten Vorfreude freien Lauf.

Als wir endlich am Stadion ankamen, taten uns schon die Füße weh – und nach einer halben Umrundung der riesigen Stadionschüssel waren wir endlich am richtigen Eingang, besser gesagt: in der Schlange davor. Neunzig Minuten bis zum Anpfiff – das sollte reichen.

In einem engen Durchlass wurden das Ticket und der vorgeschriebene Fanpass gescannt, keine Probleme – bis zur Sicherheitskontrolle, bei der man alles ablegen und durch einen kleinen Schlitz auf die andere Seite der Sperre schieben musste. Und da muss es irgendwie passiert sein: Auf der anderen Seite angekommen, war mein Ticket nicht mehr bei meinen Sachen – alles andere war noch da.

Obwohl ich das Verschwinden des Tickets sofort reklamierte, war mein Suchen und das der Ordner vergeblich. Langsam dämmerte es mir, dass ich oben am Stadion keinen Einlass bekommen könnte –

obwohl mein Ticket ja bereits gescannt und registriert worden war. So hilfsbereit alle waren, alles Bitten und Jammern half nichts. Kein Ticket, kein Einlass.

Fieberhaft überlegte ich, was ich noch tun könnte. Ich eilte von einer Information zur anderen, Freunde und Familie waren alarmiert und beteten zuhause mit, und selbst ein Supervisor vom Organisationskomitee setzte sich ein – alles vergeblich; die Zeit zerrann, und innen wurde das Spiel angepfiffen. Kein einziger Monitor im Außenbereich, und so hörte ich nur das Raunen und den manchmal anschwellenden Lärm – sehen konnte ich überhaupt nichts.

Man kann sich gar nicht vorstellen, wie leer und einsam es im Außenbezirk des Stadions wird, nachdem alle drin sind. Über neunzig Minuten plus Pause war kein Mensch zu sehen, nicht mal ein Ständchen geöffnet, an dem man auch nur ein Getränk oder eine Wurst kaufen konnte.

Kein Mensch? Da sah ich sie hilflos schluchzend auf einer der riesigen Treppen sitzen. Eine hübsche Brasilianerin – in «Kriegsbemalung» wie die meisten Fans, das Grün und Gelb der brasilianischen Flagge auf ihren Wangen durch die Tränen zerflossen. Auch sie hatte ihr Ticket verloren und durfte nicht rein – aber bei ihr war das ungleich schlimmer als für mich. Es war das einzige Spiel, das sie sich leisten konnte – nur dafür war sie von Brasilien nach Russland angereist, hatte ein halbes Jahr dafür gespart, und jetzt zerplatzte der Traum wegen einer Unachtsamkeit oder einem Langfinger. Wie gerne hätte ich ihr geholfen, aber ich war ja selbst völlig machtlos angesichts der verschlossenen Drehkreuze, die nur auf den richtigen Scan reagierten.

Von Tränen geschüttelt saß sie vor mir – ich musste sie einfach in den Arm nehmen. Wie sie denn heißt? Marina, Mariella, Mariana? Ich wagte nicht, noch mal nachzuhaken. Dann fragte ich in meinem besten Spanisch – Portugiesisch konnte ich noch weniger –, ob ich für sie beten darf.

Überraschenderweise kam ein Lächeln auf ihr Gesicht – und natürlich ging das mit dem Beten nur auf Deutsch, aber sie schien mir sehr dankbar zu sein. Eigentlich war mir zum Mitweinen, aber Tränen hatte ich keine. Männer weinen ja nur nach innen – meistens.

Irgendwie schien es sie getröstet zu haben, und bevor ich gehen musste, hatte ich Gott in meinem Gebet noch gefragt, ob er eigentlich diese eigenartige Begegnung arrangiert hätte? Dann wäre es doch nur normal, dass er der jungen Frau gleich noch den Weg zu ihm ebnen würde und dass wir uns in der Ewigkeit wiedersehen könnten. «Obrigada», sagte sie nach dem «Amen», sicher ohne meine Worte verstanden zu haben, und sah mir beim Weggehen bedauernd nach.

Meine Gedanken wanderten weit in die Zukunft. Wie wird das einmal sein, wenn wir gestorben sind und auf der anderen Seite ankommen? Was würde es bedeuten, wenn dann das Tor zur Herrlichkeit zu wäre – so unerbittlich und unwiderruflich wie hier? Nicht nur für die so herbeigesehnten neunzig Minuten Top-Fußball, sondern für immer?

«Darum sieh die Güte und den Ernst Gottes: den Ernst gegenüber denen, die gefallen sind, die Güte Gottes aber dir gegenüber», steht in Römer 11,22. Und in Hebräer 3: «*Heute* – wenn ihr seine Stimme hört, verstockt eure Herzen nicht.»

25

Dünne Luft

Pamir – das Dach der Welt, wie die Einheimischen sagen. In der kirgisischen Stadt Osch hatten mein Freund und ich Mitarbeiter der dortigen Sportarbeit kennen gelernt, Sascha und seine Frau Mira, und sie erklärten sich bereit, uns mit ihrem Privatauto zur tadschikischen Grenze zu fahren. Dort wurden wir von Vitaly erwartet, einem Tadschiken, der eigens für unsere Pamir-Tour einen Kleinbus vom Schrottplatz geholt und für wenigstens 3000 km fit gemacht hatte.

Am frühen Morgen näherten wir uns von der kirgisischen Seite der Grenzregion zu Tadschikistan. Vor uns lag das mächtige Pamir-

Gebirge, dessen höchster Berg Kongur eine Höhe von 7.649 Meter erreicht. Eine bilderbuchartig schöne Bergkette mit mächtigen Schneeflanken lag vor uns, als wir die mit bis zu dreißig Zentimeter tiefen Schlaglöchern gespickte Trasse hinauffuhren, die später in eine Schotterstraße überging. Auf etwa 3500 m Höhe sollte der Grenzpass sein, und wir spürten schon, wie unser Atem kürzer wurde, das Blut in den Adern pulsierte.

Unser kirgisischer Fahrer bemerkte erst spät die Problematik: Er wurde schon weit vor der eigentlichen Grenze aufgehalten und zurückgeschickt, da er mit seinem privaten PKW keine Lizenz für den grenznahen Bereich hatte. Es gab nämlich zwei Grenzvorposten – je einen auf kirgisischer und einen auf tadschikischer Seite, die 18 km auseinanderlagen. Dazwischen durften nur Fahrzeuge mit Sonderlizenz fahren.

Weil uns auch das auf tadschikischer Seite wartende Fahrzeug nicht entgegenkommen durfte, überlegten wir uns schon, wie unmöglich es wäre, unser Gepäck stundenlang durchs Hochgebirge zu schleppen. Da hatte Sascha die Lösung parat: Er ließ seine Frau Mira am ersten kirgisischen Grenzvorposten als «Pfand» zurück, und so ließen sie ihn ausnahmsweise ins Niemandsland reinfahren – in der Hoffnung, dass er wohl doch ganz sicher zurückkommen würde …

Fast wären wir auf der Weiterfahrt mit unserem neuen Fahrer Vitaly noch in eine weitere Falle getappt: Die Hoheit über die Einreise nach Tadschikistan lag hier nicht nur in Händen der Regierung, sondern auch bei der zeitweise nach Unabhängigkeit strebenden GBAO, der Gorno-Badakhshan Autonomous Region. Deren Posten schliefen wohl noch und bekamen unsere Anwesenheit erst mit, als wir gerade weiterfahren wollten. Verschlafen krochen sie aus ihrer Behausung und bellten uns böse an, warum wir uns nicht gleich bei ihnen gemeldet hätten.

Als sie unsere neuen Pässe mit in ihre Remise nehmen wollten, weigerte sich Vitaly, sie aus der Hand zu geben, und begleitete den unfreundlichen Soldaten. Knurrend stellte dieser fest, dass wir tatsächlich auch das GBAO-Visum in den Pässen hatten. Zu gerne hätte er sich ein kleines Zubrot verdient, indem er unser «Vergehen» mit einer saftigen Strafe belegt hätte.

Der klapprige Toyota-Bus mit Vierradantrieb war von Anfang an ein Gebetsauto. Nicht nur die politische Situation, wegen der immer wieder Touristen in der Gegend verschwanden, war eine permanente Bedrohung, sondern auch der Zustand dieses Fahrzeugs, das 22 Jahre auf dem Buckel hatte und extra für diese Fahrt instand gesetzt worden war.

Immer höher schraubten wir uns in den stahlblauen Himmel, umgeben von atemberaubenden Sechstausendern, und spürten, wie die Luft immer dünner und unser Atem hechelnder wurde. Ein leichtes Schwindelgefühl und Kurzatmigkeit bei noch so geringer Anstrengung kamen hinzu.

Was bei uns Kopfweh war, äußerte sich beim gequälten Motor unserer Toyota-Bergziege als überkochender Kühler. Sprudelnd und glucksend lief die braune Brühe in den Steppensand, als wir bei 4657 Metern Passhöhe eine Pause einlegen mussten. Frisches Wasser und frisches Motorenöl aus Cola-Flaschen gab es für das Auto, Schwarzbrot aus Deutschland mit Scheibenkäse aus der Reiseküche für uns. Auch wenn uns allen etwas übel war, die überwältigende Berglandschaft gab uns eine Art Glücksgefühl, das fast euphorisch machte – wir waren tatsächlich hier und durften etwas sehen, was die Größe und Majestät des Schöpfers widerspiegelte.

Problematisch in dieser menschenverlassenen Einöde war das völlige Fehlen von vertrauenswürdigem Wasser für uns und von Diesel für das Auto. Wir hatten Durst, aber das mit dem Auto war noch schlimmer. Nachdem wir mehrfach aus unseren großen Kanistern nachgefüllt und dann auch die letzte Tankfüllung leergefahren hatten, näherten wir uns Murgab, von wo wir einen ahnenden Blick auf den spektakulären Pik Lenin und den mit 7509 Metern noch höheren Mutzagata erhaschen konnten.

Seit Stunden waren wir an einem einfachen Stacheldrahtzaun vorbeigefahren, der die chinesische Grenze markierte.

«Was hast du dir denn dabei gedacht?», fragten wir Vitaly, als er uns sagte, dass die nächste Tankstelle noch 700 km weg war. «Mehr

Verbrauch in der dünnen Luft», behauptete er und schüttelte nachdenklich den Kopf. Nach langem Befragen der Einheimischen bekamen wir einen Insider-Tipp – im vorletzten Haus von Murgab vor der Hochgebirgswiese sollten wir einmal fragen. Gesagt, getan. Abschätzend begutachtete der junge Mann unser Fahrzeug, dann erklärte er, dass er zwar einige Dieselfässer habe, diese wären aber nur für Einheimische und seine Freunde. Schließlich konnten wir ihn überreden zu fünfzig Litern, die er per Augenmaß «einschenkte». Mit dem Mund saugte er die Flüssigkeit in einen Druckluftschlauch, und dann floss die wertvolle Beute, bis er meinte, es sei jetzt genug.

Was für eine Erleichterung, dass wir weiterfahren konnten – allerdings auch für unseren Geldbeutel, denn es war der teuerste Sprit, den ich je gekauft habe.

26
Auf dem Dach der Welt

Ein Dach hat ja verschiedene Flanken, und so auch das «Dach der Welt.» Darunter versteht man den riesigen Gebirgsblock, der in Zentralasien die Regionen Himalaja, Tibet und Pamir umfasst. In durchschnittlich 4.500 Meter Höhe leben Menschen, an denen das Weltgeschehen einfach vorbeigeht, weil sie nichts darüber wissen. Ob sie das weniger glücklich macht, wenn der Megatrend der sozialen Netzwerke total an ihnen vorübergeht, weil es bei ihnen zum Beispiel keine Elektrizität gibt, also auch kein Radio oder Fernsehen, keine Art von Netz, weder für Handys noch zu anderem Telefonieren? Das Leben, das ist für sie hier und heute und jetzt. Manche lernen in ihrem ganzen Leben nicht mehr als dreißig Menschen kennen.

Durch die Satellitentechnik werden solche Regionen immer seltener; auf entlegenen Südseeinseln, in kaum erreichten Tälern Papua-Neuguineas oder auf dem Dach der Welt gibt es sie noch. Im Pamir-Hochland, in der zerklüfteten und unübersichtlichen Grenzregion

zwischen China, Pakistan, Afghanistan und Tadschikistan, habe ich
solche Menschen getroffen. Sie wissen zum Beispiel nicht, was man
unter «Nachrichten» versteht – es gibt nur ihre eigene Welt.

Zweimal sind wir im Schatten des mächtigen Hindukusch-Gebir-
ges an solche Punkte gekommen, oft an den Grenzen unserer eigenen körperlichen Belastbarkeit. So viel Zeit wie empfohlen konnten
wir uns zur Anpassung an die große Höhe nicht nehmen, und so ver-
mochte man keine zehn Schritte bergauf zu gehen, ohne dass Hy-
perventilation und Herzrasen einsetzten.

Kurze Begegnungen mit Menschen dort sind aber immer prä-
gend, herzlich und intensiv. Und das Herzrasen wert!

Einmal hatten wir schon geglaubt, eine südliche Route gefunden
zu haben, um den Bereich eines langgezogenen Passes zu umfahren,
als ein einfacher Stacheldraht über den Fahrweg gespannt war. Sollten wir das ernst nehmen? Jede Kuh hätte ihn umdrücken können.
Ein Stück weiter sahen wir einige Militärbaracken – was die hier
draußen für eine Funktion hatten? Eigentlich ging der Weg auf der
anderen Seite des Stacheldrahtes weiter, und wahrscheinlich war
dort Afghanistan. Natürlich setzten wir den Fuß schnell auf die andere Seite, aber es war auch kein anderes Gefühl.

Wir dachten gerade darüber nach, ob wir den einfachen Draht
kurz durchschneiden und hinter uns wieder zusammenflechten
könnten, um noch ein Stückchen weiter zu fahren, da näherten sich
zwei bärtige Gesellen und winkten aufgeregt mit den Armen. «Zurück!», bedeutete dies eindeutig. Sie wirkten erschreckt und besorgt.

Obwohl wir uns sprachlich kaum verständigen konnten, begriffen
wir, dass das Gebiet komplett vermint sei – und ein Weiterfahren lebensgefährlich. Erst als wir unser Fahrzeug gewendet hatten und es
in anderer Fahrtrichtung stand, waren die beiden wieder ganz ent-
spannt und lächelten uns an.

Wie ähnlich sie sich sahen! Ich vermutete eineiige Zwillinge. Richtig? Vitaly stellte fest, dass sie ein paar Bocken Russisch verstanden,
und übersetzte meine Frage. Nein, nur Brüder seien sie, ließen sich
aber gerne mit mir fotografieren. Sie bekamen wohl selten Besuch
hier und genossen offensichtlich die Begegnung mit den verrückten

Fremden. Denn eines wurde uns immer klarer: Die Fremden, das waren hier eindeutig *wir!*

Freundschaftlich verabschiedeten wir uns nach einer halben Stunde, nicht ohne ein paar Kleinigkeiten dazulassen, die sie wohl noch nie gesehen hatten. In dieser Region gab es keine Elektrizität, kein Radio- oder Telefonnetz. Aber wir waren nur hundert Kilometer Luftlinie entfernt vom sogenannten «Pamir-Highway» – ein Spitzname für die über tausend Kilometer lange Trasse, die die Russen bei der Besetzung Afghanistans für ihre Panzer und Militärfahrzeuge gebaut hatten. Streckenweise war sie asphaltiert, dann wieder wand sich die steinige Trasse durch fast unpassierbare Bergregionen. Unsere beiden neuen Freunde hatten wohl auch Kontakt mit denen, die diese Straße bauten. Ob sie sich gewundert hatten, wo plötzlich die Russen herkamen, dann die Amerikaner, dann die Taliban? Wir wussten nicht mal, ob sie selbst dazugehörten; uns gegenüber waren sie außerordentlich freundlich.

Vitaly fand heraus, dass wir mindestens zweieinhalb Stunden zurückfahren mussten auf eine «Hauptstraße». Das war uns schon klar, aber eine wertvolle Information bekamen wir noch. Nach Westen sollte es bei Einheimischen Übernachtungsmöglichkeiten geben, die wir dann auch tatsächlich fanden:

Neben den Jurten gab es auch einzelne Lehmhütten, und in der größten fanden wir Quartier. Es gab einen großen, mit roten Teppichen geschmückten Raum, der auf einer Seite eine breite erhöhte Fläche hatte. Bei Nacht diente diese Fläche als Schlafstatt, am Abend aber noch als Esstisch. Man legte sich hier zu Tisch – da es kein fließend Wasser gab und keinen Strom wurde Lachs über dem Feuer geröstet, das Ganze mit Fladenbrot in die Mitte des «Betts» drapiert, und gemeinsam mit den Gastgebern legten wir uns ums Essen herum, seitlich aufgestützt auf einen Ellbogen, die andere Hand diente zum Essen.

Obwohl todmüde, konnte niemand von uns auch nur einen Augenblick lang schlafen. Wir erfuhren später, dass wir viel zu schnell in die große Höhe aufgestiegen waren und von Glück sagen konnten, dass unser Blut nicht «zu kochen» begann. Für unseren Körper aber war die große Höhe absoluter Stress. Die Adrenalinausschüttung machte uns glockenhell wach, obwohl wir schon 35 Stunden nicht mehr geschlafen hatten.

Ein Klo gibt es in den Häusern nicht, man geht etwa 400 Meter weg zu einer ausgeschlachteten Autokarosserie, in deren Bodenblech eine viereckige Öffnung geschnitten war. Hier sollte man seine Notdurft verrichten. Man konnte die Beifahrertür schließen, um etwas Sichtschutz zu haben. Wasser gab es nicht, Papier musste man mitbringen und im Loch entsorgen.

Unwillkürlich begann man sich zu fragen, ob wir uns nicht längst an Dinge gewöhnt haben, die der Mensch zum Leben eigentlich gar nicht braucht. Inzwischen hatten unsere Handys keinen Saft mehr; es gab nicht nur keinen Strom, sondern auch kein Netz. Aber mal die Uhrzeit nachschauen zu können, ja, das haben wir schon vermisst. Es gab auch kein fließend Wasser. Tagsüber war es drückend heiß und nachts bitterkalt – kein Wunder bei der Höhe. Nach drei Tagen fast ohne jede Waschmöglichkeit sehnten wir uns dringend nach einer Dusche, aber davon konnte natürlich keine Rede sein.

Am Tag der Weiterfahrt – es ging jetzt ständig leicht bergab, und wir konnten dadurch sogar Sprit sparen – erblickten wir in der Ferne einen wunderbar türkisblauen See. Da gehen wir schwimmen, beschlossen wir sofort. Vitaly rannte als Erster zum Wasser, nachdem er den Toyota-Bus einfach über Stock und Stein bis ans Ufer gesteuert hatte.

Brrr, das war ja eiskalt – keine zwei Minuten waren wir drin, dann flohen wir vor dem brennenden Schmerz durch die Kälte. Wir hatten uns aber gezwungen, wenigstens einmal komplett unterzutauchen und uns sogar ganz kurz einzuseifen und zu waschen. Unsere Haut brannte noch minutenlang von der Kälte des Wassers, aber es musste einfach sein. Als wir dann über eine Stunde um den See herumgefahren waren, sahen wir, dass am anderen Ende des Sees eine Gletscherzunge in den See hineinragte und kleine Eisberge auf ihm schwammen ...

Was es bedeuten würde, hier draußen zu leben, so völlig abgeschnitten von allen Nachrichten und dem Gang der Welt? Die Bewohner hier kannten es nicht anders, und sie schienen nicht weniger glücklich zu sein als viele Menschen anderswo. Und wenn eine große Katastrophe über die Menschheit kommen würde – würden sie es überhaupt mitkriegen? Vermutlich wären *sie* es, die am längsten überleben würden.

27

Der Ball und das Leben

Stundenlang folgen wir auf tadschikischer Seite der afghanischen Grenze in den Ausläufern des Pamir-Highway – das ist die ironische Bezeichnung für diese Schotterstraßen entlang der chinesischen Grenze, die über fast 5000 Meter hohe Pässe führen. Den Übertritt auf afghanischen Boden habe ich natürlich versucht, aber selbst auf den einsamsten Streckenabschnitten gibt es eine Art Todesstreifen mit Stacheldraht und vor allem der Warnung vor Minenfeldern. Nur wenige Fahrtstunden nach Kundus und Feyzabad, wo es auch deutsche Garnisonen gibt? Das klingt gefährlich und ist es wohl auch.

Die Russen hatten diese 1252 Kilometer lange Trasse gebaut für den Nachschub an Panzern und schwerem Militärgerät während ihrer Besetzung Afghanistans – jetzt sind die Amerikaner da und beißen sich die Zähne aus. Das unwegsame Bergland wird von den Taliban beherrscht, von hier aus plante Osama Bin Laden den Angriff auf die Türme des New Yorker World Trade Center. Verrückt, dass es ihm gelang, mehr als 10.000 km Luftlinie entfernt den verhassten Westen ins Chaos zu stürzen, indem er Verkehrsflugzeuge als Waffe benutzte. Was der teuflische Hass für eine Kreativität entfalten kann – in der trügerischen Stille der gleißenden Sonne auf verbrannter Erde kann man es nur ahnen.

Ein reißender Bach hat ein tiefes Tal gegraben, er schwillt an zu einem Fluss mit über hundert Meter Breite. Mühsam quälen wir uns über Feldwege, die mit querstehenden Steinplatten und Felsen übersät sind. Auf der anderen Flussseite die majestätischen Gipfel des Hindukusch, und dort, wo sich der Fluss in einem schäumenden Knie nach Norden wendet, eine erste Ansiedlung. Diesseits verläuft eine einigermaßen passierbare Straße, auf der anderen Seite existieren nur aus festgebackenem Sand bestehende Steilwände, die jäh in den Fluss abzustürzen scheinen. Und genau in diese Formation haben Generationen von Afghanen versucht, auf 150 km Distanz eine Art Pfad oder Straße in die abschüssige Schräge zu schlagen, um auf ihrer Seite dem wilden Fluss folgen zu können. Wie oft mag ihr Werk von der Natur zurückerobert worden sein – durch Erdrutsche oder Felsstürze. Und immer wieder haben sie es erneut versucht ...

«Wir leben in Frieden mit den Afghanen», sagen zu unserer Überraschung die tadschikischen Begleiter. «Mit den Usbeken dagegen leben wir im Zustand eines niemals offiziell erklärten Krieges.» Während wir uns darüber unterhalten, schlingert plötzlich das Auto, und die rechte hintere Felge furcht sich nach einem Reifenplatzer durch den Dreck.

Längst hatten wir damit gerechnet, dass früher oder später einer der komplett abgefahrenen Reifen aufgeben würde angesichts der erbärmlichen Straßen. Wir konnten zwar das Ersatzrad schnell einwechseln, aber an eine Weiterfahrt in entlegenem Gelände ohne intaktes Reserverad war nicht zu denken. Aber natürlich hat auch so ein Land alles, was man braucht. Wir lernten einen Fachmann kennen mit dem Geschick, den Reifen eines Toyota-Kleinbusses mit Vorschlaghammer und aufgelegten Holzkeilen von der Felge zu ziehen und den Schlauch zu erneuern. Vor allem aber hörten wir von ihm die Geschichte, die uns tagelang nicht mehr losließ.

Am Tag zuvor hatten sie noch direkt am Ufer des reißenden Flusses Fußball gespielt – Dorf gegen Dorf mit einfachen Holzlatten als Tore. Bei Snacks und Getränken verfolgten die Zuschauer das Match auf einer Strandwiese, als nach einem strammen Schuss der Ball in den nahen Fluss fiel. Ein zweiundzwanzigjähriger Wochenendbesucher aus Russland sprang hinterher, um den Fußball zu retten. Diese spontane Fehleinschätzung war seine letzte – alle Spieler und Zuschauer mussten hilflos mit ansehen, wie er einen verzweifelten Überlebenskampf führte, bis er schließlich erschöpft in den Wirbeln und Strudeln unterging. Nach 24 Stunden gab es keine Hoffnung mehr, aber sie wollten flussabwärts suchen, um Gewissheit über das Schicksal ihres Freundes zu haben.

Ein Leben für einen Ball? Was für eine Tragödie. Nicht immer entscheiden wir richtig – und nicht jede Fehlentscheidung können wir rechtzeitig korrigieren.

Wenn ich am nächsten zum Wasser gestanden hätte – vielleicht hätte ich es auch versucht. Wer spielt nicht gerne den Helden? Möge ein Höherer über uns wachen – von ihm heißt es im Psalm 121: «Er wird deinen Fuß nicht gleiten lassen, und der dich behütet, schläft nicht.»

28
Von Duschanbe nach Samarkand

Tadschikistan und Usbekistan sind verfeindet – beide beanspruchen die Vorherrschaft in der Region und das wahre Erbe des Islam. Sie befinden sich gleichsam in einem unerklärten Krieg, und deshalb waren alle Grenzen geschlossen bis auf zwei – beide weit weg von der tadschikischen Hauptstadt Duschanbe.

Vor Tagesanbruch wollten wir starten, aber unser «Nobelhotel» hatte eine Überraschung bereit. Unsere Koffer waren eingeschlossen worden, und wir sollten einen Kreditkartenbeleg unterschreiben mit mehr als dem Doppelten des gebuchten und bereits vorausbezahlten Zimmerpreises. Das war klare Erpressung – sie wussten, dass wir unter Zeitdruck waren, um vor der zweistündigen Mittagspause der Grenzbehörden am Checkpoint zu sein.

Aus Erfahrung kannte ich das Spielchen, das jetzt gespielt wurde. Es war 5 Uhr morgens und der Chef frühestens um 10 Uhr erreichbar. «Ich bin nur der Rezeptionist und habe Weisung, das Gepäck erst nach Zahlung herauszurücken.» Auch meine örtlichen Freunde waren ratlos. Was tun?

Ungerührt rief ich die Polizei an mit der Bitte, schnellstens vorbei-
zukommen und mir mein Eigentum auszuhändigen. Jedoch: Nur
der Anrufbeantworter, bis morgens um 8 Uhr Büro nicht besetzt.
Gab es eine diplomatische Lösung? Ich sagte: «Wie heißt du?»,
und da machte der «Nachtportier» seinen ersten Fehler. Stolz gab er
mir Vor- und Zunamen. Den notierte ich sofort auf meinem Handy,
fragte, ob ich das richtig geschrieben hatte, denn ich wollte das
gleich an die Polizei mailen. Kein Problem, sagte er zuerst, er habe
dort nur Freunde, und das war sein zweiter Fehler. Ich fragte: «Du
sagtest doch gerade, du seist nur der unbedeutende Nachtportier?»

Als Nächstes googelte ich das Außenministerium und meldete einen «diplomatischen Konflikt». Erstmals las ich etwas Irritation in
den Augen des naiven Angestellten; er konnte wohl etwas besser
Englisch, als er zugab. Ich verlangte eine weitere Nacht zu bleiben
und erwähnte, dass die Regierung Tadschikistans sicher kein Interesse hatte an diplomatischen Komplikationen mit Deutschland wegen Kidnappings von Autoren, die gerade ein Reisebuch schreiben
und erzählen, wie man in Tadschikistan mit Touristen umgeht.

Dann ging alles ganz schnell. Mein unwissendes Gegenüber erwies sich als der Chef selbst, und er wollte sogar auf den vereinbarten Übernachtungspreis verzichten gegen das Versprechen, ihn
nicht anzuzeigen. Sorry, meinte er, was er getan hatte, müsse ich
bitte verstehen, sie seien auf Nebeneinnahmen angewiesen …

Mit einstündiger Verspätung quälte sich unser neuer Bus eine
Passstraße hinauf. Das Fahrzeug, das uns treu, aber mit letzter Kraft
über das Pamir-Gebirge gebracht hatte, war von unserem Fahrer auf
dem Schrottplatz gegen ein etwas weniger kaputtes eingetauscht
worden. Motor und Getriebe ächzten furchtbar, aber Vitaly war zu-
versichtlich, wir könnten die zweieinhalb Stunden permanenter
Steigung schaffen.

In atemberaubender Bergwelt ging es immer neue ausgesetzte
Bergrampen hinauf, oft hinter keuchenden Lastwagen und ihren
Fahrern her, die aber weit besser motorisiert waren als wir. Die letzten zwei Stunden waren ein Alptraum – der Motor rauchte, das Getriebe ließ sich nicht mehr schalten, es funktionierte nur noch der

Gang, der gerade drin war, und das war der zweite. Wir wurden von den schweren Sattelzügen mit ihren Anhängern wieder überholt – an steilen Strecken kreischte die Kupplung, und wir warteten bloß, dass sie durchglühte und heraussprang.

Irgendwie erreichten wir kurz vor 11 Uhr das tadschikische Zollhäuschen und mussten uns von unseren Begleitern verabschieden. Wir wussten, dass eine Tortur vor uns lag. Falls man uns durchließ – und wir sollten da nicht so zimperlich sein mit «Trinkgeld» –, mussten wir das Gepäck zwei Kilometer durchs Niemandsland schleppen und dann hoffen, dass man bei der Einreise auf der usbekischen Seite kein Haar in der Suppe fand. Dort sollten wir von Freunden erwartet werden.

Selbst meine ehemaligen Studenten auf beiden Seiten waren sich nicht grün: Die Tadschiken bedrängten uns, sauberes Wasser mitzunehmen, da es das in Usbekistan nicht gäbe – und die Usbeken zwangen uns später, alles auszuschütten, da tadschikisches Wasser kontaminiert sei. So viel zu der Freundschaft zwischen diesen beiden Völkern.

Glücklicherweise waren am Zoll nur zwei Paare in der Reihe vor uns, und wir begannen seitenweise Formulare auszufüllen. Bis zu unseren Urgroßeltern beider Seiten mussten wir alle Namen aufschreiben – ich bekenne, dass ich bei den Geburtsdaten meiner Vorfahren zweiten Grades einfach nur geraten habe. Obwohl anfänglich noch siebzig Minuten Zeit bis zur Mittagspause waren, wurde es knapp. Gegen zwanzig vor zwölf sah ich, wie das Pärchen vor uns gerade noch dank einem größeren Geldschein durchs Fensterchen eingelassen wurde, dann ging dieses Fensterchen zu und wurde durch einen Vorhang versperrt. Bis 14 Uhr sollten wir warten, aber nicht im Häuschen, sondern draußen in der prallen Hitze.

Als wir ein schattiges Plätzchen suchten, drängten sich sofort andere vor, und wir waren nicht mehr die nächsten in der Reihe – hier galt das Faustrecht.

Es dauerte bis 16:30 Uhr, bis wir endlich durchkamen – mehrfach bedroht mit der Behauptung, wir seien illegal und unsere Pässe seien gefälscht. Auch war ich nicht bereit, Klarnamen zu nennen de-

rer, die auf uns warteten, und so schalteten die Beamten auf stur –
sie hatten ja Zeit. Irgendwann kam ein Vorgesetzter, hörte sich
meine Drohungen an und fand es dann besser, uns ganz schnell ab-
zufertigen.

Ob unsere Abholer genügend Geduld gehabt hatten? Schließlich
gab es keine Möglichkeit, sie zu informieren. Ja, sie waren noch da –
offensichtlich hatten sie nichts anderes erwartet. Aber einer anderen
Fehleinschätzung waren sie aufgesessen. Sie brachten einen Mini-
Kleinwagen, mit dem sie die restlichen Fahrstunden hinter sich
bringen wollten – der aber schon ohne uns voll war. Zwei weitere
Passagiere plus Gepäck? Ausgeschlossen.

Einen von ihnen luden sie einfach aus; er müsse schauen, wie er
weiterkäme. Den Fahrer konnten wir nicht zurücklassen, den Verantwortlichen für unser Weiterkommen auch nicht. Ich bekam den
guten Beifahrersitz mit so viel Gepäck auf dem Schoß, dass ich
nichts mehr sehen konnte. Noch schlimmer ging es meinem mitreisenden Freund, der in einer Ecke der Rückbank völlig vom Gepäck
zugedeckt war. Das alles bei trockener Hitze – ohne Klimaanlage
und jeglichen Schutz.

Doch unsere Vorfreude war so groß, dass wir einfach alles aushalten wollten. Spät abends rollten wir durch ein imposantes
Empfangsportal. Willkommen im Weltkulturerbe Samarkand –
vierzig Grad Celsius zeigte die überdimensionale digitale Tem-
peraturanzeige.

Willkommen in der Welt von Tausendundeiner Nacht. Zwei märchenhafte Tage und Nächte lagen vor uns.

29
Die strahlenden Augen des Mörders

Beglückt genoss ich das Eintauchen in eine Welt an der Seidenstraße
von Samarkand nach Taschkent, die mir bisher nur aus märchenhaften Erzählungen bekannt war. Die Paläste des Registan im Altstadt-

kern von Samarkand, die Bibi-Chanum-Moschee mit dem jüdischen Viertel, das Gur-Emir-Mausoleum und der Siyob-Bazar, die Totenstadt Shohizinda mit ihren Schätzen der Baukunst – eigentlich hätte man wochenlang schwelgen können in dieser geschichtsträchtigen Metropole an der früheren Seidenstraße.

Wer denkt schon daran, dass Suleiman der arabische Name für Salomo ist – der auch in der islamischen Welt als weisester und reichster Herrscher aller Zeiten genannt wird. Was für ein Zauber liegt in seiner Festung bei Osch, die ich vor meiner Ausreise aus Kirgistan nachts und im Regen bestiegen hatte. Fast wäre ich verunglückt, als ich mich auf glitschigen Pfaden an die im Fels verankerten Drahtseile klammerte – mit einer unfreiwilligen Rutschpartie am Ende, die aber glücklicherweise in einem Sicherheitsfangzaun endete.

Usbekistan erlaubt es bis heute keiner fremden Religion, offiziell Fuß zu fassen, und so ertragen die Christen die massiven Einschränkungen mehr oder weniger geduldig in dem Wissen, dass sie umso mehr verfolgt werden, je aktiver sie auftreten. Dass es trotzdem unter ihnen glückliche Menschen gibt, erlebte ich bei einem Abendessen mit einem Menschen, mit dem ich nur per Augenkontakt und mit zweifach überbrückender Übersetzung kommunizieren konnte.

Als vielfacher Mörder hatte er die schlimmsten Gefängnisse und jahrzehntelange Haft überlebt und saß mir nun mit seinem kahlen Rundschädel und den strahlendsten Augen gegenüber, an die ich mich erinnern kann. Wo andere Menschen Ohren haben, waren nur noch vernarbte Knorpel – ähnlich der bei Ringern oft sichtbaren «Blumenkohlohren», aber viel extremer.

Ja, hörte ich, er hatte, wie ein Tier während seiner lebenslangen Haft in die Manege geführt, einen Großmeistertitel im «Ultimate Fighting» errungen. In einem Stahlkäfig kämpfen zwei menschliche Gladiatoren bis zur körperlichen Zerstörung des anderen – ohne Regeln und, im Gegensatz zur offiziellen Sportversion, ohne Gnade für den Unterlegenen. Jawohl, er habe in den übelsten Gefängnissen geschmort, aber seine Strafe sei verdient gewesen, denn als mächtiger Chef einer kriminellen Gang war er der gefürchtetste Pate weithin, und viel Blut klebe an seinen Händen.

Aber dann, so erzählte er, wurde ein anderer «Schwerverbrecher» in seine Zelle verlegt, die sie nun jahrelang teilten. Dessen Verbrechen: Verbreitung des Evangeliums, sogar Bibeltexte hatte er an Moslems verteilt. Auch ihm war seine Bibel genommen worden, aber er kannte sehr viele Bibelstellen auswendig, und sie sprachen stundenlang darüber. Durch diesen Zellengenossen kam er zum Glauben, und jetzt ist er ein glücklicher Mensch. Dass ihm Gott seine rabenschwarze Vergangenheit vergeben hat und ihm jetzt noch Jahre schenkt, in denen er einfach nur Gutes tun kann, beglückt ihn über die Maßen.

Vor Verfolgung und Folter habe er keine Angst mehr; es gebe nichts, was er nicht schon erduldet und durchgemacht habe.

Natürlich möchte ich das Abendessen bezahlen, es kostet ca. 350.000 So'm, und der größte Schein sind 1000 So'm. Während der Ober mehrere meiner ca. 20 cm starken Geldbündel abarbeitet, unterhält er sich mit uns, seine Finger flitzen mit atemberaubender Geschwindigkeit und anscheinend ohne jede Konzentration durch die Geldbüschel, bis er nach gut zwei Minuten plötzlich aufhört zu zählen und mir den Rest zurückgibt.

«Ob das wohl stimmt?», frage ich ratlos meinen Begleiter. «Ja», darauf könne ich mich verlassen. Der Wirt sei ein Glaubensbruder, was natürlich niemand wissen darf.

Die Märchen aus Tausendundeiner Nacht verblassen vor einer Wirklichkeit, die mir den Atem raubt. Was sind die wunderbaren Mosaikwände gegenüber diesen strahlenden Augen! Aber meine Freunde werden es nicht leicht haben. Wie die Zukunft dieses Landes und seiner Menschen aussehen wird? Ich zwinge mich dazu, meine Fantasie zu zügeln und es dem zu überlassen, der allein die Zukunft kennt.

30

Zu viel riskiert

Der azurblaue Himmel über dem Schwarzen Meer, die Fichtenwälder und der sandige Boden – am Vortag war die Welt noch in Ordnung gewesen bei dieser Schulung im östlichen Georgien, unweit der türkischen Grenze. Spät abends hatten wir noch zusammengesessen mit diesen beeindruckenden Jungs und Mädels – oder sollte ich sagen Männer und Frauen, einige früh gereift in den Wirrungen der Auflösung der Sowjetunion. Der frühere sowjetische Außenminister Schewardnadse war jetzt Staatsratsvorsitzender einer unabhängigen Republik, die Wirtschaft lag am Boden, aber ein frischer Wind der Aufbruchstimmung lag über dem Land.

Schon zuhause hatte ich eine gute Straßenkarte gekauft, um die Möglichkeit eines Übergangs nach Armenien zu erforschen. Das Bergland des Kaukasus galt als schwer passierbar, aber natürlich hatte man Straßen gebaut, so sollte man jedenfalls annehmen. Das Problem: Die einzige besser ausgebaute Straße hätte mich zunächst in umgekehrter Richtung am Meer entlang nach Norden geführt, dann in stundenlanger Fahrt quer durchs Land nach Osten bis fast zurück nach Tiflis, und dann erst südlich auf einem Umweg nach über 600 Kilometern zum Ziel. Und so liebäugelte ich mit einer «Abkürzung» von knapp 150 km Länge durchs Gebirge.

Erst war diese Straße auf der Landkarte noch rot, dann aber in einer gestrichelten Linie eingezeichnet, und – was hieß das denn? «Geöffnet von April bis September!» Dummerweise war es erst März.

Ich fragte die Einheimischen in unserer Truppe, ob ich das wagen könnte – wenigstens versuchen. Bedächtig schüttelten sie den Kopf. «Was hast du für ein Auto, eine normale Limousine? Da kommst du selbst im Sommer nicht durch.»

Also, was stand mir bevor? Zum Beispiel dies: Erst mal nach Norden bis Poti und dann stundenlang östlich, dann alles wieder zurück nach Süden, und das alles im stockenden Verkehr. Da es keine Ortsumfahrungen gab, konnte eine Kleinstadt neunzig Minuten kosten, bis sich die ruß-stinkende Kolonne durch den Ortskern gezwängt hatte. Aber doch, nach zehn bis zwölf Stunden könnte ich so die armenische Grenze erreichen, durch die Berge kam ich womöglich gar nicht an. Und am nächsten Tag sollte es losgehen.

Was tun?

Eigentlich wollte ich noch ein paar Stunden Schlaf tanken, aber dann stellte ich mich unter die Dusche – ich brauchte jetzt einen klaren Kopf. Es war 3 Uhr morgens, als ich im Auto saß und – nach Süden abbog. Richtung Batumi. «No risk no fun», dachte ich, kein «play it safe».

Ehrlich gesagt, ich war absolut in Hochstimmung. An diesem Tag würde ich den Ararat sehen – den Berg, wo die Arche Noah gelandet sein soll. Selbst wenn ich das in Eriwan gebuchte Hotel erst um 20 Uhr erreichen würde, hatte ich jetzt 17 Stunden wunderbare Fahrt vor mir.

Ich fühlte mich frei und glücklich, die Straße war zwar holprig und seit Jahrzehnten nicht mehr repariert, aber so weit befestigt, dass man keine Angst haben musste an den Abhängen zum Schwarzen Meer. Nach eineinhalb Stunden erreichte ich den Abzweig weg vom Meer ins Gebirge, aber was war das für ein Straßenschild? Auch ohne kaukasische Sprachkenntnisse hieß das doch wohl «Wintersperre»! Meine Stimmung besserte sich wieder, als eine hell erleuchtete Tankstelle kam, in der es frühmorgens schon einen starken bitteren Kaffee gab. Ich bestellte drei davon und kaufte noch reichlich Trinkwasser in großen Flaschen.

Dann wurde es Tag, und die Straße begann anzusteigen. Anstelle der versprochenen «atemberaubenden Bergwelt» sah ich nur tiefhängende Wolken. Es hatte angefangen zu regnen, recht stark sogar. An manchen Stellen kam das Wasser wie in Sturzbächen den engen Pfad herunter, zu dem die Trasse geworden war – aha, hier standen Straßenbaumaschinen, aber natürlich konnte ich nicht warten, bis die Straße fertig gebaut war. Ich pirschte mich durch grandiose Canyons und kleine Dörfer und stand dann vor einer Barriere – die man allerdings umfahren konnte. Hieß das in lateinischer und kyrillischer Schrift: «Weiterfahrt nur für Anlieger?» Der Totenkopf neben dem Sperrschild war wohl etwas übertrieben, so hoffte ich, und ich drehe nun mal nicht so schnell um, wenn ich schon fünf Stunden in die falsche Richtung gefahren bin.

Dann ging der Regen in Schnee über. Der Schotterbelag war aber griffig, und so fuhr ich einfach steil aufwärts weiter, obwohl die Schneewände links und rechts die Straße immer mehr zum Hohlweg machten. Da, noch ein paar Bauernhäuser – ich schaute auf den Kilometerzähler. Wenn ich richtig gerechnet hatte, nur noch 60 km bis zur rettenden Kreuzung zur Hauptstraße nach Akhalkalaki. Etwas mulmig war mir inzwischen schon: Ausgerechnet heute wusste keiner, wo ich bin. Noch schnell ein Anruf zuhause?

Ein Blick aufs Handy – kein Empfang.

Inzwischen musste ich schon sehr hoch sein, über der Baumgrenze jedenfalls, und es ging erstaunlich gut. Ob hinter der nächsten Kurve die Passhöhe lag und es wieder runter ging? Ich schätzte noch höchstens fünf Kilometer über die inzwischen geschlossene Schneedecke, aber es ging natürlich nur im Schritttempo voran. «Du musst etwas schneller fahren», hörte ich mich murmeln, «sonst kann dich jede kleine Schneewehe stoppen.» Also erhöhte ich das Risiko.

Zweimal stieg ich aus und watete zu Fuß durch den Flugschnee, der auf der engen Trasse lag – ja, mit Anlauf kam ich da durch. Und dann ein Schlag. Die Räder drehten hohl, es ging nichts mehr. Erschreckt stieg ich aus. Ich musste die Tür gegen den Schnee drücken, um aufmachen zu können, und dann sah ich die Bescherung: Unter der Schneedecke rann ein kleiner Bach quer zum Weg, und genau da hing eines der Antriebsräder frei in der Luft. «Ohne Allrad kommst du da auch im Sommer nicht durch» – na ja, jetzt war's zu spät, über die Warnung vom Vorabend nachzudenken.

Ich schaute auf die Uhr. Noch war ich gut in der Zeit. Also erst mal warme Klamotten anziehen – ich war in kurzer Sporthose und T-Shirt gefahren. Hatte ich eine Schaufel? Nein, noch nicht mal was Ähnliches. So nahm ich einen meiner schwarzen Straßenschuhe und grub mit bloßen Händen, denn Handschuhe gab es natürlich auch nicht. Ich machte mich daran, im Eisregen die festgedrückte

Schneeschicht unter dem Chassis abzugraben, das am Unterboden auf der ganzen Fläche auflag. Wenn ich das Auto so weit freibekäme und vielleicht einen Balken unter das freie Rad bekam, käme ich vielleicht wieder flott.

Und so grub ich über zwei Stunden, inzwischen am ganzen Körper schlotternd im Schnee liegend, die rechte Hand trotz der darüber gezogenen Unterhose schon feuerrot. Immer weiter musste ich – auf dem Rücken liegend – unter das Auto kriechen, um an das letzte Stück Pappschnee unter der Mitte des Autos ranzukommen, als mir plötzlich der Schreck in die Glieder fuhr. Hatte das Auto sich nicht gerade nach unten abgesenkt, dann aber im rechten Moment nochmals gestoppt? Kein Zentimeter mehr zwischen meiner Nase und dem Unterboden, gerade das Gesicht war noch frei, und nur die Fußspitzen ragten noch unter dem Auto hervor.

Ich neige normalerweise nicht zur Platzangst, aber das war ein schrecklicher Moment der Klaustrophobie. Er dauerte eine gefühlte Ewigkeit. Was, wenn der Schnee plötzlich nachgab, der das Auto noch hielt, und das Vehikel auf meine Seite rutschte und mich darunter begrub? Ich würde mit Sicherheit erfrieren, stundenlang hatte ich keinen Menschen gesehen, und es gab bestimmt außer mir niemand, der diese Straße fuhr.

Vorsichtig robbte ich mich in Sicherheit – wow, das war nochmal gutgegangen. Wie konnte ich so dumm sein? Funktionierte mein Hirn überhaupt noch richtig, oder fing ich schon an, fatale Fehler zu machen? «Ja keine Panik», dachte ich, «und außerdem, jetzt sitzt die Truppe bei der Morgenandacht am kühlen Strand, bevor der heiße Tag richtig in Fahrt kommt. Und sicher beten sie für mich, der ich in der Nacht verschwunden war. Allerdings: Georgos mit dem Vollbart hatte ich im Glauben gelassen, ich würde die vernünftige Umwegstrecke nehmen. Hmm …»

Ich stand jetzt neben dem rechten Vorderrad und rüttelte am Auto. Keine Bewegung. Drei Federn an der Radaufhängung waren stramm, eine hing schlaff in der Luft, die Stoßdämpfer voll ausgefahren. Hatten nicht Mütter schon allein ein Auto hochgewuchtet, als ihr Baby drunterlag? Ich suchte einen sicheren Stand und wuchtete mit aller Kraft – nichts. Und so fing ich an, darüber nachzudenken, ob ich das Auto aufgeben und zu Fuß zurückmarschieren sollte. An den letzten Häusern hatte ich doch auf den Tacho geblickt! Wie weit war ich von dort noch gefahren?

Ich ließ den Motor an, und die Anzeige leuchtete auf: 24,2 km war ich gefahren seit den letzten Häusern! Vier Stunden, fünf vielleicht, aber das zuerst auf Schnee und dann auf Kies oder Schotter? Und ob diese Hütten überhaupt bewohnt waren? Falls nicht, müsste ich noch etwa 30 km weiter!

Langsam begann es mir zu dämmern, dass das kein Abenteuer war, sondern Lebensgefahr. «Wenn du jetzt noch einen Fehler machst, könnte es dein letzter sein.» Versuchen, im inzwischen starken Schneesturm im Auto zu bleiben, oder den Ausbruch wagen? Aber sicher wäre ich bald eingeschneit, und ohne Bewegung im Auto würde ich noch diese Nacht erfrieren. Also nein.

Ich suchte alle warmen Sachen und zog sie in mehreren Lagen drüber. Die besten Schuhe waren meine Turnschuhe, die hatten auch die beste Sohle. Dann noch ein Wurstdöschen geöffnet und etwas Vollkornbrot gegessen und so viel Wasser getrunken, wie ich konnte. Was mitnehmen? So wenig wie möglich, aber Ausweise und Geld. Und eine große Flasche Wasser. Das musste reichen. Und das Handy, falls irgendwo Empfang wäre.

Was jetzt kam, war schlimmer als ein Alptraum. Nach zwei Stunden im Schneesturm war ich in einem Zustand, in dem ich nur noch hinsitzen und aufgeben wollte. Mit aller Willenskraft kämpfte ich dagegen an. Nur fünf Minuten hinsitzen und ausruhen? Aber ich hatte Angst, nicht mehr aufstehen zu können.

Dann erreichte ich die Schneegrenze, an der der Schotter unter den Füßen sichtbar wurde. Fast hätte ich mir den Fuß übertreten – jetzt ein Bänderriss, und es wäre wohl aus mit mir.

Seit dreißig Minuten verfolgte mich ein Luchs – diese wunderbare Riesenkatze mit den spitzen Ohren. Wie liebte ich diese Tiere und besuchte sie im Wildgehege zuhause. Meine Jungs waren begeistert, wenn sie bis zu zwei Meter hochsprangen, um das an Ästen aufgehängte Fleisch zu ergreifen. Aber hier? Jetzt kam noch ein zweiter dazu. Warum verfolgten die mich, immer neben der Straße, in etwa hundert Meter Entfernung? Warteten sie, bis das Opfer liegen blieb? Aber sie könnten mich ja auch so sehr leicht anspringen?!

Es war wohl falsch gewesen, so viel anzuziehen. Im prasselnden Regen war ich bis auf die Haut nass, und das durchnässte Zeug hing wie ein Bleisack an mir. Ich hatte pausenlos Schüttelfrost und noch mindestens zwei Stunden zu gehen. Ja nicht stolpern, dachte ich, und setzte sorgfältig jeden Fuß vor den andern.

Die folgende, für mich kaum mehr messbare Zeit erlebte ich fast wie in Trance. In diesen Stunden verlor ich die Kontrolle über mein Leben völlig. Nur noch vorwärts, fast rannte ich den Berg hinunter. Die Luchse waren noch da, aber sie hielten Abstand.

Dann sah ich die Berghütten, die sich oberhalb der Baumgrenze in eine Senke schmiegten. Und als ich sie, immer gegen die Bewusstlosigkeit kämpfend, endlich erreichte, spielte da ein Kind! Mit einem Stock trieb es einen alten Autoschlauch vor sich her. Gerettet!?

Als mich der etwa sechsjährige Junge sah, rannte er weg und verschwand. Ich rief ihm nach – keine Regung. Dann war ich an der Stelle, an der er verschwunden war. Ein einfaches langes Brett führte aufwärtsgeneigt über eine kleine Schlucht, und auf der anderen Seite war das Gehöft. Was hier für Menschen lebten? «Keine Ahnung», dachte ich, «Kaukasier eben» – irgendwie hatte ich nur eine vage Vorstellung von etwas völlig Fremdartigem.

Während ich überlegte, ob das Brett mich tragen würde, erschien das bärtige Gesicht eines Erwachsenen, misstrauisch und feindselig zuerst. Eindeutig Moslems, dachte ich noch, dann wurde mir schwarz vor den Augen. Ich kann aber nur einen Moment lang weg gewesen sein; sogleich spürte ich einen freundlichen, mitleidigen Blick auf mir, und ich wusste plötzlich – das Fremdartige, das war hier ich.

Ich kam in ein großes Zimmer, aus dem das ganze Holzhaus zu bestehen schien. Mittendrin bullerte ein Eisenofen, auf dem kleine Gläschen mit Kaffee kochend überquollen. Die Mutter des Hauses zeigte auf mich, den bibbernden Fremden, und holte Kleider ihres

Mannes, ließ ein heißes Bad ein. Ich sollte mich umziehen. Verschämt schaute ich um mich – es gab nur dieses Zimmer. Und woher konnte der Mann diese paar Brocken Deutsch? «Ich Ismael – du German?»

Die Russen haben für G und H denselben Buchstaben, deswegen heiße ich in der ganzen russischen Welt nicht Hermann, sondern German, das hört sich auch so deutsch an. «Freund, Freund, Freund», beteuerte Ismael. Und was für ein Vertrauensbeweis – mit einem Wink erlaubte er seiner Frau, die Vollverschleierung abzunehmen.

Irgendwie konnte ich erklären, dass mein Auto da droben im Gebirge war. Er verstand schließlich, was ich meinte, konnte es aber nicht glauben. Auto oben? Unmöglich. Doch dann ergriff er ein Handy – hoppla, etwa Netz? Ja, sagte er, aber nur regional – nix international.

Immerhin erreichte er die Bergwacht und meinte, ich könnte ruhig ein paar Stunden schlafen – die wollten gleich schweres Gerät mitbringen. Aber stattdessen trank ich unzählige Gläschen heißen Kaffee, bis die Mama mit dem Kopf schüttelte und sagte: «Chay». Der bittersüße Tee, der im unterkühlten Körper genauso guttat wie Kaffee, sei jetzt besser für mich.

Fast wäre die «Rescue Force» der georgischen Bergwacht vorübergefahren – mit einem Polizeifahrzeug als Eskorte und einer Art Bergungspanzer, aber mit grobstolligen Riesenreifen und einem hydraulischen Hubarm. Sehr modern und professionell sah das aus, und sie stellten sich vor. Einer machte eine Bemerkung zu seinem Gesicht – er sei ansonsten gesund, nicht ansteckend.

Ich hatte noch nie so ein furchtbar entstelltes Gesicht gesehen. Die linke Seite bestand aus einer riesigen roten Warze mit hässlichen Einlagerungen. Ich erinnerte mich an das Phantom der Oper, als die Angebetete ihm die Maske herunterreißt und sich verstört abwendet, bevor sie die Liebe wieder übermannt.

Die anderen waren auch alles gestandene Kerle, kräftig, sportlich, geübt im Klettern und voller Tatendrang. Natürlich hatte ich ein furchtbar schlechtes Gewissen, aber einen Vorwurf zu machen schien mir hier keiner. Also dachte ich, erst mal die Rettung, dann reden wir übers Geld oder die Strafe. Und los ging's den Berg hinauf.

Als wir dann oben waren, schüttelten alle fünf den Kopf und schlugen sich gegenseitig auf die Schulter. Lachten sie über mich? Gutmütig grinsten sie mich an – hatten sie mir da soeben den Vogel gezeigt? Es gibt Gesten, die sind interkulturell – oder ich hatte da gerade etwas völlig missverstanden.

Mit an den Achsen angehängten schweren Eisenketten rissen sie bis zum Durchdrehen ihrer grobstolligen Riesenreifen an meinem Gefährt, dann gaben sie es auf. Und ich hatte versucht, selbst freizukommen! Der Arm des Krans wurde ausgefahren, die Schlingen wurden angelegt, und dann hoben sie das Auto einfach nach oben, fuhren ganz langsam zurück, da der Hohlweg zu eng war für einen Schwenk.

Als sie das Fahrzeug mit der Nase bergabwärts auf die Straße gesetzt hatten, musste ich Schlüssel und Pass abgeben – einer setzte sich ans Steuer, und ich kam ins Polizeifahrzeug. Halb unten, hielten sie an für einen Imbiss. Riesige Wurstringe und Käse fuhren sie auf und alles, was das Herz begehrt. Gurken, Senf, Gewürze – keine bayrische Brotzeit konnte sich daran messen. Natürlich war ich eingeladen. Sie schienen glücklich zu sein, dass endlich was losgewesen war; ein Einsatz, bei dem sie ihre ganze Klasse zeigen konnten. Und dann dieser Schnaps – ich vermute über 60 % Alkohol. Bei dieser Kälte das Einzige, was hilft, sagten sie, aber als ich fotografieren wollte, kam ein entschiedenes «Njet». Schließlich seien sie im Dienst und müssten noch fahren. Jeder wisse zwar, dass sie das trinken, aber auf einem Foto? Njet.

Den Papierkrieg erledigten wir im Zimmer von Ismael. Ich hatte noch gebettelt, ob sie mich mit ihrem Material nicht samt Auto über den Berg bringen könnten, aber das lehnten sie entschieden ab. Ich wusste, was das bedeutete: Erst mal sechs Stunden zurück an den Ausgangspunkt am frühen Morgen und dann in anderer Richtung weiter auf der Hauptstraße mit vielen Stunden Fahrt auf der großen Schleife zur ausgebauten Passstraße. Und trotzdem wollte ich es versuchen, die ganze Nacht hindurch nonstop bis nach Eriwan durchzufahren.

Sie eskortierten mich noch ins Tal – «Strafe?», fragte ich. «Bezahlen?» Warum, meinten sie, dafür seien sie da. Nur die Papiere müssten sein, um ihren Einsatz nachzuweisen. Nie wieder habe ich etwas davon gehört.

Bleibt zu berichten, wie der Abschied von Ismael verlief. So fremdartig diese Familie für mich war, sie strahlte Natürlichkeit und Menschlichkeit aus, sogar Herzlichkeit. «Warum bist du hier, wo niemand hinkommt?» Ich sah meine Chance zu erklären, dass ich Jesus liebe. Ismael schüttelte entschieden den Kopf. Dann traf er eine Entscheidung: «Ismael Muselmann – German Christ.» Er hielt mir die Hand entgegen, und ich schlug ein.

Gerne hätte ich meine Dankbarkeit noch mehr gezeigt. Mir war klar, dass wir uns nach menschlichem Ermessen nicht wiedersehen würden. Sollte ich noch mehr in ihn dringen? Es wäre nicht angemessen gewesen, und ich spürte einen seltsamen Frieden, es bei dem zu belassen, was ich schon gesagt hatte.

Auf der langen Weiterfahrt dachte ich darüber nach, wie Gott die an mir erfolgte Wohltat wohl belohnen würde. Sie hatten mir weit mehr gegeben als einen Becher Wasser. Gott würde schon einen Weg finden, es ihnen reich zu vergelten.

31

Du sollst nicht

Reisen im Dreieck Georgien, Aserbaidschan und Armenien war nicht so einfach, da das erdölreiche und islamisch geprägte Aserbaidschan wegen der traditionell christlichen Enklave Berg-Karabach im erklärten Kriegszustand mit Armenien lag und alle direkten Übergänge geschlossen waren. Tatsächlich benötigte man zwei verschiedene Reisepässe, weil Visastempel des jeweils anderen Landes die Einreise auch über Georgien unmöglich machten.

Endlich war ich auf der Hauptstraße Tiflis-Eriwan und hatte mehr als 24 Stunden Fahrt und Kampf in den Knochen. Die Bruchlandung am Morgen desselben Tages, als ich beim Überqueren eines Passes mit Wintersperre zurückfahren musste, bedeutete einen Umweg durch ganz Nordgeorgien. Die riskanten Überholmanöver waren aufgrund der langsam zum Grenzpass hochkriechenden LKW-Schlangen unvermeidlich. Natürlich versuchte ich es mit Vernunft und Augenmaß. Und so erreichte ich kurz vor Mitternacht gerade noch die georgische Grenze mit fast 15 Stunden Rückstand gegenüber meinem Zeitplan.

Das in Armeniens Hauptstadt Eriwan gebuchte Hotel konnte ich nicht vor 9 Uhr morgens erreichen, und das auch nur, wenn ich trotz völliger Übermüdung durchfuhr. Die Indianer, so hatte ich gehört, können beim Reiten schlafen: abwechselnd mit dem rechten und dem linken Auge. Bei mir klappte das nicht.

So kämpfte ich gegen den Sekundenschlaf und gegen die Schlaglöcher, in denen ein PKW-Rad komplett verschwinden konnte. Die Kulisse aber war grandios. Stundenlang hatte ich bei ständigem Bergab das schneegekrönte Massiv des Ararat vor mir, das im taghellen Licht des Vollmonds beinahe überirdisch wirkte. Hier sollte die Arche Noah gelandet sein? Ich war wohl in einem fast unwirklichen Zustand des Wachtraums. Aber da ich ganz allein war, musste ich fahren und fahren – und meine Gedanken machten sich selbständig.

Hinter diesem Bergmassiv also lagen der Irak und der Iran, die damals in einem gnadenlosen Vernichtungskrieg steckten. Vom völkerrechtswidrigen Einsatz von Bio- und Chemiewaffen war die Rede, furchtbare Bilder gingen um die Welt. Die waffenstarrenden Arsenale mit atombombenbestückten Lenkwaffen standen bei den Supermächten unter Alarm-Beobachtung. Schaudernd dachte ich darüber nach, dass der menschliche Geist es so weit gebracht hatte, dass wir mühelos die komplette Menschheit auslöschen konnten.

Und Gott sah an alles, was er gemacht hatte, und es war sehr gut. Warum dieses Wort vom Ende des Schöpfungsberichts gerade jetzt in meinem Denken aufflackerte, weiß ich nicht, aber durch den damit verbundenen Adrenalinstoß fühlte ich mich plötzlich hellwach.

Hatte Gott nicht schon im Paradies angedeutet, dass der Mensch bei weitem nicht alles tun darf, was er kann?

«Du sollst nicht!» War das nicht die allererste Lektion, die Gott seinen Geschöpfen mitgab, schon vor dem Sündenfall? Da war dieser eine Baum, von dessen Früchten sie nicht essen sollten, obwohl sie verlockend waren und nur einen Griff weit entfernt.

Hatte Gott nicht darauf hingewiesen, dass die Folge einer Überschreitung der von ihm gesetzten Grenzen den Tod bedingt? Und eine brutale Trennung von der Quelle unseres Lebens? Adam – wo bist du?

Du sollst nicht.

Heute wissen wir, dass Gott recht hatte, dass der Mensch bei weitem nicht alles tun darf, was er möchte und kann, ohne sich selbst und alles Leben zu zerstören. Wir haben gelernt, Gene zu manipulieren. Jennifer Doudna und Emmanuelle Charpentier haben unabhängig voneinander und fast zeitgleich die Genschere CRISPR gefunden, mit der man in einem vergleichsweise einfachen und kostengünstigen Prozess das Grundmolekül menschlichen Lebens zerschneiden und verändert wieder zusammensetzen kann. Der Chinese He Jiankui hat dann zwei Jahre später den Eingriff in die Keimbahn von menschlichen Embryonen vollzogen.

Ja, wir können das. Aber was passiert, wenn wir es auch tun? Überfahren nicht auch wir das göttliche «Du sollst nicht» wie eine rote Ampel und hoffen, dass es nicht gleich kracht?

Wenn wir doch begreifen würden, dass die Gebote des Schöpfers wie hilfreiche Leitplanken sind, die uns persönlich, aber auch die Menschheit als Ganzes vor dem Verderben bewahren können.

Mitten in diesen Gedanken dann eine Vollbremsung. Auf der Straße lagen einzelne Kühe, die sich keiner Gefahr bewusst waren. Sind wir genauso blöde?, schoss es mir durch den Kopf. Das, was ich gerade gedacht hatte, war das ein Traum oder Wirklichkeit? Obwohl ich keinen Tropfen Alkohol getrunken hatte, brummte mein Schädel wie nach einer durchzechten Nacht. Ich wollte nur noch das Hotel finden und hatte keine Lust mehr auf die im Ostblock so beliebten Witze von Radio Eriwan.

Kopfschütteln an der Hotelrezeption, als ich kurz vor Mittag ein-
checkte, mit Verweis auf meine Buchung für die letzte Nacht. Aber
tatsächlich, «Checkout ist bis 15 Uhr möglich, Sie können folglich
noch auf Ihr Zimmer!»

Es war, soweit ich mich erinnere, das einzige Mal, dass ich unter
der laufenden Dusche eingeschlafen bin.

32
Sunrise

Auch wenn es absurd klingt: Asiatische Industrienationen ziehen Kraft aus der Vorstellung, dass bei ihnen der Tag früher beginnt. Während wir Europäer und erst recht die Amerikaner noch schlafen, haben sie die besten Geschäfte schon gemacht. Im Osten geht die Sonne auf – und im Westen geht sie unter. Manche verstehen dies sinnbildlich und erwarten, im neuen Jahrtausend die Weltwirtschaft dominieren zu können.

Das unerschütterliche Vertrauen in die eigene Überlegenheit findet sich nicht nur im elitären Denken der Samurai, sondern auch in ganz einfachen Überlegungen japanischer Wirtschaftsphilosophen. Bereits anfangs des 20. Jahrhunderts formulierten sie, dass man nicht das Wohl des einzelnen Arbeiters in den Vordergrund stellen und gleichzeitig weltweite Dominanz in der Wirtschaft anstreben könne. Eine hohe Leistungsbereitschaft sei erforderlich, die teilweise auch in eine gewisse Leidensbereitschaft übergeht – aber das war ein Preis, den man bereit war zu zahlen.

Heute sind Länder wie Südkorea oder Vietnam auf dem Vormarsch, vor allem aber das moderne China, das in alle Nischen der industriellen Produktion eindringt. Zukunftstechnologien wie Robotik, komplexe Software und künstliche Intelligenz sind da nicht ausgenommen, und teilweise ist man auch sehr geschickt bei der Erschließung von Partnerschaften, mit denen man die Märkte u. a. in Europa öffnen will.

Schon vor der Jahrtausendwende bewegte ich mich viel in Asien, um für meine Klienten die passenden Allianzen zu schmieden. Ich erinnere mich an eine Industriemesse in der südchinesischen Riesenmetropole Guangzhou (Kanton). Am frühen Morgen schon war ich schweißgebadet, als ich das gigantische Messegelände erreichte. Es war unerträglich heiß und schwül, und als Geschäftsmann war ich in Anzug und Krawatte gezwängt – am besten dunkelblau mit weißem Hemd. Und während Abertausende von Besuchern in perfekt organisierten Strömen in Richtung Registration und Eingang geschleust wurden, geriet ich auf die Überholspur:

Obwohl nicht angemeldet oder akkreditiert, brachte mich mein westliches Aussehen sofort an den VIP-Eingang, und es ging alles überraschend schnell. Der Pass wurde gescreent, Name und Firma wurden nachgeschlagen. Dann bekam ich zu meiner Überraschung eine nur auf dieser Messe gültige Prepaid-Kreditkarte, aufgeladen mit 1000 Dollar, die ich sofort und ohne jede Verpflichtung ausgeben konnte. Man habe kurz meine Vita studiert und sei zu dem Schluss gekommen, dass es der chinesischen Gesellschaft 1000 Dollar wert sein sollte, mich zum Freund zu gewinnen.

Während es hier auf dieser Messe um langfristige Geschäftsanbahnungen ging, war meine nächste Station mit einem konkreten Projekt verbunden. Es ging um die Kooperation eines europäischen Klienten mit einem chinesischen Staatskonzern. Dieser war interessiert, die High-End-Lösungen aus Europa in Asien vertreiben zu dürfen, und bot im Gegenzug seine in großen Mengen produzierte mittlere Qualität dem europäischen Partner zum Vertrieb an.

Für dieses Meeting flog ich in den Norden des Landes und wurde dort wie ein Staatsgast empfangen.

Zunächst aber musste ich ein Problem lösen, das bei offiziellen Besuchen in China dazugehört, nämlich die richtige Einschätzung für ein angemessenes Gastgeschenk. Dabei durfte man keinen Fehler machen. Wer wusste damals schon, dass in China «4» eine Unglückszahl ist und man alles schenken konnte außer vier Stück von irgendwas, weil man damit seinem Gastgeber den Tod wünscht? Und dann geht es um die richtige Einschätzung des Wertes, man beziffert damit sozusagen das Maß der Wertschätzung für sein Gegenüber. Ist das mitgebrachte Geschenk zu klein, grenzt das je nach Selbstverständnis des Gastgebers an Beleidigung; ist es zu groß, beleidigt man ihn ebenfalls, da er ja durch die Etikette gezwungen ist, mindestens ebenbürtig zurück zu schenken, und wie peinlich ist es für ihn, wenn das von ihm vorbereitete Geschenk zu klein ist.

Das nun besuchte Unternehmen befand sich in der Hauptstadt der Inneren Mongolei, die seit 1947 als autonome Republik zu China gehört. Wegen ihrer Geschichte besitzt sie besondere Privilegien im Blick auf die Wirtschaftsförderung. Hier soll die Wirtschaft besonders blühen, auch durch Kooperationen mit europäischen Partnern. Deshalb wurde mein Projekt von offiziellen Stellen wohlwollend begleitet.

In einem edlen Hotel einquartiert, konnte ich mich nach der anstrengenden Anreise am Nachmittag noch etwas erholen. Für den Abend war ich zu einem Dinner geladen, auf das ich mich mangels Erfahrung nur unzureichend vorbereiten konnte. Ich reiste diesmal ganz allein – und war dann an einem runden Tisch mit 16 Plätzen allem ausgesetzt, womit man einem Ehrengast am Vortag der Verhandlungen aufwarten will:

Wie von chinesischen Restaurants bekannt, drehte sich das Essen auf einer großen Scheibe. Zunächst aber gab es zu trinken, und zwar reichlich.

Zu meiner Linken saß der Präsident des Staatsunternehmens, auf der anderen Seite zum Glück die Übersetzerin, die mir immer wieder hilfreiche Verhaltensregeln zuraunte – und bereits die erste hatte es in sich. Neben jedem Teller standen zwei Gläser, ein größeres hochstieliges Weinglas mit Rotwein und daneben ein nicht zu kleines Schnapsglas, in das ein hochprozentiges Konzentrat eingefüllt war, von dem einem die Zunge brannte. Bevor etwas Essbares gereicht wurde, stand mein Gastgeber auf – «Aufstehen!», flüsterte mir die Schöne ins Ohr –, dann folgten salbungsvolle Worte und der Präsident erhob sein Glas – zuerst das eine, dann das andere – und leerte beide nacheinander in einem Zug.

Etwas verdutzt tat ich es ihm nach und hatte Mühe, mich nicht an dem Hochprozentigen zu verschlucken. Weil ein kleiner Rest im Glas blieb, gellte es panisch in meinem rechten Ohr: «Austrinken! Austrinken!» Alles andere wäre wohl ein Affront gewesen.

Dankbar wollte ich mich hinsetzen, während sofort beide Gläser wieder randvoll nachgeschenkt wurden. Schnell verstand ich, dass jetzt *ich* dran war, und ich bedankte mich wortreich und trank meine nächsten beiden Gläser mit dem Chef, der geschmeichelt lächelte und natürlich mit mir auf ex trank.

Doch dann nahm der Abend Fahrt auf. Nach einem winzigen Snack stand der Vorsitzende der Partei auf der gegenüberliegenden Seite des Tisches von seinem Platz auf, überbrachte die Grüße der Regierung und erhob mit mir seine Gläser. Dann der Bürgermeister, der Vertriebsleiter, der Marketingchef, der Finanzchef – und ich war der Einzige, der jedes Mal mittrank.

Nach dem sechsten Willkommenstoast bereute ich, nachmittags nicht noch etwas Fettes gegessen zu haben, und überlegte, wie das bei zehn weiteren Runden enden musste. Zum Glück konnte ich mich noch einigermaßen konzentrieren, suchte aber verzweifelt nach einem eleganten Ausweg. Könnte ich darauf verweisen, dass ich die ganze Nacht im Flugzeug gewesen war? Oder vielleicht stark erkältet? Oder sonstwie unpässlich? Oder vielleicht doch nicht ganz austrinken? Aber das war unmöglich. «Austrinken, austrinken», dröhnte es in meinem rechten Ohr, «sonst verliert der, der gerade mit mir trinkt, sein Gesicht.» Und gnadenlos füllten die Ober bei mir immer wieder bis zum obersten Rand.

Fast intuitiv fand ich die Lösung. Ab dem nächsten Toast bezog ich beim Trinken meinen leutseligen Nachbarn mit ein, der ja seine Gastgeberrolle sehr ernst nahm. Indem ich das Glas jeweils auch in seine Richtung schwenkte, zwang ich ihn praktisch, jeweils mit anzustoßen. Lange hielt er das nicht durch, und als er sich erhob und fast fluchtartig den anderen noch einen schönen Abend wünschte, war der Spuk vorbei. Alle anderen erhoben sich auch, und das noch vor dem Essen, und ich erhielt die augenzwinkernde Erklärung von Miss Li, dass ich jetzt direkt zum Aufzug und ins Bett könne, weil alle anderen sofort auch gehen würden, wenn der Chef erst mal weg ist.

Der Qualität der Gespräche am nächsten Tag tat dies keinen Abbruch. Man führte mich in den Palast des Generaldirektors, und ich genoss einen mehrstündigen Filmvortrag über die Vorzüge des Konzerns. Außer mir und einigen Abteilungsleitern gab es noch ein Filmteam, zu dessen Arbeit ich natürlich mein Einverständnis unterschreiben musste, dass alle Aufzeichnungen frei verwendbar sind

– auch in der PR-Arbeit des Konzerns, der Partei und fürs Fernsehen. Und ständig wurde ich von vier Seiten gefilmt. Dies setzte sich während der mehrstündigen Betriebsführung fort. Und diesmal gab es tatsächlich etwas zu essen.

Mit großen Erwartungen für einen baldigen Abschluss wurde ich verabschiedet – zum Glück, denn in diesem Teil der Welt wird nie gesagt: «Wir wollen nicht.» Die Floskel: «Wir müssen nochmals darüber nachdenken», ist die klarste Form der Ablehnung, die man sich einhandeln kann. Und so genoss ich einfach den Abend, für den die Übersetzerin zu einer Tour in der Stadt mit mir abgestellt war.

Unvergessen die folgenden drei Tage, an denen ich frei war für einen touristischen Teil, bevor die internationale Messe von Bejing begann. Ich wählte die berühmte Flusstour von Guilin entlang einer Mondlandschaft mit fast außerirdisch anmutenden Felsnadeln aus Jade. Gekrönt wurde der Nachmittag von einer Individualtour in die ländlichen Dörfer, wo Kormorane zum Fischfang abgerichtet werden, indem man ihnen den Hals zubindet, sie in die Luft wirft und ihnen beim Tauchen zuschaut. Weil sie kaum Luft kriegen, kommen sie zurück, und man klaut ihnen den Fisch, den sie nicht schlucken können. Bis auf den letzten übrigens, denn dürften sie den nicht fressen, sie würden wohl früher oder später in den Streik treten …

Tierquälerei oder eine historische Methode des Fischfangs einheimischer Bauern? Auf Flößen wurden wir über Stromschnellen gerudert hin zu den Wasserbüffeln und Wasservögeln, Letztere wurden mit Pfeil und Bogen gejagt. Das Bizarrste aber waren die Spiegel über der Tür fast aller alten Bauernhäuser, an denen wir in ländlichen Dörfern entlanggeführt wurden. Was die denn bedeuten, fragte ich unseren Guide. Fast verlegen erklärte er mir die Geschichte:

Die Landbevölkerung hat ja viele Götter, die in gute und schlechte eingeteilt sind. Der Schlimmste von allen löst extreme Angst aus, da er Dämonen und letztlich den Tod mit sich bringt. Und gegen den gibt es nur einen Schutz, nämlich diesen Spiegel. Ich fragte weiter, wie genau das funktioniert. Und schließlich erfahre ich die ganze Wahrheit: Dieser Gott habe ein extrem hässliches Gesicht. Wenn er sich im Spiegel sieht, dreht er um und flieht vor sich selbst …

Die holprige Rückfahrt in einem Kleinbus ist weit weniger bequem als das stundenlange Dahingleiten auf dem Fluss am Morgen.
Warum, so frage ich mich, muss in vielen Religionen – auch bei uns –
die Angst so eine dominante Rolle spielen? Und gleichzeitig: Wie
wunderbar ist dieses Land – im Reichtum seiner Gegensätze, in der
Begegnung mit einzelnen Menschen, die zwar aus unserer Sicht oft
undurchschaubar wirken und doch bei näherem Kennenlernen so
liebenswert sind!

Wieder einmal habe ich in der Ferne ein Stück Heimat schätzen
gelernt. Auf die Dauer würde ich hier aber weder das Klima noch
den Lebensrhythmus aushalten. Und doch bin ich so voller Dankbarkeit dafür, dass ich das alles erleben darf. Ich kann auch die Andersartigkeit in vollen Zügen genießen. Wie schön das Leben doch
ist!

33
Das Genie

Wenn man einem Menschen mit herausragender Intelligenz begegnet, ist dies nicht immer auf den ersten Blick sichtbar. Dieser taiwa-
nesische Geschäftsmann mit seinem jungenhaften Gesicht war
schwer einzuschätzen, oft schaute er in die Luft, und man sah förm-
lich, wie es in seinem Kopf arbeitete. Vieles, was er beobachtete,
löste eine Notiz auf seinem kleinen Block aus, den er samt Bleistift
in der Innentasche seines Blazers trug. Ansonsten sah man ihn eher
im T-Shirt oder Rollkragenpullover, fast nie mit Krawatte. Und während viele Asiaten im Geschäftsleben eher mit Pokerface herumlau-
fen, zeigte er ein freundliches, fast schelmenhaftes Lächeln.

Was mich im Blick auf diesen wunderbaren Menschen bewegt,
geht mir wirklich ans Herz – aus einer kleinen Geschäftspartner-
schaft hat sich eine respektvolle Freundschaft entwickelt.

Zuerst hatte ich ihn auf der Frühjahrsmesse in Hannover getroffen – schon vor der Jahrtausendwende. Als Standnachbar hatte er

sich für meine Spannwerkzeuge interessiert und war dann für einen Tag «nach Wolfsburg gefahren». Die Visitenkarte, die er mir am nächsten Tag zeigte, stammte vom Vorstandsvorsitzenden des VW-Konzerns. Er hatte dort eines seiner über tausend Patente angeboten und war auf großes Interesse gestoßen. Im Jahr darauf begleitete ich ihn freundschaftshalber zu Audi nach Ingolstadt, zu Daimler, zu BMW, zu Linde und zu Bosch – und überall wurden wir mit goldenem Teppich empfangen.

Was im Kopf dieses taiwanesischen Erfinders vorging, war außergewöhnlich und überragend. Und irgendwie hatte er mich ins Herz geschlossen. Einmal unterbrach er eine Reise in die USA extra in Europa, nur um mit mir Abendessen gehen zu können. Sein Englisch war so miserabel, dass wir immer einen Dolmetscher brauchten, einen seit vielen Jahren in Wetzlar lebenden Landsmann meines Freundes mit freundlichem Wesen und tadellosem Deutsch. Das Essen selbst war Nebensache, zwischen Tellern und Besteck entstanden Ideenskizzen, die sage und schreibe bis zu sechzig Seiten füllten an einem Abend. Er konnte die geografischen Grenzen jedes europäischen Landes in Sekunden exakt skizzieren und schrieb die wichtigsten Wirtschaftskennzahlen daneben. Kein Fachgebiet, das er nicht beherrschte: ein Marslandekonzept für die NASA, eine in drei Minuten ladbare Batterie für Elektroautos, neue Features für Smartphones und Konzepte für Transport und Speicherung grüner Energie. Der sich selbst öffnende Regenschirm war seine Erfindung, die Solarlampe für den Garten, die jahrelang üblichen Bremsleuchten in der hinteren Scheibe von Fahrzeugen.

Jede Beobachtung im Alltag löst bei ihm eine Kette von Ideen aus. Wie kann man die schreienden Babys in Flüchtlingslagern stillen, deren Mütter umgekommen sind? Er skizziert sogleich einen Gürtel mit körperwarmer Muttermilch, den sich auch Männer umschnallen können, um in Regionen des Völkermords den alleingebliebenen Babys Geborgenheit und Körperwärme zu vermitteln ...

«Ob Europa überflutet werden wird mit Billigprodukten aus Asien?», frage ich ihn. «Wo hat Europa als Produktionsstandort noch eine Chance?» – «Bei Filmkameras und Fernsehtechnik ist der Zug abgefahren», meint er, «aber keine Angst, wir müssen Europas Industrie leben lassen, wenn wir auch zukünftig kaufkräftige Kunden für unsere Produkte haben wollen.»

Manchmal geht das Gespräch über den technischen Horizont hinaus. Er weiß, wie viele Tage er nach statistischer Lebenserwartung noch zu leben hat. Und an jedem Tag bleiben ihm morgens zwei Stunden, um zu denken, dann zehn Stunden, um zu arbeiten, anschließend nochmals zwei Stunden zum Denken. Wie viele Patente er da noch anmelden kann? «Mindestens 200 im Jahr», meint er, «man muss die Universitäten der Welt einbinden, um Ideen zu serienreifen Produkten umzusetzen.»

Da er so genau vorrechnet, wie viele Tage er wohl noch zu leben hat, stelle ich die Frage: «Und was kommt nach dem Tod?» Zum ersten Mal kommt nicht gleich eine Antwort. Dann offenbart er seine Weltsicht: «Moderne Menschen erschließen das Leben durch Erkenntnis – andere über den Glauben. Mir bleibt keine Zeit, mich mit Übernatürlichem zu befassen.»

Wie gerne würde ich ihm etwas vermitteln von der Wärme und der Strahlkraft eines Lebens, welches das rein materialistische Verständnis der Wirklichkeit überwunden hat. Aber wie kriege ich ihn? Sicher nur über den Intellekt. Deshalb frage ich ihn: «Glaubst du, dass es einen größeren Erfinder gibt als dich? Und gibt es etwas, das du gerne noch erfinden würdest?»

Die Antwort kommt wie aus der Pistole geschossen: «Einen Hammer ohne jeden Rückschlag, Schrauben ohne Gewinde, die man nur stecken und dann anziehen kann, eine Vorrichtung zum ‹Absaugen› von Schall und ein Festkörpermaterial, das schwebt, weil es leichter ist als Luft …»

«Weißt du», sagt er mit seiner ganzen Leidenschaft, «die Größe eines Forschers erkennt man an dem, was er tatsächlich geleistet hat.» Er ist in die Falle gegangen. «Wer ist der Größte?», frage ich ihn. «Was hättest du gerne erfunden von allem, was existiert?»

Seine Augen leuchten und flackern. Dann schüttelt er resigniert den Kopf. «Ich weiß nicht. Hast du einen Vorschlag?»

«Die DNA», meine ich, «das Grundmolekül des menschlichen Lebens. In ihm ist der perfekte Bauplan eines zukünftigen Menschen gespeichert; in einem Faden, der so dünn ist, dass er bei einer Vergrößerung auf 1 mm Durchmesser so lang wäre, dass er siebzig Mal um die Welt reichen würde.»

Er nickt anerkennend mit dem Kopf. Und dann macht er die Bewegung, mit der Asiaten sich vor etwas verneigen. «Du hast mir eine kluge Antwort gegeben. Dafür braucht es einen größeren Geist als mich.»

«Ich kenne den Erfinder», sage ich, «und ich möchte euch beide so gerne zusammenbringen.»

Jetzt dämmert es ihm, wen ich meine. Traurig schüttelt er den Kopf. Es gäbe vier Gaben, die ein Mensch haben könne: Intelligenz, Emotion, Wille und Glaube. Er habe fast nur Intelligenz abgekriegt – beim Glauben sei er völlig leer ausgegangen.

Ich muss mich fürs Erste aufs Beten beschränken. Mein Herr, bete ich, der du die Sonne auf- und untergehen lässt über dem ganzen Erdkreis, der du regnen lässt über Gerechte und Ungerechte, Junge und Alte, Gesunde und Kranke, Dumme und Hyperintelligente – lass doch einen Strahl deines Lichts in das Herz dieses Mannes fallen, den ich so mag und der mir so viel Gutes getan hat.

34
Friends

Südkorea und Japan, zwei Giganten der industriellen Entwicklung, stehen in vollem Wettbewerb zueinander. Während Japan schon in den 70er Jahren ganze Märkte wie die Foto- und Unterhaltungsindustrie dominierte, blies Südkorea etwa zwanzig Jahre später zur Aufholjagd.

In meiner beruflichen Branche, der Werkzeugmaschinentechnik, stehen Südkorea und Japan heute gemeinsam mit den Europäern im Gleichschritt an der Spitze – kein Wunder, dass ich regelmäßig für geschäftliche Verhandlungen in diesen Ländern bin. Aber natürlich kann ich es nicht lassen, auch die Chance zur Begegnung mit denen zu suchen, die mich als Lehrer in den Akademien für junge Führungskräfte kennen gelernt hatten. Dieses inzwischen weltumspannende Netzwerk möchte ich kurz erklären, da manche meiner Reisebegegnungen einen Bezug dazu haben. So informierte ich beim Landeanflug auf Seouls internationalen Flughafen INCHEON ein paar dieser Leute über meine Ankunft, und sie organisierten sofort für den nächsten Abend ein Treffen, zu dem die Alumni (Hochschul-Absolventen) aus verschiedenen Jahrgängen aus dem ganzen Land zusammenkamen.

Mein Freundeskreis umfasste schon immer Menschen aus meinem beruflichen Umfeld, aber auch solche, die mir in anderen Lebensbereichen begegneten – zum Beispiel im Sport. Auf meinen internationalen Reisen fand ich Gleichgesinnte, die sich nicht tatenlos damit abfinden wollten, dass Armut, Krankheiten, Korruption und Machtmissbrauch in vielen Regionen als unausweichlich gelten. Was machen wir aus unserer privilegierten Existenz, in einem Land aufgewachsen zu sein, das uns unter anderem Bildung ermöglichte, aber auch alle Freiheiten gibt, unser Leben zu gestalten? Und was können wir tun, um das Elend der Unterdrückten zu lindern?

Auch wenn sich die Regierungen mit Entwicklungshilfe und Hilfsprogrammen befassen, versickert doch vieles in der Bürokratie oder der Korruption. Man kann viel Geld überweisen und gleichsam jeden Tag neu viele Fische liefern zur Ernährung der Hungernden, aber wäre es nicht sinnvoller, sie mit Angeln zu versorgen, damit sie sich auf die Dauer selbst helfen können?

Aus diesen Gedanken entstand der Ansatz, an einigen Brennpunkten der Welt Akademien für zukünftige Führungskräfte aufzubauen, begabten jungen Leuten das beste Handwerkszeug zu geben, um dann in ihren Ländern an Schlüsselstellen der Gesellschaft ein Umdenken einzuleiten. Nur mit starken ethischen Grundwerten werden Menschen resistent gegen Korruption – oder auch gegen Machtmissbrauch, sobald sie Einfluss gewonnen haben. Solche Grundwerte finden wir in der Bibel, und es hat sich gezeigt, dass diese notwendige Prägung zukünftiger Führungskräfte besonders dann nachhaltig ist, wenn ihr Vertrauen auf Gott durch persönlichen Glauben geprägt ist. Die gefundenen Prinzipien lassen sich auch dort anwenden, wo man christliche Werte als Quelle der Lebensweisheit gar nicht erwähnen darf, wie zum Beispiel in autoritären Staaten oder solchen mit anderer Religion.

Wie rekrutieren wir die Studenten aus über hundert Ländern? Eine wichtige Rolle spielt hier der Sport, weil er wie eine Weltsprache wirkt und global verstanden wird. Als ehemalig aktiver Sportler war es für mich eine natürliche Sache, Gleichgesinnte in allen Kontinenten zu suchen und zu finden und über Kulturgrenzen hinweg Brücken zu bauen zwischen Menschen, die einen barmherzigen Blick auf die teilweise bös geschundene Menschheit haben.

Für mich ist das wie eine Berufung geworden, auf meinen Reisen in über 150 Länder auch immer ein Botschafter der Zuversicht zu sein, ohne die Augen vor der Realität zu verschließen. Dazu musste ich auch immer hinter die Kulissen schauen, die jedes Land zur Selbstdarstellung für die Medien aufbaut.

Über 100.000 junge Menschen sind weltweit bereits durch diese Akademien gegangen, und so kann ich fast in kein Land mehr reisen, ohne dass mich einige meiner Studenten herzlich empfangen.

So auch 2005 auf der erwähnten Geschäftsreise, die recht spontan und kurzfristig geplant war.

Samstag ins Flugzeug – über Nacht nach Seoul, Montag in Korea und Dienstag in Japan. Eine typische Blitztour, doch selbst dann blieb Raum, eine Gruppe koreanischer Sportler zu treffen, die in verschiedenen Jahrgängen durch eine der Akademien gegangen waren.

Was mir nicht so klar war: dass es in der Riesenstadt Seoul eine Halbtagesreise ist, wenn man mit öffentlichen Verkehrsmitteln vom Messekomplex KINTEX zu einem Treffen in die Stadt fährt. Erst mal zwei Stunden mit dem Shuttlebus zurück zum Flughafen, dann weiter durch den Verkehr in die Innenstadt. Doch es hatte sich gelohnt – wir erlebten, wie herzlich Koreaner sein können; selbst mein italienischer Geschäftskollege, der einfach mitkam, wurde problemlos in ihrer Mitte aufgenommen.

Koreanisches Essen war wie immer ein Erlebnis – vielseitig und schmackhaft, ein reines Vergnügen, wenn man sich nicht an den Stäbchen die Finger bricht. Und dann wollten sie, dass ich noch etwas sage, am besten, so war es ihr Wunsch, einen Zuspruch aus der Bibel. Was konnte ich ihnen mitgeben in der kurzen Zeit?

Ich wählte einen Bibelvers aus 2. Chronik 16,9: «Die Augen des Herrn gleiten über die Erde, um diejenigen zu stärken, deren Herzen ihm mit ganzer Hingabe verbunden sind.» Im Englischen heißt es: «The eyes of the Lord range throughout the earth» – das hört sich an wie beim Radar im Flughafentower. Wo leuchten die Pünktchen auf derer, die ihm mit ganzem Herzen verbunden sind? Und was heißt das: mit ganzem Herzen? Haben wir nicht tausend andere Dinge im Kopf, die uns wichtiger sind?

Beeindruckt hingen die Studenten an meinen Lippen. Hat nicht Coca-Cola es fast geschafft, dass jeder Mensch auf diesem Planeten schon mal einen Schluck gekostet hat? Immer wenn ich auf meinen Reisen dachte, ich sei am Ende der Zivilisation, stand da ein Coca-Cola-Schild. Wie konnte es dann sein, dass 2000 Jahre, nachdem Jesus Christus an diesem Kreuz auf Golgatha gestorben war zu unserer Erlösung, es immer noch so viele Menschen gibt, die nichts davon gehört haben? War das nicht unser gemeinsames Ziel, daran etwas zu ändern? Dass jeder Mensch, der über diese Erde geht, mindestens einmal in seinem Leben die Chance bekommt, einen Schluck des köstlichen Wassers des Lebens zu genießen, das nach Johannes 7,38 «in Strömen von uns fließen» müsste?

Ich sah das Feuer in ihren dunklen Augen, die Freude und Begeisterung, aber auch die Sorge um die vielen in ihrem emsigen Volk, die das Lebenswasser noch nicht annehmen konnten, die noch nicht auf den Geschmack gekommen waren. Entstand nicht dort, wo dies geschah, immer ein Umdenken zu einem Verhalten, das ein positives Miteinander auslöst? Man brauchte hier ein starkes Team, das auch dicke Bretter bohren konnte, wie zum Beispiel gegen die Irreführung der Teenager-Generation durch Darknet und Second Life.

Wir ermutigten uns gegenseitig und gingen nach mehreren Stunden tief beeindruckt und gesegnet nach Hause. Das heißt, wir versuchten es jedenfalls. In unserer Richtung war der letzte Bus schon abgefahren – auch eine passende U-Bahn war schwer zu finden. Zweieinhalb Stunden kreuzten mein italienischer Begleiter und ich unter der Erde der südkoreanischen Metropole herum, bis wir nach mehrmaligem Umsteigen und einem langen Fußmarsch ins Hotel zurückfanden.

Am nächsten Tag erreichten wir Hiroshima, wo wir mit einer kurzen Nachtpause fast dreißig Stunden verhandelten. Das Industrieanwesen unseres Partners lag im nach dem Atombombenabwurf wieder aufgebauten Gewerbepark – ein Weltunternehmen, das auch in Europa sehr bekannt ist. Ob die Menschheit daraus lernen wird, dass sie durchaus das Potenzial hat, sich komplett selbst auszulöschen? Hat Albert Einstein recht, wenn er sagt: «Das eigentliche Problem ist nicht die Atombombe, sondern das menschliche Herz»?

«Thank you for your love» lautete die SMS aus Südkorea, die auf meinem Handy kurz vor dem Abflug aus Japan aufblitzte. «Danke für deine Liebe. Wir wissen, dass es ein langer Weg war von der Messe in die Innenstadt von Seoul und dass ihr euch fast die ganze Nacht um die Ohren geschlagen habt ...» Sie hatten es also gespürt, wie wichtig es mir war, sie zu sehen, mit ihnen zusammen zu essen.

Auch mein Begleiter aus Italien zeigte sich tief berührt. Er kannte mich nur als Berater seines Unternehmens und hatte keine Ahnung von meinem «Doppelleben» zwischen Berufung und Beruf. «Wie haben Sie diese Menschen nur gefunden», fragte er mich, «mitten in diesem Millionenvolk? Den mit dem schwarzen Gürtel im Judo, die Handballnationalspielerin, die Olympiateilnehmer im Fechten, den Klinikarzt, die Tochter des legendären Trainers, der mit Bum-Kun Cha den ersten koreanischen Fußballprofi nach Deutschland gebracht hatte? Und diese Worte der Ermutigung, die Sie da aus der Bibel zitiert haben, gelten die für jeden? Oder nur für die, die dazugehören? Diese Leute aus einer Kultur, die auf uns so kalt und unnahbar wirkt – wie können die so auftauen und so herzlich sein?»

Ich spürte eine gewisse Sehnsucht hinter dieser Frage. Wie war das in Schillers Bürgschaft, wo der Despot am Schluss deklamiert: «Ich sei, gewährt mir die Bitte, in eurem Bunde der Dritte»?

131

Auch für mich ist es ein überwältigendes Empfinden, in fast jedem Land der Erde solche Freunde zu haben. Viele sind inzwischen zu Pfeilern geworden in ihrer Gesellschaft, weil ihnen ihr Glaube eine neue Sicht auf die Welt gegeben hat. Wenn wir frei werden von unserem Egotrip, in dem sich alles um uns selbst dreht, wenn wir ein Gespür bekommen für die Lebenssehnsucht der Menschen um uns, wenn wir ihre Bedürfnisse über unsere eigenen setzen, sie ermutigen und fördern, entsteht eine Aufbruchstimmung, die sich nicht damit abfindet, dass ja wohl «doch alles den Bach runtergehen wird».

35
Verloren

Kuala Lumpur, die Hauptstadt Malaysias, wird selten auf dem Landweg angesteuert. Da ich aber gerne wie ein Hund reise, die Nase schnüffelnd auf dem Boden, beschloss ich, statt des kurzen Fluges von Singapur den Mietwagen zu nehmen.

Gleich hinter der Grenze verändert sich das Landschaftsbild, die moderne Stadtumgebung weicht eher ländlichen Gebieten – allerdings mit einer saftigen, grünen Vegetation. Sofort überfällt mich das Bewusstsein, dass dieses Klima nicht ideal ist für meinen Körper und meine Gesundheit. Ohne Klimaanlage wäre ich verloren. Immer wieder locken üppige Bäume im Regenwald oder komplett einsame Strände zum Aussteigen, aber sobald ich draußen bin, in der Hitze mit gefühlt hundertprozentiger Luftfeuchtigkeit, tickt die Uhr, bis ich mich wieder ins Auto flüchte.

Ich genehmige mir trotzdem ein einfaches Mittagessen in einer Art Touristen-Resort, in dem ich aber der einzige Gast bin – vielleicht liegt es an der Jahreszeit. Und weil ich völlig fasziniert davon bin, dass meine Offroad-Straße gesäumt ist von Obstbäumen mit riesigen Früchten, die ich noch nie gesehen habe, suche ich in einer Kleinstadt einen Obstmarkt.

Was soll ich sagen? Selbst im Zeitalter des Früchteimports bin ich fasziniert davon, was es außer Apfel, Birne und bei uns heimischen Beeren hier noch alles gibt. Ob der Schöpfer da anders drauf war, als er das geschaffen hat? Nicht nur Mangos, Papayas und Guaven, wo man hinsieht – auch Bilimbis, Baobabs und Ginkgo-Nüsse, haarige Rambutans und Jackfruits. Wer weiß schon, wie Litschis heranreifen, oder die fulminant aussehende Drachenfrucht, die auf Kakteen wächst und nur einen ganz feinen, fast faden Geschmack hat? Gerade wenn man mit Genuss in etwas reinbeißt, fühlt man sich in einer anderen Welt, weil manches Fruchtfleisch gar nicht die erwartete Konsistenz einer Frucht hat. Das innere der stacheligen Durians fühlt sich zum Beispiel an wie Pudding, die aromatischen Longans duften nach Zimt, und die unscheinbaren, wie kleine Kartoffeln aussehenden Sapodillas sind unfassbar süß und weich und schmecken für mich eindeutig nach – Karamell!

Die meiste Zeit fahre ich durch schweren Regen, der kombiniert mit der tropischen Hitze wohl diese Fruchtbarkeit auslöst. Und dann nähere ich mich der Hauptstadt, überrascht vor allem von den alles dominierenden Reklame- und Propagandatafeln an der Stadtautobahn. Islam und Kommunismus scheinen hier im Gleichschritt propagiert zu werden. Ob Andersdenkende hier überhaupt willkommen sind?

Immerhin finde ich meinen Schlafplatz, ein Hotel mit der Aufschrift YMCA (Young Men's Christian Association) – also offiziell gibt es das auch. Und weil meine Aufgaben erst am übernächsten Morgen beginnen, beschließe ich, am nächsten Tag die Stadt zu erkunden. Die 375 Meter hohen Petronas-Towers haben es mir seit langem angetan, sie waren zeitweise die höchsten Türme der Welt, mit gigantischer Architektur und Ingenieurskunst. Ich wollte natürlich so hoch hinauf, wie's geht – hat sich nicht hier James Bond von der 170 Meter hohen Skybridge abgeseilt, oder waren es Sean Connery und Catherine Zeta-Jones im Agenten-Thriller «Verlockende Falle»?

Auf den Rat meiner einheimischen Freunde hin hatte ich das Auto stehen gelassen und bin mit einem der vielen Taxis gefahren. Diese finden nicht nur überall hin, sondern umfahren auch, so weit es geht, die allgegenwärtigen Staus. Aber mitgenommen hatte ich keinen Einheimischen auf meine Erkundungstour – ich gehe fast immer und durchaus gerne allein, einfach weil niemand verrückt genug ist, so aggressiv hinter die Kulissen zu schauen, wie ich das eben mag. So finde ich nicht nur das, was ein Land dem Touristen zeigen mag, sondern auch das, was man am liebsten versteckt.

Ich bin so satt und müde, als ich ins Hotel zurückkomme, dass ich aufs Abendessen verzichte und morgens direkt zu meinen Verpflichtungen eile mit mehreren Ansprachen und Schulungen. Erst am Abend merke ich, dass mir mein Handy fehlt. Alarmiert fange ich an zu suchen, dann zu überlegen. Wenn es nirgends zu finden ist, auch in keiner Ritze meiner Computertasche oder des kleinen Rucksacks – auweia, was dann?

Geschockt werde ich mir darüber klar, dass das der Supergau ist, der größte anzunehmende Unfall. Ich will noch über den Südpazifik und Amerika auf der anderen Seite um die Welt, das Handy ist wie meine Nabelschnur zu meinen Büros in der Heimat, dank der ich auch von unterwegs meine Firmen leite. Aber auch die Wegpunkte, die Telefonnummern der Leute vor Ort in weiteren sechs Ländern, einfach alles ist da drin. Und habe ich wirklich alle Daten, die drauf sind, vor der Abreise nochmals gesichert? Ich musste es einfach finden! «Sobald ich mich morgen ohne Handy ins Auto setze», dachte ich, «habe ich verloren.» Bin ich verloren – besser gesagt.

Natürlich fange ich an zu beten. «Mensch Gott» – höre ich mich sinnloserweise jammern – «konntest du mich nicht im rechten Moment erinnern, als ich das verpatzt habe?»

An Schlaf ist in dieser Nacht nicht zu denken. Hotelrezeption – schon geschlossen. Das Nottelefon wird zwar abgenommen, aber automatisch weitergeleitet in endlose Warteschleifen mit für mich unverständlichen Ansagen. Ich versuche, zu Hause anzurufen – keine Auslandsgespräche vom Hoteltelefon möglich. Dafür telefoniere ich mit mehreren Taxizentralen – oder ich versuche es jedenfalls. Ob man etwas gefunden hat, ob was abgegeben wurde? Vielleicht gab es ja ehrliche Menschen hier, die der Versuchung des damals modernsten Mobiltelefons widerstehen konnten? Ich soll's vergessen und mir ein Neues kaufen, sagt man mir.

In der Verzweiflung gab ich nicht auf. «War Ihr Taxi silbergrau, schwarz, grün, gelb, orange, oder war es etwa halb gelb und halb rot?» Es gibt allein 200 Taxigesellschaften und viele, auch zwielichtige «Einzelunternehmer». Mindestens 37.000 Taxis gäbe es in der Stadt, dreimal mehr als in New York. Und außerdem: Ob ich vielleicht spinne, überhaupt mit der Bitte zu kommen, eine Anfrage zu verbreiten?

Ich blieb beharrlich: Wenn aber doch ein ehrlicher Fahrer es nach meinem Aussteigen gefunden hätte – wo könnte er anrufen? Das Handy war ja mit einem Pin gesichert, und die Batterie war wohl inzwischen leer.

Natürlich rief ich auch meine eigene Handynummer an – aber der Teilnehmer war «vorübergehend» nicht erreichbar.

Irgendwie beschlich mich die Panik, also las ich in der Bibel. Steht da nicht irgendwo, dass kein Haar von unserem Kopf fallen kann, ohne dass Gott es weiß? Hat er mein Handy längst geortet, und die Engel sind schon unterwegs, es mir zu bringen?

Als es dämmert, falle ich in einen unruhigen Schlaf – alles andere Gepäck fertig bereitgestellt, obwohl ich erst um 10 Uhr aus dem Haus muss. Bis 11 Uhr könnte ich notfalls warten, wenn ich rechtzeitig in Singapur sein will am Flughafen, um nach Australien weiterzufliegen. Im Verlaufe des Morgens die schwache Hoffnung, der Room-Service des Hotels könnte etwas gefunden haben. Oder das Ticketbüro in den Petronas-Towers – aber nein, nichts.

Um 10 Uhr gehe ich runter, checke aus, packe meinen Mietwagen. Habe ich meinen Waschbeutel vergessen? Ich hole nochmals meinen Schlüssel, gehe ins Zimmer zurück. Der Rezeptionist bedauert mich ausgiebig – auch er hat alles Denkbare unternommen, um mir zu helfen. Hilflos zuckt er die Schultern.

Ich gehe nochmals auf die Knie, schaue unter dem Bett, hinter der Heizung und der Klimaanlage, klettere auf den Schrank. Es ist 11 Uhr 30 – jetzt wird's brenzlig. Aber wenn ich jetzt losfahre, bin ich isoliert. Ob es hier noch Münztelefone gibt? Und kann man von dort nach Europa telefonieren?

Ich schleiche wie ein begossener Pudel an der Rezeption vorbei, werfe meinen Schlüssel ins Rückgabefach und fahre frustriert los.

Eine Stunde später verlasse ich die Stadt auf der Autobahn – und neben mir liegt mein Handy auf dem Beifahrersitz. Nein – ich hatte es nicht im Auto liegen lassen, aber was ich jetzt erzähle, klingt erfunden, ausgedacht oder einfach gefaked. Aber es ist exakt so geschehen:

An der Ausfahrt vom Hotelparkplatz hatte ich einen Jeton gebraucht und ging nochmals zum Empfang. Da kurvte langsam ein Taxi die Auffahrt herauf – meines?!!! Ich erkannte den Fahrer sofort. Fröhlich lächelte er mich an. «Da hab ich Sie ja gleich gefunden», sagte er und schien noch erleichterter als ich, «ich habe nämlich wenig Zeit und darf eigentlich meine Route nicht verlassen.» Er wollte sofort losbrausen, und ich konnte gerade noch fragen, wie er mich gefunden hatte. «In Ihrem Handy-Etui steckte die Visitenkarte von diesem Hotel. Ich habe Ihnen noch nachgerufen, als Sie ausgestiegen waren, aber Sie verschwanden gleich im Eingang zur U-Bahn. Ich habe die ganze Nacht gearbeitet und fahre eigentlich auf der anderen Seite der Stadt. Aber irgendwie ließ es mich nicht los, dass Sie das Handy wahrscheinlich sehr vermissen werden.»

Als ich dies später aufschreibe, vergesse ich fast zu atmen. Wäre ich fünf Minuten eher losgefahren, hätte er noch eine andere Fahrt vorher gehabt, hätte ich das Visitenkärtchen des Hotels nicht eingesteckt ... Eigentlich fällt mir dazu nichts mehr ein, das braucht auch keinen Kommentar. Oder doch? In meinen Gedanken klopft etwas an. Die Frau mit der verlorenen Münze!

In Lukas 15 sagt Jesus: «Oder nehmt einmal an, eine Frau hätte zehn Drachmen und würde eine verlieren. Würde sie nicht eine Lampe anzünden und das ganze Haus auf den Kopf stellen, bis sie sie gefunden hätte? Und wenn sie sie gefunden hätte, würde sie nicht ihre Freundinnen und Nachbarinnen rufen, damit sie sich mit ihr freuen, dass sie ihre verlorene Münze wiedergefunden hat? Genauso herrscht Freude bei den Engeln Gottes, wenn auch nur ein einziger Sünder bereut und auf seinem Weg umkehrt.»

Sind wir in den Augen Gottes «verloren», wenn wir die Beziehung zu ihm verloren haben und unser Leben ohne ihn gestalten? Ist er jener Hirte, der die neunundneunzig Schafe zurücklässt, um das *eine* zu suchen, das ihm entlaufen ist?

Hat er mich mehr gesucht als ich mein Handy?

Immerhin hat er mich gefunden. Verloren und gefunden, das ist Freude pur.

36
X-mas in Shanghai, in New York und jetzt auch in Europa

Wenn mit etwas ein Geschäft zu machen ist, sind die Chinesen voll dabei. Dabei sind sie sehr geschickt darin, alles sogar noch besser zu machen als der Westen. So ist auch Weihnachten inzwischen ein Großereignis – der Trubel in den Straßen und Geschäften lässt sich kaum übertreffen. Aber wie geht das zusammen? Wie kann man hier, wo andere Religionen und Ideologien das Weltbild prägen, ein Christfest feiern? Kann man das einfach lösen von demjenigen, nach dem es benannt ist?

Christmas ist längst nicht mehr das Gedenken an die Geburt Christi – und das hat nicht im Fernen Osten begonnen, sondern im christlichen Abendland. Wenn unsere Straßen und Geschäfte in weihnachtlichem Glanz erstrahlen, geht es nur um Stimmung und Gefühle, um Kaufreize und Kommerz. Und natürlich um «mehr Lametta», wie Loriot sagen würde. Gutes Essen, edle Geschenke, Familientreffen – und ein geschmückter Baum. Alles schön und gut so – aber warum darf der EINE nicht zu Wort kommen, um den es eigentlich geht? Das Kind in der Krippe, von dem es heißt, dass alle Dinge von ihm her und zu ihm hin geschaffen sind, der Schöpfer und Erlöser dieser Welt?

137

Er ist – kein Zweifel – der Dreh- und Angelpunkt der Weltgeschichte. Zu Recht wird die Zeitrechnung nach seiner Geburt geteilt: «vor Christus» und «nach Christus». Aber darf er uns noch stören in unserer Feststimmung mit seiner Botschaft, mit seinem Anliegen, auch mit dem Ruf zur Umkehr?

Was für eine Ironie liegt in der Gewohnheit, dass selbst Christen in der englischsprachigen Welt von «X-mas» sprechen und einfach so zur Rationalisierung, aus Faulheit, einen Buchstaben statt sechs schreiben. Wenn man sooo viele Grußkarten verschickt, kann man «Christ» doch nicht hundert Mal ausschreiben, nicht?!

Verheerend ist nur, dass man damit den Weg bereitet hat für ein x-beliebiges Fest, das in allen Kulturkreisen begeistert gefeiert werden kann – auch ohne den irritierenden Störfaktor «Christus». X ist schließlich in der Mathematik das Symbol für die Unbekannte. Wenn man nicht genau weiß, um was es sich handelt, oder wenn man das erst mal noch genau ausrechnen muss, dann nennt man diese Größe einfach «X».

Christmas ist nach Jesus Christus benannt.

X-mas aber – ist beliebig.

Manchmal sollten wir uns hüten, auf einen Trend einfach aufzuspringen, ohne ihn zu hinterfragen. Sonst sind wir eines Tages keine Christen mehr, sondern X-en.

37
Hongkong im Hauch der Geschichte

Als technisch begabter Vielflieger lauscht man schon einmal auf den Klang der Triebwerke. Besonders beim Anlassen spürt man die Vibrationen, hört auf verdächtige Lagergeräusche und ist froh, wenn die riesigen Kraftprotze nach Erreichen der vollen Drehzahl und der Betriebstemperatur in ein gleichmäßiges Summen übergehen. Erreicht eine solche Turbine 20.000 Flugstunden und mehr, wird eine routinemäßige Wartung fällig – das Triebwerk wird abgebaut und in alle Einzelteile zerlegt. Schnelllaufende Rotationsteile werden auf Haarrisse und besonders auf Rundlauffehler überprüft. Jede Unwucht würde zu gefährlichen Vibrationen führen.

Als Ingenieur hatte ich in den 90er Jahren einen Drehtisch mitentwickelt, auf dem entsprechende Kontrollmessungen durchgeführt werden können. Da die Messgenauigkeit zehn Mal höher sein muss als ein zu messender Fehler, betreibt man den nötigen Aufwand, damit ein spielfreies Gleiten innerhalb engster Toleranzen gewährleistet ist. Bei meinen Drehtischen schwebt der Drehteller auf einem Luftkissen, das je nach Werkstückgewicht regelbar ist.

2001 erhielt ich dann die Anfrage einer großen chinesischen Airline, die einige solcher Tische kaufen wollte. Sie hatten sie in Deutschlands Luftfahrtunternehmen gesehen und mich als Lieferanten ausfindig gemacht. Da sie genau dieselbe Ausführung wollten und beste Referenzen hatten, war dieser Auftrag fast ein Selbstläufer.

Anfang 2003 wurde alles aufs Schiff verladen, im März sollte ich zur Inbetriebnahme kommen – zwei Wochen in Zhuhai, um Funktion und Genauigkeit bei der Inbetriebnahme nachzuweisen.

Die südchinesische Industriestadt Zhuhai erreicht man am besten über Hongkong. Und so buchte ich einen Flug und ein Hotel in der ehemaligen Kronkolonie, die England 1997 an China übergeben hatte – mit Sonderstatus, wie allgemein bekannt. Am Vorabend des Abflugs erreichte mich eine Mail: «Bitte stornieren Sie Ihre Anreise, bei uns ist die Lungenkrankheit SARS ausgebrochen. Mehrere Hotels wurden bereits unter Quarantäne gestellt, es ist viel zu riskant, da womöglich wochenlang eingesperrt zu werden.» Zunächst sollte ich eine Woche auf neue Informationen warten, aber dann geriet die Epidemie außer Kontrolle und sämtliche Fertigungswerke in Südchina wurden geschlossen – für mehrere Monate, vermutete man.

Da ich mein Geld für die Lieferung schon zu neunzig Prozent bekommen hatte, machte ich mir keine allzu großen Sorgen, obwohl die technische Abnahme nicht ganz ohne war. Immer wenn man etwas fertigt, was im Grenzbereich des technisch Machbaren liegt, bleibt ein Restrisiko, dass etwas nicht gelingt. War beim Seetrans-

port alles gut gegangen, war alles gut genug gesichert und seetaug-
lich verpackt gewesen?

Die Nachrichten über SARS wurden immer schlimmer, und natürlich war ich froh, dieser Bedrohung entkommen zu sein. Es war
ganz schön knapp gewesen. Wäre die Warnung 24 Stunden später
gekommen – wer weiß mit welchen Folgen!

Da genug andere Projekte liefen, vergaß ich fast die noch ausste-
hende Inbetriebnahme. Doch etwa neun Monate später musste ich
in anderer Sache nach China und fragte mal nach, ob die Produktion
inzwischen wieder läuft und ob ich jetzt zur Abnahme kommen
könne. «Was, Sie sind Mr. Guehring, der mit den Rundtischen? Ja,
bitte kommen Sie. Übernächste Woche? Ja natürlich. Wir empfangen
Sie gerne.»

Zehn Tage später saß ich in einem Hovercraft-Schnellboot, das
nur so über die Wellen flog und die Strecke Hongkong bis Zhuhai in
siebzig Minuten schaffte. Die 55 km lange Brücke Hongkong-Zhu-
hai-Macau gab es damals noch nicht. Am Ziel wurde ich mit einer
Limousine abgeholt, der Fahrer trug weiße Handschuhe und einen
edleren Anzug, als ich ihn in der Hitze anhatte. Im Werk wurde ich
vom Direktor empfangen – mit rotem Teppich, sozusagen. Er be-
glückwünschte mich zu meiner Lieferung, die längst installiert und
in Betrieb genommen war. Stolz erklärte er mir die geniale Wir-
kungsweise meines Produkts, und ich nickte verstehend mit dem
Kopf. Er war sich der grotesken Situation wohl kaum bewusst, aber
wenn einem ein Kunde so enthusiastisch das eigene Produkt erklärt,
dann hat man gewonnen.

Aber wie war das denn gelaufen mit SARS und der Installation? Ja,
meinte er, die Produktion war auf behördliche Anweisung geschlossen, die meisten Flugzeuge blieben ja auch am Boden. Aber die Me-
chaniker der Werks-Instandhaltung waren vor Ort geblieben und irgendwann in den Werkhallen unter Quarantäne gestellt, das heißt,
sie durften nicht nach Hause. Sie machten aus der Not eine Tugend
und putzten alle Maschinen piekfein heraus, und irgendwann wun-
derten sie sich über die tonnenschweren Holzkisten aus Deutschland, die da aufgetürmt waren. Neugierig schauten sie mal rein.

Obendrauf lag eine englische Anleitung zu Montage und Inbetriebnahme – zudem ein penibles Ablaufprotokoll für alle Messungen bei der Abnahme. Sie folgten allen Anweisungen, führten alle Kontrollen durch und klebten ein Schild drauf: «Zur Fertigung freigegeben.»

Heute wissen wir wegen COVID-19, dass man mehr aus der damaligen Epidemie hätte lernen sollen. Als ich Ende September 2019 wieder nach Hongkong zurückkehrte, war Corona noch kein Thema. Aber es gab ein anderes Problem: die Studentenunruhen bei Demonstrationen gegen die chinesische Verwaltung. Ich war mit meinem Sohn Boas und zwei Mitarbeitern des Netzwerks M100 auf der Durchreise nach Da Nang in Vietnam. Diese junge Organisation steckt noch in der Entwicklung. Ziel ist es, die persönlichen Beziehungen zu Verantwortungsträgern in allen Kulturen der Welt für Entwicklungsprojekte in Industrie und Gesellschaft zu nutzen, um gemeinsam Zukunftsprojekte zu planen. Neue Produkte und Methoden sollen erschlossen werden mit dem Alleinstellungsmerkmal, dass Spezialisten aus allen Erdteilen am Tisch sitzen, wenn es z. B. um Agrarprodukte geht, um Abfallentsorgung, Energiegewinnung und vieles mehr. Die Erträge aus diesen Pro-Bono-Projekten sollen keinem der Beteiligten gehören, sondern in eine gemeinnützige Stiftung fließen.

Da Nang – zwischen Ho-Chi-Minh-Stadt und Hanoi wunderbar am Meer gelegen – war für ein Treffen zwischen Donald Trump und dem koreanischen Machthaber Kim Jong-un im Gespräch gewesen, und wir hatten es für unsere Planungskonferenz gewählt. Die Zwischenlandung in Hongkong war reisetechnisch bedingt, und wir hatten uns nicht viel dabei gedacht, als wir eine Übernachtung buchten und das gleich an der schönsten Stelle, nämlich am alten Fischereihafen von Aberdeen an der Südseite von Hongkong Island. Und dann kam eine Reisewarnung: Unsere Reisenacht auf den 1. Oktober mündete ausgerechnet in den chinesischen Staatsfeiertag, und es wurde vor einem Aufflammen der Unruhen mit möglichen Ausschreitungen gewarnt.

Was tun – absagen, umplanen, verschieben? Wir entschlossen uns zu fliegen, da wir ja in unserem Hotel weit vom Schuss waren und folglich mit sehr hoher Wahrscheinlichkeit sicher. Beim Passieren der Nathan Road in Kowloon wurden wir dann doch Zeugen der großen Menschenketten, wo sich die gegnerischen Parteien unversöhnlich und kampfbereit gegenüberstanden. Wir blieben auf der anderen Straßenseite und hielten uns natürlich raus aus der Sache, waren aber tief beeindruckt von dieser Momentaufnahme aktueller Geschichte.

In der Nacht konnten wir kaum schlafen angesichts der grandiosen Aussicht aus dem 22. Stock unseres Hotels mit Blick auf die Lichter der Bucht, in der noch viele Fischkutter für traditionellen chinesischen Fischfang lagen. Morgens genossen wir die mit pulsierendem Leben und viel Geschrei gefüllten Verteilerhallen, wo die Fänge der Nacht entladen und nach Arten sortiert wurden. Wie bei einer Auktion kommen die Hoteliers aus der Stadt und bieten und feilschen, um dann das Ersteigerte in Körben zu den bereitstehenden LKWs zu schleppen, in denen die Fische und Meeresfrüchte sofort wieder in Wasserbassins verschwinden. Nirgendwo in Hongkongs Fisch-Restaurants darf etwas auf den Teller kommen, das nicht zum Zeitpunkt der Bestellung durch den Gast noch lebt.

Aber wieder war es ganz schön knapp. Wegen der Krawalle und Straßenkämpfe in der Stadt durften wir aus Sicherheitsgründen nur mit einem Direktbus zum Flughafen, um noch nach Da Nang weiterzufliegen. Für eingehende Flüge war der Flughafen schon gesperrt, das bereits völlig gesperrte Stadtgebiet mussten wir auf einer Umgehungsstraße umfahren.

Wir erlebten eine denkwürdige Konferenz mit eindrücklichen Visionen für einen Plan, mit dem große Projekte über Kulturgrenzen hinweg gemeinsam entwickelt werden. Ein Nachtausflug in die alte Küstenstadt Hoi An, früher an der Seidenstraße gelegen, ließ uns in Geschichte und Traditionen eintauchen. Die mit den typischen Lampions geschmückten Gassen und Boote auf dem Kanal boten einen märchenhaften Anblick – wieder einmal wurde ein harter Arbeitstag mit einem ans Herz gehenden Abschluss gekrönt.

Auf der Rückreise aber waren wir wieder über Hongkong gebucht – ging da noch etwas? Ja, erfuhren wir, aber nur, wenn wir beim

Transfer den Flughafen nicht verlassen. Hongkong war komplett gesperrt, und Kern der bewaffneten Auseinandersetzung war inzwischen – Aberdeen an der Südseite von Hong Kong Island!

Ich möchte hier niemandem Mut machen, sich Gefahren oder Grenzerfahrungen bewusst auszusetzen. Vor der ersten Reise 2003 ins Seuchengebiet bin ich ohne eigenes Verdienst bewahrt geblieben. 2019 hatte ich die wieder aufflammenden Unruhen in Hongkong falsch eingeschätzt. Wir vier Jungs von M100 aber haben den Hauch der Geschichte gespürt und sind zu engen Freunden geworden. Außer mir sind sie alle junge Familienväter mit exzellentem Wissen in ihrem Fachgebiet, und gemeinsam treibt uns die Vision, viele Unternehmer, Wissenschaftler und Einflussträger der Gesellschaft aus allen Breitengraden und Zeitzonen mit ins Boot zu nehmen. Damit die Zukunft unserer Kinder eine gute wird.

38
Der kleine General

Irgendwo hinter Bengalen, nicht weit vom Goldenen Dreieck, das für seine Drogenproduktion eine traurige Berühmtheit erlangt hat, lebt auch Nouphone, «das Mäuschen». So nennen ihn seine «Jünger». Ihn, den Chef, den General. Vielleicht 40 kg schwer – aber was für ein Mann!

Als ich in sein Auto stieg, traf mich fast der Schlag. Zum Anlassen verband er kurz zwei der Stromkabel, die offen auf dem Fußboden lagen. Das Armaturenbrett fehlte ganz, die Fahrertür musste er festhalten, die Tür auf meiner Beifahrerseite ging dafür gar nicht auf. Von außen schon, beruhigte er mich. Bedrohlich stotterte der Motor. Man muss beten, sagte er, dann läuft er schon …

Dieser kleine Kerl hatte eine Familie, ein Fotogeschäft und eine Ziegelfabrik. Mit dem verdienten Geld versorgte er eine ganze Gruppe junger Leute, die durch seine Unterstützung studieren konnten. Die Studenten lebten in einem der besten Häuser der Gegend, das er für sie restauriert hatte. Dafür mussten sie im Garten anpacken und nebenan einen Fußballplatz bauen – er schnappte sich den Spaten und zeigte ihnen, wie's geht.

Dann weihte er mich ein in seinen Businessplan. 900 Dollar brauchte er, dann könne er eine neue Ziegelpresse kaufen und anfangen, bessere Ziegel für den Hausbau zu produzieren. Ich gab sie ihm – mein Einstieg in die «Microcredit»-Welt. Drei Raten à 300 Dollar wurden zur Rückzahlung vereinbart. Sein fester Blick zeigte pure Entschlossenheit; kein Zweifel, dass er das schaffen würde.

Spätabends führte er mich in eine Fußballakademie, wo Kinder unter christlichen Trainern Ausbildung und Lebensperspektive bekamen. Nachts lasen sie die Bibel, es sei ja offiziell nicht erlaubt …

Beim Chatten im Internet erkannte ich seine schwache Seite. Der gute Kerl konnte kaum schreiben. Er konnte nicht selbst auf einem Computer tippen – also auch an unseren Skype-Chats nicht teilnehmen. Er war eben ein Mann des gesprochenen Wortes. Gut, dass er zwei Ohren hatte, denn meistens klingelten seine beiden Handys gleichzeitig. Mit sicherer Stimme erteilte er seine Befehle – das Lenkrad zwischen den Knien. Und ständig rief jemand an und brauchte Instruktionen für den nächsten Schritt.

Nach zwei Jahren kam ich wieder. Ich sah nicht nur die neue Ziegelfabrik, sondern auch das erste Gebäude auf dem Gelände. Sein neues Haus? «Nein, zuerst kommt eine Kirche», erfuhr ich, sein Haus musste noch warten. Dann überreichte er mir einen Briefumschlag mit sorgfältig abgezählten 300 Dollar. Die erste Rückzahlung des Kredits.

Ich schaute ihn verstohlen an. Was für eine halbe Portion, aber was für ein Riese! Diese zerbrechliche Gestalt – aber was sah ich noch? Willen, Entschlossenheit, Vision, Pläne und – Ergebnisse! Und einen Leiter, dem alle folgten und vertrauten. Einer, der den Unterschied machte. Wie ein Hirte ließ er seinen Blick schweifen, erteilte da einen Tadel und gab dort einen Rat. Er wollte sie alle selbst zu Leitern machen, seine Schäfchen. Deshalb rackerte er mit ihnen in der Bibel genauso wie auf dem Acker und auf dem Fußballfeld. Mein Mäuschen – was für ein Mann!

Der Kaieteur – Blick in den Abgrund

Impressionen

Heimweh entsteht in der Ferne

Jeder Mensch ist ein Fremder –
fast überall

Eindrücke

sammeln und

hinterlassen

Glück ist überall

Kinder mit Ball aus Papier

Echte Not oder

trickreiche Masche?

Brodelnde Erde

Strandmeditation:
Auf der Suche nach Wahrheit

Die Erfahrung der Kleinheit

Ein

ruhiges

Plätzchen

Inspirierende Einladung

Hermann Gühring

Sport in Familie Gührings Wohnzimmer   In Papas Torwarthose

1985 auf Korsika ...   ... und 20 Jahre später

Vier Brüder begrüßen ... ein Mädchen!

Die erste Enkelin

10 von inzwischen 13 Enkeln

Südasien

Tsunami in Chennai (früher: Madras)

Indische Waisenkinder

Alles, aber auch wirklich alles wird transportiert!

Eurasien

Ausgangspunkt Moskau,
Ziel Baikalsee – dann
ab ins vier Grad kalte
Wasser. Brrr!

Geschichte Nr. 23

Mongolische Sportarten

Die verlorenen
Stäbe

Olympiastadion
Peking

Pamir Highway & Hochland

Geschichte Nr. 25

Nachtlager und Esstisch in einem

Der Tankwart und
seine Methode

Hoch, hoch und immer höher

Autowrack als Dorfklo
für 14 Häuser

Auch hier leben Menschen

Geschichte Nr. 30

Zu viel riskiert

Afrika

Unendliche Weite
in Mosambik

Unser Löwenwunder
in Südafrika

Links hat
Vortritt

Geschichte Nr. 58

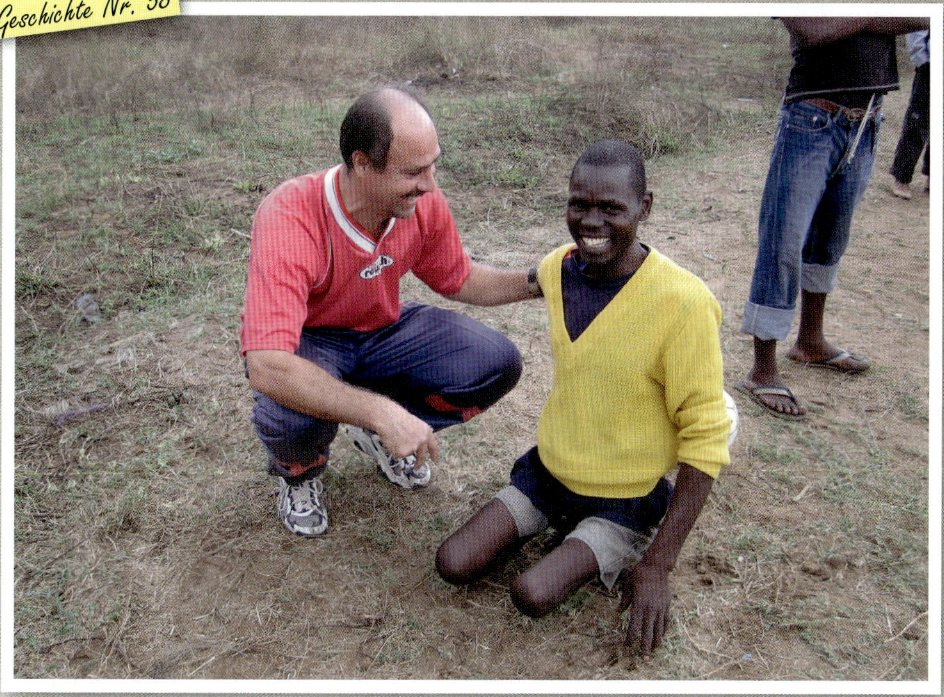

Der gelähmte Fußballtrainer

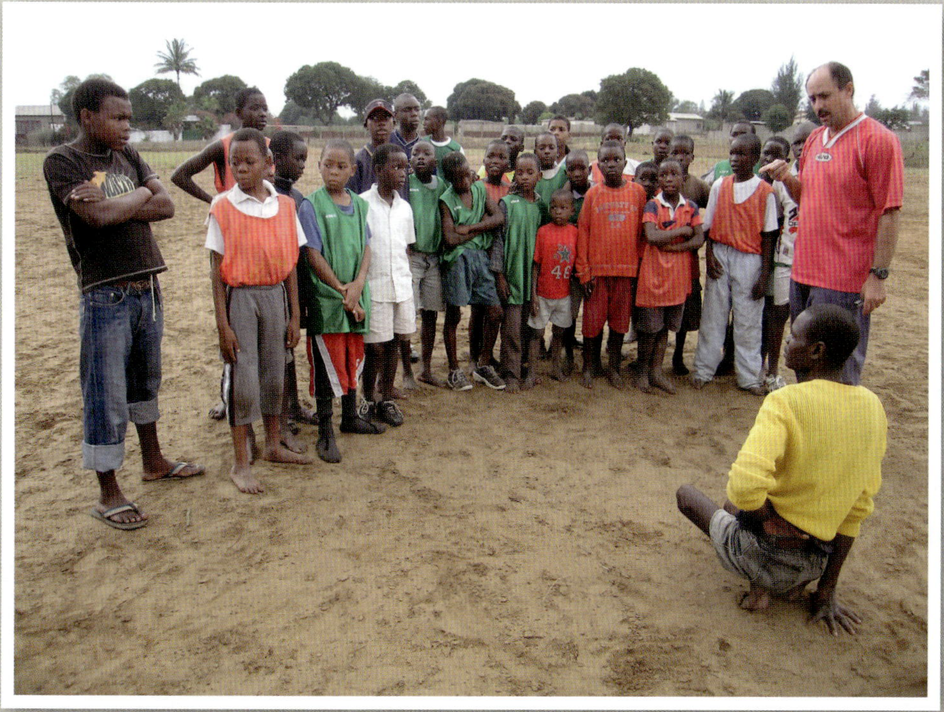

Die Heldin: Macht Dank-
barkeit aus dem, was wir
haben, ein «Genug»?

39
Wellenritt im Indischen Ozean

Wenn ich an die Malediven denke, dann tut mir noch heute der Hintern weh. Von einer Geschäftsreise kommend wollte ich eigentlich nach Sri Lanka, um noch einige Tage in Ruhe nachzudenken und mir kreative Lösungen für meine Klienten zu überlegen. Wegen politischer Unruhen unter den Tamilen musste ich umdisponieren – und landete auf den Malediven.

Eigentlich kennt man sie ja nur aus Hochglanzbroschüren der Reiseunternehmen – sündhaft teure Resorts in der smaragdgrünen See. Ich hatte nun aber gar keine Lust, 800 Dollar pro Nacht auszugeben, und so recherchierte ich, ob es auf den mehr als tausend Koralleninseln nicht auch etwas Billigeres gab. Tatsächlich fand ich eine günstige Lodge auf einem kleinen Atoll, das aber zweieinhalb Stunden von der Hauptstadt Malé entfernt lag – und zwar zweieinhalb Stunden mit einem Schnellboot, das als einziges Transportmittel zur Verfügung stand.

Es war schon ein erhebendes Gefühl, nach der Schwüle Südindiens die Seeluft in der trockenen Hitze dieses Inselparadieses zu erleben. Doch wo starteten nochmal die Schnellboote? Mit dem Taxi ging es vom Flughafen Malé quer durch die Stadt, um an einer Palmenpromenade auf «mein» Schnellboot zu warten. Ich hatte nur leichtes Gepäck für drei Tage, alles andere war im Hotel in Bangalore geblieben. Fast einen Kilometer lang war der Kai, an dem Hunderte von Booten vertäut waren, die zu allen möglichen Inseln aufbrachen.

Sich hier zu orientieren war fast unmöglich. Es gab aber für alles gewiefte Burschen, die gegen ein paar Rufiyaas jede Frage beantworteten. Für die Wartezeit kletterten sie mit zwei hakenartigen Griffen eine Palme hinauf und schlugen oben eine Kokosnuss, deren erfrischenden Inhalt man mit einem Strohhalm trinken konnte.

Drei weitere Passagiere fuhren mit demselben Boot, wurden aber an anderen Inseln abgesetzt. Ich war der Letzte, der erlöst wurde. Denn eigentlich hatte ich mich auf die Bootsfahrt gefreut, hätte mir aber nie vorstellen können, dass sie zu so einer Tortur werden könnte, bei der man jede Minute bis zur Ankunft zählt. Kaum hatten wir die Hafenausfahrt verlassen, heulten die Motoren auf, und der Kapitän gab Vollgas. Die Wellen waren nur ein bis zwei Meter hoch, aber wir flitzten gleichsam nur über die Wellenkämme, was sich wie ein Waschbrett anfühlte und mich vom ersten Moment an derart durchrüttelte, dass ich am liebsten umgekehrt wäre. Aber jetzt war es zu spät.

Hatten sie uns deshalb mehrere Decken gegeben und Lederhandschuhe zum Festhalten an einem Stahlbügel, der vor jedem Sitz fest installiert war? So musste man sich beim Rodeo vorkommen – ständig waren die Muskeln angespannt, und sie wurden ziemlich schnell lahm. Ich hätte es vielleicht nicht zu sagen gewagt, aber eine mitfahrende Japanerin bat darum, langsamer zu fahren, und so genügte ein Arm zum Festhalten – während der jeweils andere sich ein wenig ausruhen konnte …

«Meine» Insel entpuppte sich als so winzig, dass man sie zu Fuß in zwanzig Minuten umrunden konnte. Hier gab es überhaupt keine Touristen, nur ein Aussteiger-Ehepaar, das eine kleine Pension betrieb. Das Prunkstück war die Klimaanlage, ohne die es aber auch nicht auszuhalten gewesen wäre. Drei Mal am Tag gab es eine kleine Mahlzeit – mir war alles recht. Moskitospray gab es nach Art des Hauses – und so viel man wollte, was immer noch zu wenig war. Willkommen im Paradies!

Da es spät geworden war, fiel ich am ersten Abend direkt ins Bett und sprach beim Frühstück zum ersten Mal mit der Wirtin. Die Insel sei auch für Nicht-Einheimische sicher, sagte sie, es gäbe hier keine Kriminalität. Allerdings käme man sofort ins Gefängnis, wenn man die Regeln des Landes nicht beachte. Ich fragte, welche Regeln sie meinte, und sie wies auf meine Shorts. Ich könne unmöglich so das Haus verlassen; nackte Männerbeine seien bei Strafe verboten. Und wenn ich zum Strand wollte? Ich war doch im Morgengrauen schon kurz draußen gewesen! Langsam dämmerte es mir, warum einige Männer ihre komplett in schwarzen Burkas versteckten Frauen so aufgeregt eingefangen hatten …

146

Es war schon etwas komisch, mit langer Hose und langärmligem Hemd am Strand zu sitzen – und so wartete ich die Dunkelheit ab, um in meiner Badehose ins angenehm warme Wasser zu gleiten. Es war wunderbar, unter dem Sternenhimmel, ohne jede Menschenseele in Sicht- oder Rufweite und noch dazu bei Vollmond die vielen Krabbeltiere zu beobachten, die nachts den Strand und die Klippen bevölkerten und ein zirpendes Konzert anstimmten. Zuerst konnte ich es fast nicht begreifen – alles bewegte sich, und da sah ich, dass sich neben den seitwärts laufenden Krabben viele Käfer bewegten, die alle ein Häuschen mit sich trugen. Es sah lustig aus, wie sich die in einer spitzen Spirale endenden Schneckenhäuschen über den Sand bewegten. Bei näherer Untersuchung schauten die Beinchen von Insekten hervor, die sich ein besonders schönes Exemplar als Schutz und Wohnplatz ausgesucht hatten. Gebissen wurde ich natürlich auch noch von irgendetwas, aber dann behält man eben neben der langen Hose am Strand auch noch Schuhe und Strümpfe an ...

Ab dem zweiten Tag gab es nichts mehr zu entdecken, und so wurden die Tage richtig erholsam und schön. Den größten Schreck erlebte ich, als während meiner Inselrunde direkt neben mir eine Kokosnuss einschlug, die von einer über zwanzig Meter hohen Palme heruntergefallen war. Der Krater, den sie im Sandboden hinterließ, war fünf bis zehn Zentimeter tief. Später erfuhr ich, dass jedes Jahr mehr Menschen durch herunterfallende Kokosnüsse getötet werden als durch Haiangriffe. Nur dass fatalerweise alle Menschen Angst vor Haien haben, während sie beim Anblick einer Kokospalme keinerlei Ängste entwickeln ...

Die Abreise war etwas angenehmer als der Hinweg, weil das abholende Schiff größer war und wohl mehrere Wellenkämme abdeckte. Ich war etwas verloren am Strand gestanden, und die Abfahrtszeit war längst vorbei, als ich am Horizont eine kleine Wolke sah und den Motorenlärm hörte. Überraschend schnell kam das Schiff auf mich zu und nahm mich auf. Man wusste, dass hier ein Fahrgast wartete, sogar mein Name war registriert. «Ja – wen wir herbringen, den holen wir auch wieder ab.» Erleichtert sah ich, dass hier die Sitze Polster hatten, aber festhalten musste man sich auch.

Während wir wie ein Pfeil über das Wasser schossen, flogen immer wieder traumhafte Inselchen an uns vorüber – oder besser: wir an ihnen. Malé, wo ich noch eine Nacht bleiben sollte, war fast westlich geprägt. Hier gab es auch hübsche Restaurants, in denen man eine exotische Küche genießen konnte.

Ausgerechnet jetzt hatte eine radikal islamische Partei die Wahlen gewonnen, und man musste mich an der Hotelrezeption fragen, ob ich eine Bibel dabeihätte, darauf stand jetzt nämlich Gefängnisstrafe. Für Einheimische wurde für Konversion zum Christentum die Todesstrafe eingeführt. Es gab einen Aufschrei in der Weltpresse darüber, als diese neuen Gesetze öffentlich angekündigt wurden. Selbst die Haupteinnahmequelle des Landes, die Touristen-Resorts, sollten gesäubert und nach den Gesetzen der Scharia betrieben werden. Die Spa- und Schönheitsbereiche einschließlich der Indoor-Schwimmbäder sollten geschlossen werden: zu viel nackte Haut. Und Massagen wurden generell verboten.

Wie das weiterging, habe ich nicht so genau verfolgt, außer einer Mitteilung, dass es der neuen Regierung in wenigen Monaten gelungen sei, die Insel von jeder Art von Andersgläubigen zu «reinigen». Erschreckend, wenn unter dem Deckmantel der Religion Repression und Intoleranz gerechtfertigt werden. Noch schlimmer, wenn es von staatlicher Seite geschieht.

Aus dem Flugzeug sah ich wunderbare ringförmige Atolle, die teilweise unter der Wasseroberfläche lagen. Das endlose Meer glänzte in immer neuen Sinfonien aus Grün und Blau, die gekräuselten Wellenkämme schufen eine Schönheit, die die Seele mitschwingen ließ. Wie Picasso oder Monet das gemalt hätten? Ich hatte nur eine Handykamera dabei, aber Handykameras waren damals als Fotoapparat kaum zu gebrauchen.

Meine Gedanken ließen die Eindrücke der vergangenen Tage Revue passieren. War ich jetzt im Paradies gewesen – oder vielleicht doch nicht?

40
Bürgerkrieg in Nepal

Das Goldene Dreieck in Hinterindien: Im Grenzgebiet von Laos, Thailand und Myanmar gibt es einen Schmelztiegel von Stämmen und Völkern, die jahrhundertelange Fremdherrschaft erduldet und wieder abgeworfen haben. Gutes und schlechtes Erbe haben sich tief und unauslöschlich eingegraben. Noch heute ist in Laos die französische Küche zu genießen, und noch heute wirken im benachbarten Kambodscha die Gräueltaten der Roten Khmer nach. Die Schattenwirtschaft des Drogenanbaus im unzugänglichen Dschungel und der anschließenden Ausschleusung in den Weltmarkt – eine kaum zu begreifende schreckliche Realität. Die Unterdrückung und Einschüchterung von Christen haben diese jedoch nicht mundtot gemacht. Ihr stilles Leiden steht in bedrückendem Kontrast zum Leuchten in ihren Augen.

«Morgen hol ich dich zum Gottesdienst ab – um vier», so mein junger Freund und ehemaliger Student, hochbegabt und noch immer auf der Suche nach dem schmalen Grat zwischen Beschränkung und Möglichkeiten (Christen in dieser Region sind von vielen beruflichen Entwicklungsmöglichkeiten ausgeschlossen). «Um vier», wiederholte er, «und vergiss nicht, den Wecker zu stellen.» – «Wie», sagte ich, ich dachte natürlich an den frühen Nachmittag. – «Nein», sagte er, «wir können uns nur vor Anbruch der Dämmerung versammeln.» Und so saß ich am nächsten Morgen um 4.30 Uhr unter andächtig singenden Vietnamesen, die Liedertexte waren sogar an die Wand projiziert. Eine seltsam anmutende Silbensprache – aber schon bald erkannte ich, was Jesus und was Amen heißt.

Unsere Sportmitarbeiter hatten Fußballmannschaften aufgebaut – aber auch sie konnten nur in der Morgendämmerung trainieren. Abends könnten sie keinen der wenigen öffentlichen Plätze benutzen, noch weniger ihre fest dazugehörende Andacht machen. Einige Hundert Kilometer Mekong aufwärts, jenseits der Grenze zu Laos, befand sich die Fußballschule eines Koreaners, aber auch dort wurde die Bibel nur nachts aufgeschlagen – noch immer zuckten die Kinder zusammen, wenn das Blitzlicht einer Kamera aufflackerte. Der Fisch zum Nachtessen war schmackhaft und gut, musste aber auf viele Münder verteilt werden.

Hier in Laos erreichte mich die Nachricht, dass in Nepal, meiner nächsten Reisestation, der Bürgerkrieg eskaliert war. Straßenschlachten mit Toten und Verletzten hatten dazu geführt, dass US-Regierung und Auswärtiges Amt ihre Staatsbürger ausflogen und dringend vor Reisen nach Nepal warnten. Was tun? Unser Sportmissionstraining absagen? Wegen des Generalstreiks sei auch im Land jegliches Reisen untersagt. Die maoistischen Gruppen drohten jedes Fahrzeug zu zerstören, das sich bewegte, auch Motorräder und Fahrräder.

Mit der Bibel verkroch ich mich in meiner Unterkunft. Meine Studenten, das wusste ich, beteten inständig für mich und um eine weise Entscheidung. Durch viele Bibelstellen suchte ich Rat. Letztlich gab Römer 1,14 den Ausschlag. Dass ich das Evangelium predige, schreibt Paulus sinngemäß, ist keine Kür-Übung, sondern eine Pflicht, die zu tun ich schuldig bin. «Obligation» steht in meiner englischen Bibel. Und so änderte ich meinen Entschluss dahingehend, dass ich es darauf ankommen lassen würde, ob man mich überhaupt abfliegen – und wenn ja – nach Nepal reinlassen würde. Es gab ja noch genug Möglichkeiten für Gott, mich zu stoppen – falls ich doch etwas falsch verstanden hatte.

Obwohl ich wusste, dass SMS-Nachrichten überwacht und von Sicherheitsbehörden gelesen wurden, schrieb ich meiner Frau die Bibelstelle. Sie wusste, ich würde es probieren, und das trotz ihrer Bitte, es möglichst nicht zu tun. Aber sie kennt mich gut genug – und ich sie. Ich wusste, wenn ich zu dem Schluss komme, es zu versuchen, würde sie für mich beten und es mittragen – und auch dann zu mir stehen, wenn etwas passiert.

So sah ich nach Ho Chi Minh City in Vietnam, Phnom Penh in Kambodscha und Vientiane in Laos auch den Landeanflug auf Nepals Hauptstadt Kathmandu. In atemberaubender Majestät erheben sich dort die Hänge des Himalaya. Man fliegt in 10.000 Meter Höhe, ist aber plötzlich nur noch 3000 Meter über den Gipfeln. Die Hänge sind schon im Vorland so steil, dass ich begriff, warum man innerhalb der fünf Regionen Nepals nur begrenzt mit dem Auto reisen kann.

Im fast leeren Boeing-Jet studierte ich das Immigrations-Formular. Devisen über 2500 Dollar werden konfisziert und führen – wenn nicht angemeldet – zu 14 Tagen Haft. Ich hatte fast das Doppelte dabei für unsere Konferenz und für die Reisekosten der teils armen Teilnehmer aus Bangladesch, Bhutan und Nordostindien …

Mein Stoßgebet wurde auf überraschende Weise erhört. Irgendwie «roch» ich es fast, dass nur «Verrückte» an Bord sein konnten, zumindest soweit es sich nicht um Nepali handelte. Und der einzige Weiße weit hinten war tatsächlich ein Missionar aus Australien. Wir schauten uns in die Augen und hatten's nach wenigen Augenblicken gecheckt. «Am Sonntag ist Ostern», sagte ich nach den ersten Bemerkungen über die Berge und das Wetter. «Der Herr ist auferstanden», war seine Antwort. Dann ging alles ganz schnell. «Hast du Geld dabei?» – «Nur wenig», sagte er. Da wir uns sofort anschnallen mussten und ich weiter vorne saß, handelte ich schnell und spontan. «Ich schenke dir jetzt 2000 Dollar, Bruder. Sie gehören wenigstens für die nächste Stunde dir. In Wirklichkeit gehören sie unserem gemeinsamen Herrn. Vielleicht kannst du sie mir ja nach der Einreise wieder zurückschenken …»

Am Zoll verlor ich ihn aus den Augen. Mein Geld wurde in allen Währungen nachgezählt. Dann wurde ich gefragt, ob ich nicht lieber gleich zurückfliegen wollte. Es gebe ohnehin keine Möglichkeit, vom Flughafen wegzukommen. Die Aufständischen hätten alles blockiert, das Militär den Rest abgeriegelt. Als ich darauf bestand, einzureisen, ließ man mich mit mitleidigem Lächeln gehen. Außen wartete mein neuer Freund, traute aber wohl dem Frieden nicht so recht. Überall Soldaten mit Maschinengewehren, die uns misstrauisch beäugten. So gab er mir seine Zeitung und murmelt einen Segensgruß, bevor er sich einer Gruppe von Fußgängern anschloss, die auf einem Trampelpfad über eine große Wiese Richtung Straße gingen. In der Zeitung fand ich 2000 Dollar – und ein Visitenkärtchen. So konnte ich für ihn beten; sein Gesicht habe ich heute noch vor Augen.

Auch wenn es turbulent weiterging – ich erinnere mich, keinen Augenblick Angst gehabt zu haben auf dem Weg meinen Auftrag auszuführen. Und noch heute bete ich für Richard, der bei diesem Ostergottesdienst in Kathmandu zum Glauben kam.

41

Brennende Barrikaden

«Jedes Fahrzeug, das sich bewegt, wird beschossen, beschlagnahmt und angezündet.» So die im Radio und per Megaphon in der Hauptstadt Nepals verbreitete Botschaft. Das galt ausdrücklich auch für Zweiräder – am besten, es blieben alle zuhause.

Nach meiner abenteuerlichen Landung in Kathmandu hatte mich mein ehemaliger Student zu Fuß abgeholt und fast zwei Stunden lang meinen Koffer geschleppt. Dann kam ich in seinem Haus unter, das innen sehr schön war mit Teppichen am Fußboden und an der Wand. Die alte Mutter hantierte in der Küche, und bald gab es Tee und etwas zu essen. Zum ersten Mal lernte ich, dass man dazu überhaupt kein Besteck braucht. Man knetet mit drei Fingern der rechten Hand Reis und Gemüse zu kleinen Bällchen – eigentlich eine sehr saubere Sache, da man ja vorher die Hände gründlich gereinigt hat, und für weniger hygienische Handgriffe war ohnehin die andere Hand zuständig.

Am nächsten Tag pirschten wir uns stundenlang zu einem Camp, das etwa 25 km außerhalb der Stadt gelegen war. Wir waren sehr vorsichtig und schließlich froh, dass wir keiner der bewaffneten Milizen begegnet waren.

Wunderbar liefen die Schulungen mit den aufmerksamen Studenten, die aus den fünf Tälern Nepals angereist waren, aber auch aus den umliegenden Ländern. Nur schwer konnte ich mich daran gewöhnen, dass ich als Einziger einen Stuhl hatte und alle anderen auf dem Boden saßen. Ich wehrte mich lange, hatte aber keine Chance. So sei das bei ihnen; das sei eine Sache des angemessenen Respekts gegenüber einem «Rabbi».

In der Stadt hatte es wieder Schießereien gegeben, so hörten wir in den Nachrichten. Immer wieder gab es Tote und Verletzte, einige Stadtbezirke brannten. Unerbittlich standen sich die Polizeigarde des ungeliebten korrupten Kaisers und die vom Ausland unterstützten Kommunisten gegenüber, die die Monarchie stürzen wollten. Noch drei Tage bis Ostern – ich war offiziell zur Predigt in einer der Hauptkirchen Kathmandus eingeladen worden –, aber ob der Ostergottesdienst überhaupt stattfinden konnte? Und falls ja: Wie konnte ich in die Stadt kommen?

Am Samstag musste eine Entscheidung fallen. Die Studenten lagen mit dem Gesicht nach unten der Länge nach auf dem Boden und beteten still. «Silent army», nannten sie das – die stille Armee. Würde Gott mir einen Weg zeigen? Sollte ich versuchen, die Kirche zu erreichen, um dort die Osterpredigt zu halten? Und würde überhaupt jemand kommen – trotz Ausgangssperre und angedrohter Strafen?

Die Mehrheit meinte, man solle doch jetzt nichts riskieren, wir könnten auch hier gemeinsam schön Ostern feiern, und irgendjemand sei sicher in der Stadt, der predigen könne. Am vergangenen Sonntag sei der Gottesdienst ganz ausgefallen – und wer weiß, ob ich mich hier nicht allzu sehr in Gefahr begebe?

Schließlich sagte ich: «Ich werde es in jedem Fall versuchen. Geht jemand mit und zeigt mir den Weg?» Einer meldete sich und erwiderte: «Wenn du gehen willst, gehe ich mit.» Er hatte sogar ein geländegängiges Enduro-Motorrad – und einen zweiten Helm.

Der Gottesdienst sollte um 10 Uhr beginnen – aber wir wollten um 6 Uhr da sein, in der Hoffnung, nachts wäre es einfacher, trotz der Verbote zu fahren. So schwang ich mich gegen 3 Uhr auf den Sozius der Enduro und umschlang den Fahrer, der wie ein Crossfahrer über die Feldwege ratterte. Was für ein Lärm, dachte ich, da kann man ja nicht unentdeckt bleiben!

Die ersten Kilometer kamen wir gut vorwärts, aber dann mussten wir eingangs der Stadt über eine Kreuzung, die nicht zu umfahren war, und dort standen sich Militär und Maoisten Auge in Auge gegenüber – eine knisternde Spannung lag in der Luft. Einige Passanten wurden zu Fuß durchgelassen, aber mit Fahrzeug war es völlig aussichtslos. Also versteckten wir die Enduro in einer Scheune, obwohl es von der Kreuzung noch 12 km bis zur Kirche waren.

Wenn man an der Kreuzung nach rechts wollte, kontrollierte dort das kaiserliche Militär. Ob ich mit einem deutschen Pass da durchkäme? Da zeigte mein Begleiter mit dem Finger zwischen zwei Gehöften durch ins Tal, wo sich ein kleines Flüsschen entlangschlängelte. Waren da nicht Fahrräder unterwegs – und niemand hielt sie auf? Er bedeutete mir, allein weiterzugehen und rechts runter nach zwei Kilometern an einer kleinen Brücke auf ihn zu warten. Weg war er und holte das Motorrad. Und erwartete mich tatsächlich unten an der Brücke.

Zweieinhalb Stunden zu früh waren wir in der Kirche – und natürlich war niemand da. Auf zwei Stockwerken säßen normalerweise die Gottesdienstteilnehmer auf dem Boden, in einem normalen, alten, aber auch sehr geräumigen Gebäude. Alles war sehr karg eingerichtet, nur die in mehreren Lagen auf dem Boden liegenden Teppiche schienen von edelster Qualität. Zusammen mit dem Geruch brennender Hölzer und exotischer Gewürzschwaden hatte es schon etwas von «Tausendundeine Nacht».

Wir entschlossen uns zu beten, und nach und nach kamen Einzelne dazu. Um 10 Uhr waren beide Stockwerke überfüllt. Viele konnten nicht mehr sitzen oder liegen, sondern mussten sich auf die Fersen aufsetzen, um Platz zu sparen. «Da kannst du nicht lange predigen», dachte ich, aber man sagte mir, eine Predigt dauere eine Stunde.

Selten habe ich mit so viel Inbrunst und Herzblut gepredigt wie an diesem Ostermorgen in Kathmandu. Viele Lippen bewegten sich, als ich ein Hingabegebet sprach, das natürlich Satz für Satz übersetzt wurde.

Zum Nachgespräch kam ausgerechnet ein Amerikaner, der zum ersten Mal nach 15 Jahren eine Kirche betreten hatte. Nach einer Lebenskrise war er nach Nepal ausgewandert und hatte alles durch – das Leben in Bhagwans Ashram, die Moon-Sekte, Esoterik und sogar einen Ausflug in den Islam – und nun sei er endlich wieder heimgekommen wie der verlorene Sohn. Er fragte mich, ob ich mit ihm beten könne, er wollte sein Leben Jesus geben. Er war so glücklich, dass er mir sagte: «Du kannst das überall erzählen und sogar meinen Namen nennen. Noch heute Morgen ahnte ich nicht, was ich jetzt gemacht habe, aber ich spüre jetzt schon, dass alles richtig ist. Hoffentlich sind andere nicht so dumm wie ich und probieren zuerst alles andere aus.»

Der Rückweg war dann schwieriger. Die lange Ausfallstraße, die wir am Morgen noch zügig genommen hatten, war voll brennender Barrikaden, und vor der größten mussten wir anhalten und erst mal am Straßenrand warten. Immer wieder brach einer von der anderen Seite durch, zwischen brennenden Reifen und Möbelstücken, vor allem konnte man aber wegen des Rauches nicht sehen, was auf der anderen Seite war. «Drüben stehen sie und beschlagnahmen jedes Motorrad», sagte einer, der durchgekommen war. «Die einzige Chance ist: mit Vollgas rüber und auf keinen Fall anhalten. Ich glaube, die geben nur Warnschüsse ab.»

Lange zögerten wir. Irgendwie mussten wir zum Camp zurück. Jede Stunde kamen ein paar durch, aber immer von der anderen Seite, und immer an derselben Stelle. Nach fast drei Stunden wagten wir es – blind und mit Anlauf. Und in der Hoffnung, dass nicht gerade jetzt einer entgegenkam. Der Durchbruch gelang uns, massives Herzklopfen inklusive.

Die Rückreise aus Nepal ist noch zu erwähnen. Ich hatte tatsächlich einen gebuchten Flug für den Abend, aber man sollte sechs Stunden vorher einchecken und bereit sein. Also zu Fuß mit Koffer hin – und natürlich keine Schlange. Viel zu früh – man wisse ja gar nicht, ob das Flugzeug aus Indien komme oder nicht; gestern sei es nicht gekommen.

Also schloss ich mein Gepäck ein und machte mit meinem Frühstücksbeutel einen Spaziergang um das Flugfeld. Ich kam an eine

155

Stelle, wo kleine zweimotorige Maschinen knatterten. «Buddha Air», stand auf dem Flügel. Und: «Mount-Everest-Rundflug in vier Stunden». Hatte ich 200 Dollar? Natürlich, und das war es auch wert. Doch dann noch die Schrecksekunde. Mein Schweizer Taschenmesser mit zwölf Klingen durfte ich natürlich nicht ins Flugzeug mitnehmen. Also hieß es: «Hier in den Mülleimer werfen, oder du kannst nicht mitfliegen.» Was für ein Dilemma – auf den bereits bezahlten Flug verzichten, oder das wertvolle Erinnerungsstück war weg?

Verzweifelt rannte ich nach draußen, schaute mich um, rannte hinter einen der vielen Bäume und grub ein Loch. Dann ging ich zehn Schritte zurück und steckte einen Zweig in den Boden; von dort aus lag die kleine Grube in der Verlängerung zu einer Bergspitze; dann zehn Schritte nach rechts, und ich sah den Schnittpunkt in der Flucht zu einem imposanten Felsen. Das sollte ich wiederfinden, dachte ich und schaute mich verstohlen um in der Hoffnung, dass ich unbeobachtet war. Dann rannte ich zurück zu den ungeduldig wartenden Beamten. Und rein in die Buddha-Air-Maschine.

Acht Passagiere saßen in vier Reihen, alle am Fenster mit dem Gang in der Mitte. Allerdings konnten die Berggipfel nicht umflogen werden, da Nepal hier endete; in den chinesischen Luftraum durften wir nicht. Auch lagen die Gipfel noch oberhalb unserer Fenster, weil das kleine Fluggerät trotz kreischender Motoren nicht höher als 7500 Meter kam. Egal, denn: Träumte ich oder war das real? Mount Everest, Annapurna und der K2 als unverhoffte Zugabe zu meinem Trip? Gott, hast du wieder in mein Herz gespäht und ein bisschen Trauer darüber gesehen, dass ich zum ersten Mal in Nepal bin, und dann «nur», um zu predigen? Und dann gabst du mir noch die richtige Eingebung, das wertvolle Schweizer Taschenmesser einfach zu verbuddeln und sechs Stunden später tatsächlich die Stelle wiederzufinden, wo nach dem Wegscharren des Sandes etwas Rotes mit weißem Kreuz aufblinkte.

Letzter Akt dieser denkwürdigen Reise war die Begegnung mit einem Pärchen aus Frankreich, das weinend am Gate stand. Sie waren vier Wochen in Nepal gewesen und hatten den letzten Dollar ausgegeben – ohne daran zu denken, dass es noch eine Flughafengebühr gab. Jetzt erklärte man ihnen allen Ernstes, sie dürften auf keinen Fall einsteigen, ohne zu zahlen. Außer uns kein Mensch weit und breit, also musste ich ihnen helfen. Strahlend schenkte ich ihnen das Geld – sie staunten nicht schlecht, dass ich es gar nicht zurückkriegen wollte. Ich war ja ohnehin in Hochstimmung. «Gestern war Ostern», erklärte ich ihnen, «da hat jemand sein Leben für uns gegeben, dem wir nichts dafür zurückgeben können.» Zum Schluss nahmen sie noch eine kleine Bibel und versprachen, darin zu lesen.

42
Engel oder was?

Ich kann das kommunistische Land nicht nennen, in das ich einreisen wollte – nur dass ich die «Flunder», die mich fliegen sollte, noch nie gesehen hatte. Keine Boeing und kein Airbus jedenfalls, auch keine Douglas oder Aeroflot. Durch den Schwanz ging es in den bizarren Vogel, und dann saß ich ganz vorn vor einer Wand – dem Gepäckraum. Mit einem Stoßseufzer ließ ich mich in den Sitz fallen – da brach die Rückenlehne am Gelenk ab und lag dem Hintermann auf dem Schoß. So durfte ich natürlich nicht mitfliegen, und da kein anderer Sitz frei war, verwies man auf den Flug am nächsten Tag. «Very very sorry for that …» Und so geleiteten sie mich nach hinten zum Ausgang.

Ich schrie innerlich zu Gott, weil ich alles Material für die am gleichen Tag beginnende Schulung dabeihatte; ohne mich konnte die Konferenz kaum beginnen. Da reagierte der Flugbegleiter auf meine «Senator»-Karte von der Lufthansa («Miles & More Senator Status»). «Ein VIP!», murmelt er und zwang einen jungen Mann in der letzten Reihe zum Aussteigen. Ich bekam seinen Platz. Möge er dafür in den Himmel kommen, betete ich, nahm aber dankend an.

Der größte Schock sollte mir aber noch bevorstehen. Streng verboten sei das Einführen jeder Art von geschriebenem oder gedrucktem Text, stand deutlich auf dem Zollformular, das während des Fluges überreicht wurde. Keine Zeitung, kein Buch, auch keine Tonträger, keine CDs oder DVDs, nichts von dem, was in je 30-facher Auflage meine Koffer füllte. Gefängnis und hohe Geldstrafen waren angedroht – aber wie konnte ich anmelden, dass ich dreißig Bibeln, sechzig CDs und 120 Jesus-Filme dabeihatte? Ich würde vielleicht nur ausgewiesen, wenn ich's jetzt angab – aber was würde mit den Freunden geschehen, die mich abholen wollten? Von einigen wusste ich, dass sie bereits in der Zielfahndung der Staatspolizei waren wegen unerlaubter Versammlungen und ähnlichen Vergehen.

Ich kämpfte noch mit mir, als das Flugzeug schon an Höhe verlor und zur Landung ansetzte. Immerhin waren wir nicht abgestürzt, die Triebwerke schienen besser in Schuss als die Flugzeugsessel. Dann machte ich schnell ein Häkchen bei «nothing to declare» und setzte meinen Namen drunter. «Vergib mir, Vater, wenn das falsch ist», schrie ich zu Gott – aber ich wusste wirklich nicht, was ich sonst machen sollte.

Zu Fuß ging's übers Flugfeld zu einer Militärbaracke, die als Terminal fungierte. Sogar ein einfaches Rollenband war da, auf das draußen die Koffer aufgelegt und durch eine Luke in die kleine Vorhalle der Immigration gerollt wurden. Man durfte sie auch nicht selbst drauflegen – nur abstellen und reingehen.

Drinnen waren vier Schalter – an jedem saß eine Gestalt in olivgrüner Soldatenuniform, die Gesichter waren kaum erkennbar unter diesen kegelförmigen Hüten mit der Spitze nach oben. Und dann sank mir das Herz in die Hose. Vor den Beamten bildeten sich lange Schlangen, weil jeder Koffer komplett ausgeräumt und jede Kleinigkeit gecheckt wurde. Jedes Höschen und jede Socke wurden umgedreht auf der Suche nach Geld oder verbotenem bedrucktem Papier.

In der Hitze bei über vierzig Grad bekam ich das Herzrasen. Wo waren meine Koffer? Ich hatte sie aus den Augen verloren und schätzte die Zeit ab. Wenn jeder zwanzig Minuten kontrolliert wird, dann würde das Stunden dauern. Und was würden sie dann mit mir machen? Hier in einem nicht klimatisierten Gefängnis – das würde ich kaum überleben. Und ob es eine Chance gab, an meine Blutdrucktabletten heranzukommen? Jetzt schon brauchte ich alle Konzentration, um nicht ohnmächtig zu werden. Ich hatte kaum noch Kraft, aber einfach im Erdboden verschwinden konnte ich auch nicht.

Die Warteschlangen bewegten sich kaum. Ich litt Seelenqualen – egal, was ich mir ausmalte, es gab kein einziges Szenario, das noch gut enden konnte. Oder waren meine Koffer wie durch ein Wunder ganz verschwunden? Könnte ich einfach sagen, ich hätte kein Gepäck? Mit Schaudern dachte ich an die Warnungen darüber, wie brutal in diesem Land gegen Andersdenkende vorgegangen wurde.

Und dann kamen meine Koffer in Sicht. Ganz langsam rollten sie durch die Luke, und ich sah ihnen zu, wie sie auf der leicht geneigten Rollenbahn langsam auf mich zuruckelten. Bleischwer fühlten sie sich an beim Abräumen vom Band. Beim Einchecken war meine größte Sorge noch gewesen, ich würde wegen Übergewicht gestoppt ...

Doch etwas war eigenartig. Auffällig war, dass an drei Schaltern lange Schlangen waren, und an einem Schalter wartete niemand. Ich versuchte, das Gesicht des Soldaten zu erkennen – eher eine Frau? Entschlossen nahm ich meine Koffer und ging auf die Person zu, versuchte ihr in die Augen zu schauen und eine Regung zu erkennen – und als ich ganz nahe dran war und etwas sagen wollte, winkte sie mich einfach mit einer Handbewegung durch!

Ungläubig und wie benommen zog ich mein Gepäck um die nächste Mauerecke, und da sah ich meine Freunde. Wie Fußballer vor einem Spiel hatten sie einen Kreis mit Blick nach innen gebildet und sich an den Händen gefasst. Kein Zweifel, das war meine Abholung. So intensiv waren sie im Gebet versunken, dass sie mich zuerst gar nicht bemerkten. Dann der fast nur geflüsterte Aufschrei: «Da bist du ja, Bruder! Wir spürten, dass du in großen Schwierigkeiten steckst. Aber der Herr hat Gnade zu deiner Reise gegeben.»

Verstohlen blickte ich mich um. Ob nur ich den freien Schalter gesehen hatte? Ob es ihn überhaupt gab? Ob wirklich ein Mensch darin gesessen hatte oder ein Engel? Ich weiß es nicht. Ich hatte nur den überwältigenden Eindruck, gerade das Eingreifen des allmächtigen Gottes hautnah erlebt zu haben.

43

A problem with the aircraft

Rückflug von Kalkutta (heute: Kolkata) über Katar nach Frankfurt. Die Tage in Indien waren prall gefüllt gewesen. Den Heiligen Abend hatten wir als Familie noch mit allen Kindern am heimischen Christbaum verbracht, auch die aus Südafrika und Italien waren da. Am Weihnachtsmorgen war ich dann allein losgeflogen zu einer Blitztour in Asien und wollte an Silvester zurücksein.

Zuerst war da die Hochzeit von Sunil und Niti in Chennai (früher: Madras). Wie ein Traum war sie an mir vorübergezogen. Die freudigen und tief bewegten Eltern Paul und Grace, meine langjährigen Freunde, waren hingebungsvolle Gastgeber. Beeindruckend war die «Fütterung» von über 2000 Gästen unter einem Freidach – wie sollte so etwas gehen?

Ganz einfach: Die ersten 200 setzten sich an langen parallelen Tischen, auf denen nur ein Papiertischtuch von der Rolle lag. Jeder bekam ein Platanenblatt als «Teller», danach kamen die Essensausträger, die an Lederriemen befestigte Kessel vor sich hertrugen. Jeder bekam aus jedem Kessel etwas ab – zuerst kleinere Kleckse mit verschiedenem Gemüse, dann eine große Schippe Reis, und gegessen wurde mit den drei Fingern der rechten Hand. Alles schmeckte sehr gut, ging wie der Blitz und war einfach perfekt. Danach wurden die Papiertischdecken mit allem drin eingerollt und entsorgt, und fertig war die Tafel für die nächste Runde von Gästen.

Wie so oft hatte die Reise aber auch die geschäftliche Komponente, und so folgte zunächst eine Verhandlung in Bangalore mit einem langjährigen Geschäftspartner, der die Zusammenarbeit beenden und sich neu orientieren wollte. Danach ging es nach Kalkutta zu einem wichtigen Strategietreffen mit einer Unternehmerfamilie, die in der Magnettechnik den Weltmarkt aufmischte und meine Beratung suchte.

Ein letztes Abendessen, nachts um 3 Uhr in den Flieger, Zwischenlandung in Doha. Mit routinierter Langeweile ließ ich die Ab-

fertigungsprozedur über mich ergehen, Passkontrolle, Sicherheits-
check, Business as usual. Oder nicht?

Spät kamen die Piloten; als die Passagiere schon einsteigebereit
am Flughafenbus warteten, wurden sie in einer schnell fahrenden
Limousine herangekarrt. Sie gingen vor uns die Treppe hoch, stie-
ßen fast mit dem Reinigungspersonal zusammen, das gerade mit
Plastiksäcken voll Unrat das Flugzeug verließ. Kein gutes Geschäft
für die Airline, dachte ich, als ich das fast neue Flugzeug betrat und
sah, dass viele Plätze frei blieben.

Während des Starts döste ich vor mich hin, es war 6 Uhr morgens
nach einer Nacht ohne Bett. Das Frühstück wurde mir gerade auf
den Klapptisch gestellt, da machte sich unter den Flugbegleitern
Hektik breit. «Pull back», raunte eine Stewardess der anderen zu,
«we have a problem with the aircraft.» Dabei hatte sie einen Blick in
den Augen, der mir das Blut in den Adern gefrieren ließ.

Die anderen Passagiere hatten noch nichts mitgekriegt. Sie wun-
derten sich nur, dass die Essenswagen in beiden Gängen mitten im
Service zurückgezogen wurden. Meine Ingenieurs-Ohren lauschten
auf das Geräusch der Triebwerke. Täuschten mich meine Sinne,
oder war da ein mahlender Unterton zu hören? Auf den Monitoren
lief das Maps-and-Info-Programm. Noch 2800 Meilen bis Frankfurt,
dann endlich die erste Karte – wo war der nächste Flughafen? Ausgerechnet jetzt waren wir über einem Gebirge im nördlichen Iran,
kein Ausweg weit und breit. Und dann der Höhenmesser: 9325 m –
warum nicht 11.000 bis 12.000 Meter wie üblich? Und wir sanken!

Dann zuckte das Flugzeug komisch von links nach rechts, hin und
her. Wir flogen extrem langsam, unter 400 mph, die Turbinen
brummten gequält, und wir waren offensichtlich im Sinkflug!

Dann rannte mit verzerrtem Gesicht eine Stewardess von vorne
nach hinten an mir vorbei. Würde gleich ein Alptraum Realität? Gab
es irgendetwas, das ich tun konnte?

Komischerweise aß ich als Erstes meinen Pfannkuchen zu Ende.
Dann stellte ich das Tablett so weit wie möglich weg und klappte
den Tisch hoch. Suchte die Notfallanleitung in der Sitztasche vor
mir. Ortete die Notausgänge. Übte die Kauerstellung mit den Ell-

bogen auf den Knien – und merkte, dass ich doch überhaupt nichts unternehmen konnte. Wenn wir jetzt abstürzen würden, wäre es wohl gut, innerlich einen ordentlichen Schlussstrich zu ziehen.

«A problem with the aircraft.» Ich war mir sicher, es richtig aufgeschnappt zu haben. Natürlich betete ich Sturm – erinnerte mich an das kürzeste und wichtigste Gebet, das jeder Mensch sprechen sollte. «Herr Jesus, rette mich!», schrie ich innerlich – «und die Menschen um mich her.»

Es war erstaunlich, was mir dann durch den Kopf ging. Kannten meine Mitpassagiere dieses rettende Gebet – wo würden sie bei einem Absturz die Ewigkeit verbringen? Dann war ich wieder bei mir selbst. Noch schnell für jeden Einzelnen in der Familie beten, auch ein paar gute Freunde waren dabei. Würde ich mein drittes Enkelkind nie sehen, das im März zur Welt kommen sollte? Würden sie das Kamel in meinem Gepäck finden, das ich für Lilly und Samuel in Katar gekauft hatte? Würden sie weinen, wenn sie es fanden, weil ich nicht mehr da war? Und meine Liebe spüren?

Ich kann nicht sagen, wie lange das ging – nur dass ich mich nicht entsinnen kann, jemals so konkret, so intensiv, so schnell nacheinander alles durchgebetet zu haben, einfach wie es mir in den Sinn kam. Und dann auf einmal: Entwarnung? Wir stiegen wieder, die Flugbegleiterinnen kamen zurück – mit hochroten Gesichtern, aber sie versuchten, sich nichts anmerken zu lassen. Nur wenige Passagiere waren unruhig geworden, die meisten schliefen oder hatten nichts mitgekriegt.

Pancakes oder Chicken? Kaffee oder Tee? Alles wie immer.

Dann war «Indien in fünf Tagen» vorbei. Heute war der 31. Dezember, wir waren wieder zusammen als Familie. Obwohl innerlich sehr bewegt, erzählte ich es nicht mal meiner Frau. Was sollte sie sich ängstigen bei meinen vielen Reisen? Meine Silvesterandacht aber schloss ich spontan mit dem Gedanken, dass wir jeden Tag unser Leben mit solcher Dankbarkeit leben sollten, als wäre es der letzte.

Ob sie doch etwas gemerkt hatte? Ich werde sie mal fragen.

TIEFER GEDACHT

44
Meine Frau und die Engel

Nur zehn Minuten dauert die Fahrt zum Büro – wer denkt schon daran, man könnte nie mehr heimkommen?

Vor dem Losgehen hatten wir noch in der Bibel gelesen und gebetet – Spezielles und Allgemeines, auch um Bewahrung. Dann in der Routine des Aus-dem-Haus-Gehens eine Irritation. «Hast du den weißen Ordner gesehen für das Leichtathletikteam?» – Erfolglose Suche in allen dafür in Frage kommenden Räumen, dabei findet meine Frau immer alles. «Er muss doch im Büro sein» – obwohl, da hatte ich auch schon gesucht.

Der übliche Kuss, dann raus aus dem Hof.

Kurz hinter der Stadtgrenze gibt es einen Feldweg, der die Landstraße kreuzt. Dort wende ich abrupt, als das Handy klingelt – meine Frau, sie hat den Ordner gefunden.

Was für eine banale Geschichte. Sie steht schon vor dem Haus mit dem Ordner, und nach weniger als drei Minuten bin ich wieder auf dem Weg. Und dann sehe ich es: Kurz hinter der Feldwegkreuzung, an der ich gewendet hatte, eine riesige Rauchwolke. Links liegt ein Auto auf dem Dach im Straßengraben, die Radierspuren der Reifen zeigen, dass der Fahrer auf meine Straßenseite gekommen war. 15 Meter wurde er ins Feld hineingeschleudert und wieder zurück – er musste sich mehrfach überschlagen haben.

Die ersten Autos hatten schon angehalten, Krankenwagen und Feuerwehr werden alarmiert, um den Fahrer notfalls aus dem verbeulten Auto zu schneiden.

Zuerst dachte ich nur ans Helfen, doch dann wurde mir der merkwürdige Zeitablauf klar. Ohne den Anruf – wäre ich da genau in dem Moment an der Stelle gewesen, wo der andere Fahrer auf meine Straßenseite kam? War da eben, ohne dass ich was merkte, Großalarm im Himmel gewesen? Wie viele Engel waren unterwegs gewesen, um den Ordner auf der Fensterbank hinter dem Tisch zu verstecken und um den Anruf auszulösen – exakt so, dass ich gerade noch wenden konnte?

Ich gehe oft aus dem Haus – auch auf große Reisen. Über 150 Länder habe ich gesehen und manche kritische Situation erlebt. Aber die zehn Minuten zum Büro, wer macht sich da schon Gedanken, dass er nicht wiederkommen könnte?

Mit großer Dankbarkeit wende ich mich an Gott. Wie oft, Herr, hast du mich schon beschützt, bewahrt, geleitet – ohne dass ich es überhaupt gemerkt habe? Vier quirlige Jungs und zwei Mädchen – wie sind sie groß geworden, ohne sich jemals ernsthaft zu verletzen?

«Herr, segne meinen Ausgang und Eingang von nun an bis in Ewigkeit.» So bete ich jedes Mal, wenn ich aus dem Haus gehe. Ich stelle mir vor, dass damit «eine Lage Segen» liegt auf allen Wegen, die von jetzt an bis in Ewigkeit noch kommen werden. Und am nächsten Tag kommt eine Lage drauf. Und so ist für jeden Meter meines Ganges schon tausendmal gebetet – auch wenn ich es mal vergessen sollte. Die Engel Gottes begleiten mich. Und notfalls ruft meine Frau an – aber sie ist ja auch ein Engel.

45
Wie Gott erhört

Überglücklich kommen meine beiden kleinen Jungs herein vom Spielen im Garten. «Schau, Papa, was wir gefunden haben!» Mit strahlenden Augen präsentieren sie mir einige spitze Glasscherben, die wunderbar in der Sonne funkeln. Hat jemand eine Bierflasche zerschlagen und über den Zaun geworfen? Wie interessant für die kleinen Buben, die gerade die Welt entdecken!

Mit großen Augen schauen sie mich an. «Schön, was?» Als ich erschreckt versuche, ihnen ihren Schatz abzunehmen, ernte ich blankes Unverständnis. Trotz aller guten Worte und dem Angebot der schönsten Tauschware löse ich das heulende Elend aus. Verzweifelt beklagen sie ihren Verlust, zu gerne hätten sie damit noch einige «Versuche» gemacht.

Wie wird Gott mit unseren Gebeten umgehen? – schießt es mir durch den Kopf. Wie mit unseren oft unvernünftigen Wünschen, unseren Spleens?

Glücklicherweise haben die Jünger Jesus gefragt, wie man beten soll. Und wieder geht Jesus mit seiner Antwort weit über die Frage hinaus – und offenbart ein Geheimnis. «Wenn ihr betet», so sagt er ihnen, «dann schließt die Tür – und Gott, der *in das Verborgene sieht,* wird euch erhören.» Beim Nachdenken über diese Antwort fand ich eine Erklärung, die mich seither wie ein Schatz beim Beten begleitet. Zuerst war es ein erschreckender, dann ein tröstlicher Gedanke. Gott sieht alles, nicht nur, was wir ihm sagen. Würde er unsere Gebete so erhören, wie wir es formulieren – ein Alptraum. Würde er uns das geben, was wir verdient haben – wehe uns.

Natürlich hört er unser Reden – sieht aber im selben Moment unsere Lage von seiner hohen Warte der Weisheit, Allwissenheit, Allmacht und Liebe. «Gott, der in das Verborgene sieht» könnte mehr bedeuten als nur mich hinter meinen verschlossenen Türen. Sieht er nicht auch gleichzeitig alles, was mir mit meinem begrenzten Horizont des Bittens im Verborgenen bleibt?

So sind die in diesem Buch festgehaltenen Erlebnisse wie ein Spiegel des Vertrauens, das sich auf vielen Wegen zu diesem Gott gebildet hat. Weil er mit allen Sinnen erhört – und er hat vielleicht ein paar mehr davon als wir –, ist sicher sein Erhören perfekt, auch dann, wenn ich es nicht verstehe. Seine Macht und Weisheit, seine Fürsorge im Großen wie im Kleinen, sie machen mich mal sprachlos – und manchmal öffnen sie mir den Mund. Deshalb habe ich vor fast drei Jahrzehnten damit begonnen, mir Notizen zu machen über die Welt, aber vor allem auch über Gott. Erstaunlich, wie er mein Denken über IHN und das Leben verändert hat.

Wir alle werden ja ständig mit dem echten Leben konfrontiert, das neben Momenten der Seligkeit auch furchtbare Abstürze mit sich bringt. Es ist mir ein Bedürfnis geworden, aus allem ein Gebet zu machen. Wie gehe ich um mit Glück und Leid, Liebe und Wahrheit? Und wie mit dem Tod, der manchmal in unmittelbarer Nähe einschlägt? Gibt es Trost, der mehr ist als Beschwichtigung? Gibt es Zuversicht, die mehr ist als positives Denken? Gibt es Aufmunterung, die mehr Tragkraft hat als ein gutgemeinter Appell?

Manchmal habe ich den Verdacht, dass die Falltiefe unseres Empfindens das Leben tiefer macht. Was wäre das Frühlingserwachen ohne den harten Winter; wie beglückend könnten wir die erwärmende Sonne genießen, ohne jemals gefroren zu haben? Wie tief können wir Dankbarkeit empfinden, wenn niemals Mangel und Sehnsucht in uns waren? Und wie das Glück des Heimkommens zu einem geliebten Menschen ohne den Schmerz des Abschieds, das Bittersüße in unerfüllten Träumen?

Vielleicht schlummert hier ein Geheimnis hinter der Tatsache, dass so viele Menschen auf der Welt in mir einen Freund sehen, obwohl wir uns mehr als selten begegnen. Ich habe so eine Liebe zu Menschen, schon wenn ich ihnen zum ersten Mal begegne. Ich achte nicht auf ihre Fehler und Schwächen, sondern sehe ihre Lust auf ein Leben, das diesen Namen wirklich verdient. Kann ich ihre Erwartung ans Leben beflügeln, die in vielen schon erloschen scheint? Kann ich ihren Blick weglocken von den eigenen Bedürfnissen und ihr Potenzial erschließen, auf dass sie Erfüllung finden in dem, was sie anderen geben können?

Auch das habe ich von meinen kleinen Kindern und jetzt von meinen Enkeln gelernt. Zum Beispiel an Weihnachten. Natürlich freuen sie sich auf ihre Geschenke, aber am glücklichsten sind ihre Augen, wenn ich das auspacke, was sie für mich gemacht haben. Warum lernen wir nicht von ihnen, dass «Geben so viel besser ist als Nehmen»? Und das gilt nicht nur für Boxer!

Lebensqualität ist für mich der Luxus, mich der Realität zu stellen, schwierigen Fragen nicht ausweichen zu müssen. Deshalb genieße ich es auch, fast immer mehr Andersdenkende als Gleichgesinnte um mich zu haben, was meinen kindlichen Glauben an Gott betrifft. Einen Beitrag zu leisten zum Wohl der Menschen hat mich quer durch die Welt getrieben. Aber als Christ habe ich immer den Wunsch, in ihnen die Sehnsucht zu wecken nach dem Heil, nach einer Antwort, die über das irdische Leben hinausreicht. Jesus hat zehn Aussätzige geheilt, und nur ein einziger kam zurück, um ihm zu danken. Alle haben die Liebesgabe der Heilung erfahren dürfen, aber nur einer fand den Geber, die Quelle des bleibenden Glücks.

46
Wahrheit und Liebe

Jesus vor Pilatus. «Was ist Wahrheit?», fragt der römische Statthalter des Kaisers Tiberius. Genau die richtige Frage im rechten Moment an den richtigen Mann. Aber es war wohl eine rhetorische Frage – und keine auf der Suche nach Antwort.

Wie kann man diese Situation, diesen einmaligen Moment in der Weltgeschichte, charakterisieren? Brillant, grotesk, der Gipfel der Ironie? Da stellt Pilatus in einer Situation, in der es für Jesus um Leben und Tod geht, eine der wichtigsten Fragen der Menschheit – und die Antwort ist nur einen Augenblick und einen Schritt weit entfernt. Unter allen Menschen, die jemals diesen Globus betreten haben, steht vor ihm der EINE, der die Antwort hat. Zufällig lebt Pilatus in einer Zeit, wo dieser EINE körperlich da und ansprechbar ist. Und es kommt zu einer Begegnung mit ihm – und zu dieser einmaligen Situation. Die Antwort steht vor ihm. «Ich bin der Weg, die *Wahrheit* und das Leben», hat dieser Jesus gesagt, «niemand kommt zum Vater als allein durch mich.»

Wenn das stimmt, dann ist Wahrheit keine Sache, auch keine Philosophie, keine Antwort mit einer kompletten Richtigkeit – sondern eine Person. Nur bei Jesus ist die Antwort zu finden. «Die einzige Chance, JÜNGER zu werden» – so hatten wir witzigerweise zu einem Gesprächsabend eingeladen. Die einzige Chance, die Wahrheit zu finden, liegt in einer persönlichen Begegnung mit Jesus.

Aber wollen wir die Wahrheit wirklich wissen? Meist ist sie hart, gnadenlos, brutal und unverdaulich. Und hier folgt das nächste Geheimnis: In diesem Jesus liegen zwar hundert Prozent der Wahrheit – aber *in* ihm ist Wahrheit untrennbar mit Liebe verbunden. Und hier dämmerte es mir, als ich zum ersten Mal wie so einen Blitzfunken diesen Gedanken erfasste: *Wahrheit und Liebe sind Zwillinge, die nie allein auftreten sollten.*

Wahrheit ohne Liebe ist kalt und hart. Daran ändert sich auch nichts, wenn sie richtig ist. Wenn wir jemand die Wahrheit sagen ohne Liebe, kann das die Beziehung auf immer vergiften.

Liebe ohne Wahrheit aber ist sentimental, diffus und letztlich kraftlos – weil sie die Wirklichkeit nicht erträgt.

Wahrheit *und* Liebe – können wir beides erfahren in *einer* Beziehung?

Pilatus hat's vermasselt. Und ich?

47

Warum Gott weint, und worüber er sich wundert

Selten lesen wir in der Bibel, dass Jesus weinte. Deshalb sind diese Stellen besonders kostbar. Was kann ihm, dem allmächtigen Schöpfer des Universums, die Tränen in die Augen treiben?

Eine Stelle finden wir am Grab von Lazarus. In Johannes 11,35–36 lesen wir: Da brach Jesus in Tränen aus. Die Leute sagten: Seht doch, wie sehr er ihn geliebt hat!

In Lukas 19,41 heißt es von Jesus: Als er sich der Stadt näherte und sie vor sich liegen sah, weinte er über sie. Und in Matthäus 9,36: Jesus sah die große Volksmenge und bekam Mitleid mit den Menschen, denn sie waren erschöpft und hilflos – wie Schafe, die keinen Hirten haben.

Wir denken vielleicht, unsere Sünde würde Gott zur Verzweiflung bringen. Aber das ist es nicht, worüber er sich wundert. Dass wir ihn wieder und wieder enttäuschen würden, wusste er schon in dem Moment, als er uns als seine Kinder angenommen hat. Die Sünde ist für ihn kein unlösbares Problem, er ist selbst dafür in den Tod gegangen. Aber dass diejenigen, die seine Vergebung, seine Liebe und seine Kraft erfahren haben, nicht mutiger auftreten gegenüber einer Welt, die ihn aus den Augen verloren hat, darüber wundert er sich – sehr sogar. Hesekiel und Jesaja reden fast unisono darüber, und Jesaja sagt sogar, er sei bestürzt:

«Ich suchte unter ihnen, ob jemand eine Mauer ziehen und in die Bresche vor mir treten würde für das Land, damit ich's nicht vernichten müsste; aber ich fand keinen» (Hesekiel 22,30).

«Das alles sah der Herr, und es missfiel ihm sehr, dass kein Recht war. Und er sah, dass niemand auf dem Plan war, und war bestürzt, dass niemand einschritt» (Jesaja 59,15–16).

Machen wir uns ein Bild davon, was es ändern würde, wenn wir Gott in Demut und Vertrauen bei seinem Wort und seinen Verheißungen nähmen? Warum ist uns die Geschichte in 1. Mose 18 gegeben, wo Abraham mit Gott feilschte, um das Gericht über Sodom und Gomorra abzuwenden? Fast wäre es ihm ja gelungen.

In 1. Mose 32 finden wir Jakob, der bis zur Morgenröte mit Gott rang mit den Worten: Ich lasse dich nicht, du segnest mich denn (Vers 27). Eine verrenkte Hüfte trug er davon, aber es wird ihm gesagt: Du hast mit Gott und mit Menschen gekämpft und hast gewonnen (Vers 29).

Freilich bedeutet dies nicht, dass wir Gott besiegen könnten, wenn er das nicht wollte. So war es mit meinen vier balgenden Buben, die sich gerne im Bett über den scheinbar schlafenden Papa hermachten; immer mausiger und kecker wurden sie in ihrer Frechheit, ihn zu kitzeln und zu wecken. Wie kreischten sie vor Vergnügen, wenn Papa wie ein Wolf aufsprang und über sie herfiel. Gemeinsam versuchten sie, die Oberhand zu gewinnen, und schließlich ließ er sich erlegen und lag kraftlos und erschöpft unter ihnen, und sie ritten rücklings auf ihm.

Auch wenn Gott sich wie ein Vater so gerne besänftigen lässt – in seinem gerechten Zorn ist er bestürzt darüber, wenn wir seine Verheißungen behandeln wie einen ungedeckten Scheck. Gerne vergibt er unsere Schwachheit, aber von seinen reiferen Kindern würde er erwarten, dass sie ihn beim Wort nehmen in einer sehnsüchtig auf Heilung wartenden Welt. *Proklamieren wir wirklich die Kompetenz des Schöpfers für alle Fragen des Lebens?* Oder ducken wir uns weg, anstatt für ihn das Wort zu ergreifen? Erfährt die Welt durch uns: «Der Autor des Lebens hat auch die Autorität!»?

Es macht mich traurig, dass Gott manchmal über mich weinen muss.

48
Und der Tod?

Die Corona-Pandemie erschüttert die Menschheit. Seit fast drei Generationen lebten wir nach dem Zweiten Weltkrieg in einer Gesellschaft, die vor Selbstbewusstsein strotzte in der Überzeugung, alles im Griff zu haben. Gab es überhaupt seit Karl dem Großen vor uns eine Zeit in unserer Region, wo eine einzige Generation keinen Krieg auf dem eigenen Territorium erlebte?

SARS und Ebola hatten wir aus der Ferne erlebt – immer im Vertrauen auf unsere Politiker und Wissenschaftler, auch auf unser hochentwickeltes Gesundheitssystem, dass sie jeder Herausforderung gewachsen sein werden. Wenn Sie dies lesen, gibt es hoffentlich einen Impfstoff gegen das Covid-19–Virus. Bitte bedenken Sie, dass ich beim Schreiben gerade in selbstgewählter Quarantäne sitze.

Aus Italien werden gerade mehr als 800 Tote innerhalb von 24 Stunden gemeldet. Aus Spanien auch schon über 300. Welche ungesehenen Heldentaten beim sich aufopfernden Pflegepersonal, welche Seelenqualen bei der Triage – dem nur im Katastrophenfall unausweichlichen Auswählen der Personen, die man sterben lassen muss, während ein anderer die bestmögliche Versorgung erfährt.

In meinem Beruf als Berater mittelständischer Unternehmer erfahre ich auf einmal, wie die Endlichkeit des Seins ins Bewusstsein dringt, und wie sie Menschen beschäftigt, die dieses Thema bis jetzt immer erfolgreich verdrängt haben. Jeder, der sich bisher über seine Leistung für Mitarbeiter, Kunden und Gesellschaft definiert hat, spürt die Frage: Was macht dies eigentlich mit mir, mit meinem eigenen Herzen?

Feuer, so habe ich heute in einem gestreamten Gottesdienst gehört, Feuer schmelzt Wachs, härtet aber den Ton. Aus welchem Stoff ist mein Herz, und was wäre wünschenswert?

Für hereinbrechende Katastrophen hat die deutsche Sprache das bezeichnende Wort «Heimsuchung». Nach Amos 3,6 sagt der Prophet: «Ist etwa ein Unglück in der Stadt, das der Herr nicht tut?» Ist dieser Herr nicht derselbe, von dem Hesekiel sagt (Hesekiel 18,23): «Meinst du, dass ich Gefallen habe am Tode des Gottlosen, spricht Gott der Herr, und nicht vielmehr daran, dass er sich bekehrt von seinen Wegen und am Leben bleibt?»

Was geht in unserem Schöpfer vor? Und wie steht er denn selbst zum Tod?

Lassen Sie es mich ganz deutlich sagen: *Gott hasst den Tod* – so sehr, wie niemand außer ihm es überhaupt kann.

Niemals hatte er das Leben für den Tod geschaffen. «Und Gott sah an alles, was er gemacht hatte, und siehe, es war sehr gut» (1. Mose 1,31).

Wie muss es ihm, dem Schöpfer, das Herz zerreißen darüber, was der Tod alles zerstört. *Wir haben uns daran gewöhnt, dass der Tod für uns alle unausweichlich ist. Gott wird sich nie daran gewöhnen.*

Vor allem wird er sich nie damit abfinden, dass der Tod das letzte Wort hat.

Und so verstehe ich seinen Entschluss, den guten und sicheren Platz in der dreieinigen Gottheit zu verlassen, sich auf den Weg zu machen, selbst Mensch zu werden und den Tod zu schmecken, um ihn zu besiegen.

Die am weitesten zeitlich zurückreichende Stelle in der Bibel ist ja nicht 1. Mose 1,1: «Am Anfang schuf Gott Himmel und Erde.» Lange vor Grundlegung der Welt galt Johannes 1,1: «Im Anfang war das Wort, und das Wort war bei Gott, und Gott war das Wort.» Später lesen wir dann im selben Kapitel, wer mit dem «Wort» gemeint ist: «Das Wort ward Fleisch und wohnte unter uns, und wir sahen seine Herrlichkeit, eine Herrlichkeit als des eingeborenen Sohnes vom Vater, voller Gnade und Wahrheit.»

Was bedeutet jenes geheimnisvolle und eigentlich unübersetzbare Wort in Philipper 2,7: «Er *entäußerte* sich selbst und nahm Knechtsgestalt an, ward den Menschen gleich und der Erscheinung nach als Mensch erkannt»?

Was trieb die göttliche Trinität zur Entäußerung – etwas zu schaffen außerhalb ihrer perfekten Gemeinschaft? Sie hatten alles, Allmacht, Allwissenheit, waren unabhängig von Raum und Zeit. *Ist dieser Nukleus allen Seins aus Liebe geborsten? Schufen sie deshalb ein Wesen, in das sie ihre überquellende Liebe investieren konnten?*

Es ist kaum anzunehmen, dass sie vom Sündenfall überrascht wurden, auch wenn er nie unvermeidlich oder gar gewollt war. Da echte Liebe und Zuwendung nur in Freiheit denkbar sind, entstand der Mensch als «Bild uns gleich», einschließlich der göttlichen Eigenschaft der Souveränität. Und als der Mensch im Paradies der Stimme der Versuchung erlag, war die Folge des Todes unausweichlich. Da Gott aber zwischen Ursache (Sünde) und Folge (Tod) die Gnadenzeit setzen wollte, erdete er sozusagen den Bannstrahl des Fluches und ließ ihn zunächst in den Acker fahren: «Verflucht sei der Acker um deinetwillen. Mit Mühsal sollst du dich von ihm nähren dein Leben lang» (1. Mose 3,17). Nicht ohne gleich die Verheißung mitzugeben: Und Gott sprach zur Schlange (Vers 15): «Ich will Feindschaft setzen zwischen dir und der Frau und zwischen deinem Nachkommen und ihrem Nachkommen; der soll dir den Kopf zertreten, und du wirst ihn in die Ferse stechen.»

Auch wenn der Mensch nicht sofort tot umfiel, unterlag jedoch die ganze Schöpfung von da an dem unausweichlichen Schicksal der Vergänglichkeit. Davon schreibt Paulus in Römer 8: «Wir wissen, dass die ganze Schöpfung bis zu diesem Augenblick mit uns seufzt und sich ängstet» (Vers 22); «sie ist ja unterworfen der Vergänglichkeit» (Vers 20).

Ahnen wir, was den Sohn Gottes dazu getrieben haben mag – zu dieser unglaublichen Karriere vom allmächtigen Gott, unabhängig von Raum und Zeit, in das Gefängnis der Begrenztheit eines menschlichen Lebens, bis dahin, dass er sich dem Urteil der Menschen auslieferte, bis hin zum Tode am Kreuz?

Gott hasst den Tod. Und er ist nicht bereit, klein beizugeben. Da er selbst ohne Sünde war, hätte Jesus in jedem Augenblick seines Erdenlebens zurückkehren können zu Gott, dem Vater – aber der Tod wäre unbesiegt geblieben.

Und so begibt er selbst sich in den Rachen des Todes, um ihn endgültig zu besiegen. Deshalb konnte er sagen: «Ich bin die Auferstehung und das Leben. Wer an mich glaubt, der wird leben, auch wenn er stirbt» (Johannes 11,25).

Diese Hoffnung über das Leben hinaus ist mehr als Beschwichtigung; sie hat reale Substanz und die unverbrüchliche Garantie des Einzigen, der über unser natürliches Leben hinaus garantieren kann.

Gerade in unserer Zeit mit Pandemien und Lockdown, mit Unsicherheiten und sozialer Einschränkung, sind die Menschen erstaunlich offen für Echtes, auch und gerade wenn es um Leben und Tod geht. Was für eine Chance.

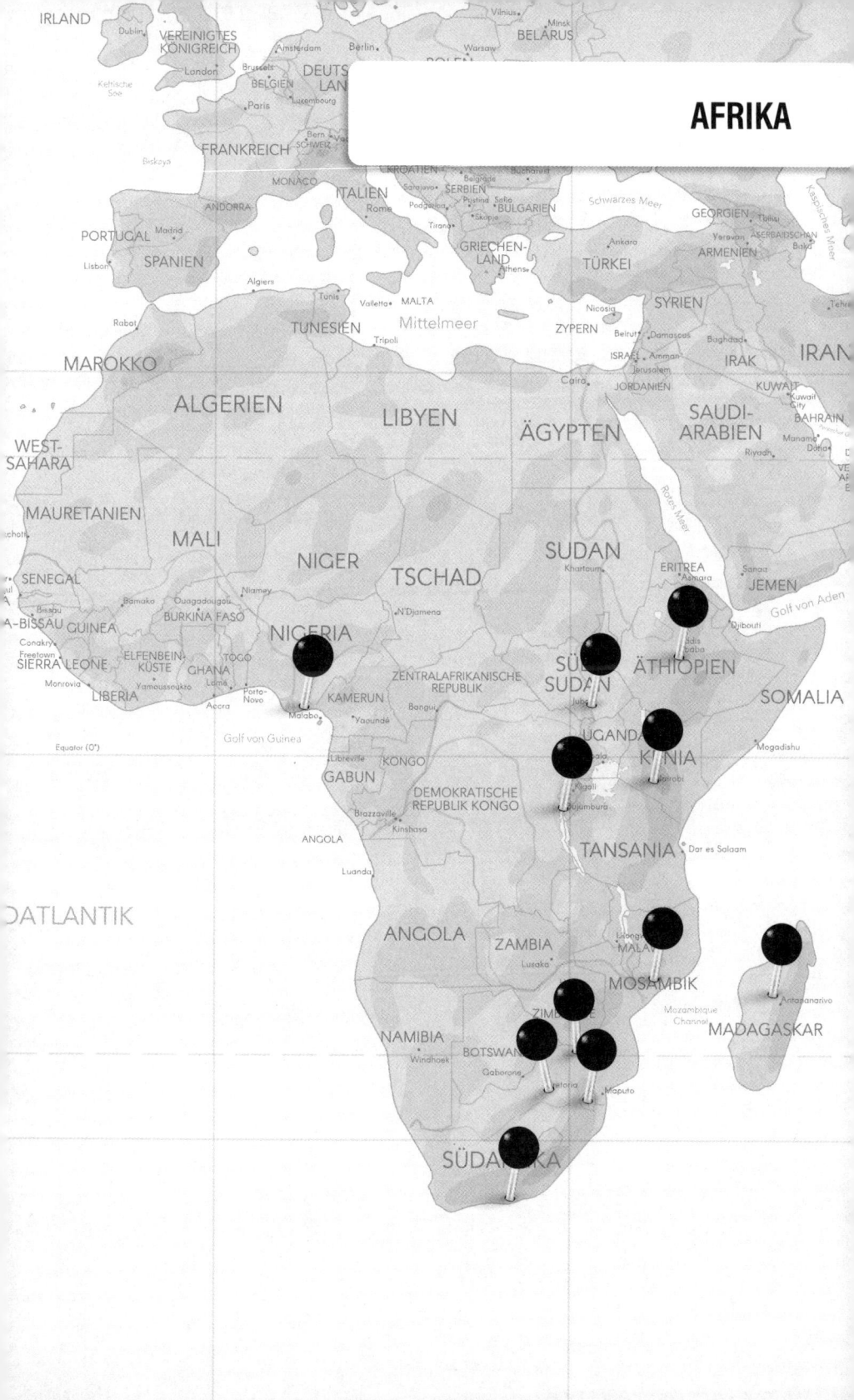

AFRIKA

49
Wo nicht nur der Pfeffer wächst

«Wir lagen vor Madagaskar und hatten die Pest an Bord.» Wie hatte dieses Pfadfinderlied das Bild mitgeprägt von der viertgrößten Insel der Welt, die es trotz ihrer prägnanten Kultur und ihrer biologischen Ausnahmestellung selten in unsere Nachrichten schaffte. Es musste ein computeranimierter Trickfilm her, um das Interesse an der Natur dieses Landes neu zu wecken.

Dass ich zu Madagaskar mit seinen traumhaften Möglichkeiten eine besondere Beziehung habe, liegt daran, dass dort einer der begabtesten Studenten lebt, die ich je hatte. Seit er im Jahrgang 2000 an der Akademie in Südafrika war, hat er sein Land in vieler Beziehung verändert. Ich wage es hier, einen Klarnamen zu nennen, denn er ist in seinem Land ohnehin bekannt wie ein bunter Hund. Und weil seinen echten Namen Siteny Thierry Randrianasoloniaiko ohnehin keiner aussprechen konnte, nannten wir ihn einfach nur Solo.

Aufgefallen war er mir nicht nur durch seine sportliche Exzellenz – er war damals unter den drei besten Judoka des afrikanischen Kontinents und konnte in Stiefeln aus dem Stand einen Salto schlagen. Beeindruckt war ich auch von seinem blitzgescheiten Verstand und vor allem von seiner Vision für sein gebeuteltes Land:

«Warum sind bei uns nur elf Prozent aller Häuser elektrifiziert? Warum müssen wir Nahrungsmittel aus Frankreich importieren, obwohl wir paradiesisch fruchtbare Erde haben, Sonne und Wasser die Fülle? Viele Früchte wachsen drei Mal im Jahr, und wir haben die Mentalität von Bettlern. Madagaskar könnte der Brotkorb Afrikas sein, aber wir haben uns daran gewöhnt, uns zu beschweren, weil man uns nicht gut genug versorgt.»

Ob er wirklich meine, das ändern zu können?

«Gott hat dem Menschen einen Auftrag gegeben, den Acker zu bebauen, darin zu arbeiten und ihn zu pflegen. Jetzt sind wir diesem Auftrag Gottes einfach gehorsam und sehen, was passiert.»

Ich hätte nie für möglich gehalten, wie konsequent er diese Überzeugung auslebte und wie weit er damit bis jetzt schon kam.

Er war damals schon Unternehmer, verdiente das Geld für seine ganze Sippe. Weil der Vater für den Broterwerb ausgefallen war, versorgte er seine Mama und seine vielen Geschwister, Nichten und Neffen. Seine Marktschirme baute er aus Holz und einer Art Plane und vermietete sie für 10 Cent am Tag als Sonnenschirme auf den Märkten, auf denen die Besitzer unter der prallen Sonne fast verschmachteten. Seine Mitarbeiter trieben das Geld täglich ein, denn – so mutmaßte er – keiner würde am Ende der Woche die 70 Cent noch in bar haben; üblicherweise wurde das am Tag verdiente Geld auch sofort ausgegeben. Ohne Schirm aber war die Sonne fast unerträglich, und wenn jemand nicht zahlte, nahmen seine Leute den Schirm abends wieder mit. «Geschäft ist Geschäft», sagte Solo, «und wenn 10 Cent Tagesmiete ausgemacht sind, darf ich diese auch eintreiben.» Die Schirme wurden ständig gewartet und erneuert. Über 2000 Schirme hatte er landesweit im Umlauf, als ich ihn kennenlernte.

«Wenn du in meinem Land etwas bewegen willst», erklärte er mir, «musst du Unternehmer werden, und dann gehst du in die Politik.» Nur so könnten Korruption und Misswirtschaft von innen heraus überwunden werden. Zwar sei das Land offiziell nicht mehr unter der Kontrolle der ehemaligen Kolonialherren aus Frankreich, aber die wirtschaftliche Abhängigkeit sei fast noch schlimmer. Noch heute ist Französisch neben Malagasy Landessprache, und niemand schien ein Interesse daran zu haben, dass durch Bildung der über zehn Millionen Kinder und Jugendlichen eine Generation heranwachse, die die historische Abhängigkeit in Frage stellte. So beschloss er, selbst etwas zu tun.

Ich habe selten einen so geschickten Handwerker kennengelernt, der bereit war, jede Tätigkeit selbst zu lernen und auszuüben. Tatsächlich baute er ein Schulhaus mit eigenen Händen, von der Zimmermannsarbeit und dem Mauern über das Malen bis hin zum Verlegen von Röhren für Wasser und Elektrizität. Er baute sich selbst eine Gehrungssäge, um die Fensterrahmen sauber herstellen und dann verglasen zu können. «Nur wenn du jeden Handgriff selbst beherrschst, kannst du die beste Qualität von den Handwerkern verlangen.»

Als Nächstes erwarb er die Lizenz eines Mobilfunkkonzerns für seine Heimatstadt Toliara: Prepaid-Karten, die er selbst anbot und verkaufte. Er war so erfolgreich, dass er als Großhändler die ganze Region um Toliara als Verkaufsgebiet erhielt, einem Provinzstädtchen, das selbst aus Sicht der Madegassen am Ende der Welt liegt. Toliara ist fast tausend Kilometer teilweise kaum ausgebauter Landstraßen südwestlich von der Hauptstadt Antananarivo entfernt. Ich bin die Strecke selbst mit ihm gefahren, wir brauchten 23 Stunden reine Fahrzeit.

Später schaffte er 160 Motorräder an und schickte seine Verkäufer in alle Landesteile. Da seine Jungs ohnehin unterwegs waren, erkannte er eine Marktlücke und stieß konsequent hinein. Die staatliche Paketpost garantierte Zustellung in fünf Tagen, und man sagte, dass bis zu zwanzig Prozent aller Pakete verloren gingen. Er garantierte zwei Tage Laufzeit, und wenn es länger dauerte, war die Beförderung umsonst. Und er versprach, den Verlust jedes Pakets wertmäßig zu ersetzen. Nach kurzer Zeit hatte er einen hohen Marktanteil bei der Paketzustellung im Land. Seine Fahrer verdienten überdurchschnittlich, wurden aber auch bei geringstem Vergehen, zum Beispiel Verlust eines Pakets, unerbittlich gefeuert – und, das wussten sie alle vorher, nicht erst im Wiederholungsfall, sondern sofort.

Dann bat er mich um «Seed Money» (Startkapital) für eine Graviermaschine, um Goldschmuck herzustellen. Dabei legte er sich mit den Indern an, die auf diesem Gebiet den Markt beherrschten. Noch nie war ein Einheimischer auf die Idee gekommen, dieses Privileg anzuzweifeln. Gegen allen Druck und alle Drohungen setzte er sich durch, so dass er mehrere seiner Geschwister mit einer Einnahmequelle in verschiedenen Städten versorgen konnte.

Er lernte nicht nur das Gravieren und Flechten des Metalls, sondern auch das Fassen von Diamanten und edlen Steinen. Das den Mitarbeitern zur Verfügung gestellte Gold wurde jeden Tag gewogen und von Hand in einem Buch registriert, es musste aufs Milligramm genau abgerechnet werden. Er nahm mich einmal auf dem Motorrad mit, als ein Angestellter samt Gold morgens fehlte, und er stieß vor dessen Haus einen markerschütternden Pfiff aus. Mit schlotternden Knien kam dieser Mann heraus, nachdem er etwas unter dem Bett hervorgekramt hatte, was man durch die offene Tür sehen konnte.

Wie hatte das alles angefangen? Solo hatte direkt nach dem Abschluss an der Akademie in Südafrika ein Modell umgesetzt, das im Netzwerk meiner Freunde erprobt und gefördert wurde. «Kids Games» wurden in fast 200 Ländern durchgeführt – eine Art Olympiade, in der die Kinder alles machen: Sie sind Teilnehmer, Schiedsrichter, Ärzte und Journalisten, wobei sie die Lungen der Sportler mit einfachen Plastikschläuchen abhören, und alles ist nur gespielt. Sie benutzen bei ihren Sportlerinterviews Notizblöcke wie echte Journalisten, auch wenn sie noch gar nicht schreiben können.

Die Kinder haben einen Riesenspaß bei diesen «Kids Games». Es gibt eine Eröffnungs- und eine Schlussfeier wie bei Olympischen Spielen, und die ganze Woche enthält neben Sport und Spiel auch Elemente der Charakterbildung. Jeden Tag wird nach spielerischen Übungen eine «Life Skill» erlernt, eine Lebenskunst. Wie verhalte ich mich im Wettbewerb mit anderen? Wie gehe ich mit Ungerechtigkeit um, etwa von Seiten des Schiedsrichters? Wie lerne ich, unter Druck zu bestehen, den Teamspirit hochzuhalten, auch wenn andere ausflippen? Kann ich einem sportlichen Gegner trotz des Wettstreits mit Achtung und Respekt begegnen?

Unschwer zu erkennen, dass viele der Erkenntnisse aus der Bibel stammen, dies darf man aber in vielen Kulturen nicht sagen. Wegen dieses Modells war ich von der ägyptischen Regierung empfangen worden. «Wir sind Moslems», hatten sie mir gesagt, «aber an der Stelle erkennen wir an, dass die Christen unseren Kindern exakt die Werte beibringen, die sie zum Leben in Zukunft brauchen werden.» Und die Chefberaterin des damaligen Präsidenten Mubarak übernahm die Schirmherrschaft über die «Kids Games» in ihrem Land.

«Wenn schon», so sagte Solo damals, «machen wir das in Madagaskar gleich richtig.» Er ließ sich vom Minister für Erziehung und Sport eine Vollmacht geben – übrigens erhielt er später in der Regierung selbst genau dieses Ministerium – und konnte seine Vision von den «Kids Games» vor Schülern und Lehrern landesweit präsentieren. Nach 18-monatiger Vorbereitung mietete er das größte Stadion in der Hauptstadt Antananarivo, und am Tag der Eröffnung der ersten «Kids Games» des Landes kamen etwa 180.000 Kinder und wollten ins Stadion rein. Es fasste aber beim besten Willen nur 75.000, auch wenn man die Rasenfläche und sämtliche Zuschauerränge nutzte.

Natürlich gab es ein Verkehrschaos, das staatliche Fernsehen unterbrach sein Programm und sendete live, und der Präsident des Landes schwebte mit dem Hubschrauber ein. Was war hier los? Die Entscheidung der Regierung war, dass nacheinander jede Woche eine andere Gruppe Kinder mitmachen durfte, danach in weiteren Großstädten. Innerhalb eines Vierteljahres hatten 395.000 Kinder an den «Kids Games» teilgenommen und wesentliche Grundwerte des Lebens erlernt. Selbst der allgegenwärtige Missbrauch minderjähriger Mädchen wurde konkret angegangen: Eine Person bekommt den Ball und muss ihn gegen drei Angreifer verteidigen, so lange es geht – dann kommt die nächste. Und das führte zu der Frage: «Was sind die Dinge und Werte, die du gerne verteidigen möchtest in deinem Leben – und was kann dir dabei helfen?» Die anschließende Andacht in den kleinen Sportriegen hatte viel Tiefgang, jeder Gruppe von 15 Kindern war ein Betreuer zugeordnet.

95.000 Kinder erklärten zum Abschluss der «Kids Games» feierlich, dass sie die gelernten Werte ihr Leben lang respektieren wollten. In den Kirchen des Landes wurden 2000 zusätzliche Jugendleiter benötigt, um die verschiedenen Jahrgänge weiter zu betreuen. Besonders wichtig ist der verantwortungsvolle Umgang mit Macht und Einfluss, sobald man diesen erst einmal erreicht hat. Heute, fast zwanzig Jahre später, ist diese Generation in allen Bereichen der Wirtschaft und des sozialen Lebens angekommen. Madagaskar ist dabei, sich grundlegend zu verändern.

Erleben wir heute Geschichte, und wenn ja, nehmen wir es bewusst wahr? Wer in Deutschland älter als vierzig Jahre ist, hat politische Veränderungen erlebt, die später in den Geschichtsbüchern stehen werden. Madagaskar ist ein Land, in dem *heute* dramatische Umwälzungen im Gange sind. Wird der gesamte Südwesten der Insel ökologisch zerstört werden? Droht ein ähnliches Schicksal wie auf der Insel Bougainville in Papua-Neuguinea, die früher für ihre Blumenpracht stand und heute eine trostlose Brache ist, die der Gold-, Silber- und vor allem Kupfertagebau hinterlassen hat?

Seit 2018 läuft im Süden Madagaskars ein Wirtschaftskrimi ersten Ranges ab. Ausgerechnet im nahen Umland von Toliara wurden die weltweit zweitgrößten Vorkommen des «Schwarzen Sandes» entdeckt, der große Mengen radioaktiver Mineralien enthält, besonders Uranium und Thorium, wie es für die Herstellung von Computerchips massenhaft benötigt wird. Über Nacht hatte die Regierung große Landflächen für ein von der Weltbank gefördertes Tagebauprojekt an eine der weltgrößten Minen-Gesellschaften verkauft. Solo als Abgeordneter dieser Region wurde bewusst umgangen, da man seine nicht käufliche Einstellung kennt. Jetzt kämpft er mit einer groß angelegten Kampagne dagegen, aber er scheint allein und auf verlorenem Posten zu stehen. Die Weltbank droht mit dem Einfrieren von Entwicklungsgeldern, wenn Madagaskar noch aus den Verträgen aussteigt. Aber da Solo ein Kämpfer und ein glänzender Kommunikator ist, waren seine Freiveranstaltungen überall im Land bis zum Aufkommen von Covid-19 von Zigtausenden besucht; jetzt arbeitet er vor allem über die modernen Medien.

Für das «Mineral Sands Mining Project» müssten tausend Hektar Wald gerodet werden, 10.000 der berühmten Baobab-Bäume würden zerstört, die wegen ihrer Überlebenskunst in wasserarmen Landesteilen als «Lebensbäume» gelten. 160.000 Menschen würden ihre Existenzgrundlage verlieren, mindestens 22.000 Fischerfamilien, 3000 Bauern und 2000 Besitzer kleiner Pensionen würden enteignet und umgesiedelt. Das 450 Kilometer lange «Toliara Reef System» würde zerstört, es ist das zweitgrößte Korallenriff weltweit nach dem Great Barrier Reef in Australien. Die Minengesellschaft verspricht 450 hochbezahlte und weitere 2000 einfachere Jobs für die

Einheimischen, die billigsten Arbeiter kämen aber aus China oder den Philippinen. Ähnlich, wie wir es in Deutschland von der Region um Wismut Aue in den 70er und 80er Jahren kennen, würde die Lebenserwartung sinken. Der radioaktive Staub würde aufgewirbelt und eingeatmet, riesige Mengen kontaminierten Wassers würden ins Grundwasser gelangen. Mediziner sagen voraus, dass Lungenkrebs und andere Krankheiten überhand nehmen würden und Erbanlagen geschädigt. In der Region lebende Frauen würden vermehrt Fehlgeburten haben, und der Anteil der mit Fehlbildungen oder Behinderungen geborenen Kinder würde exponentiell steigen.

Solo ist Unternehmer und in Umweltfragen sicher nicht extrem sensibel. Aber hier hat er erkannt, dass sofort die Notbremse gezogen werden muss, und deshalb setzt er alle Hebel in Bewegung. Einsam stemmt er sich gegen die politische Mehrheit für ein Projekt, das nach Aussage der Vereinten Nationen im «übergeordneten Interesse der gesamten Menschheit» ist. Mehr oder weniger deutlich wurde ihm von einigen ihm gewogenen Politikern zugetragen, dass er jetzt wohl überreizt hat und seine politische Karriere auf dem Spiel steht. Aber für ihn ist dies erstens eine Sache des gesunden Menschenverstands und zweitens eine Frage des Glaubens. Und Solo hat einen geradezu kindlichen Glauben. «Wenn uns der Schöpfer die Welt anvertraut hat, um diese zu bewahren, dann haben wir das ganz einfach zu tun, koste es, was es wolle.»

Solo war clever genug um zu erkennen, dass er der Aussicht auf jahrzehntelange Gewinne aus dem Bergwerksgeschäft etwas entgegensetzen muss. Also zauberte er bei einer im Fernsehen live übertragenen öffentlichen Anhörung, die er erzwungen hatte, das vertragsreife Angebot der weltweit größten Entwicklungsgesellschaft für Ferien-Resorts aus dem Hut. Sie wären bereit, auf demselben Küstenstreifen unter Anerkennung von Vorgaben der Regierung zur ökologischen Verträglichkeit ein Touristenparadies zu erstellen – unter der Bedingung, dass die bereits aufgefahrenen Baumaschinen ihre Arbeit sofort einstellen. Der Baubeginn müsste für mindestens sechs Monate ausgesetzt werden, damit das Parlament neu entscheiden könnte.

Es geht um den Erhalt einer traumhaft schönen Küstenland-schaft, mit einer haifreien Lagune, wie sie sonst in dieser Weltregion nicht existiert, weil die sonst allgegenwärtigen Raubfische von der Riffbarriere auf 120 km Länge am Eindringen gehindert werden. Man mag bedauern, dass auch bei diesem Projekt die unberührte Beschaulichkeit der Natur verloren geht, aber wäre es nicht gegen-über dem Bergwerksprojekt das kleinere Übel?

Politisch ist Solos Haltung sehr gefährlich, seine Kinder stehen zeitweise unter Polizeischutz. Viele mögen es nicht, dass ihre Privi-legien und Monopole angetastet werden. Auch in den weltweiten Sportorganisationen tobt ein Kampf zwischen denen, die Korrup-tion und Vetternwirtschaft ausmerzen wollen, und denen, die ihre Pfründe verteidigen. Ob mein idealistischer Freund eine Chance hat?

Inzwischen ist Siteny, als der er jetzt offiziell bekannt ist, Prä-sident des Nationalen Olympischen Komitees, und erstmals kom-men die internationalen Fördergelder dort an, wofür sie gegeben sind. Er ist Präsident des afrikanischen Judo-Verbands und als weltweiter Präsident im Gespräch. Er brachte die ersten Vertreter Madagaskars zu den Olympischen Spielen – im Judosport natür-lich. Er selbst blieb ihr persönlicher Trainer und hielt sich dabei selbst in Form. Weil Politiker auch über Zeitungen und Fernseh-sender verfügen müssen, kaufte er sich einen Fernsehkanal. Als Vertreter seiner Heimatregion Toliara im Parlament Madagaskars wurde er dessen Sprecher und war in der Regierung für Staats-finanzen zuständig.

Das «Seed Money», das ich Solo 2002 gegeben hatte, wurde kom-plett zurückgezahlt. Da ich selbst ein Unternehmer war, der mit Werten führen wollte, wurde ich für Solo mehr als ein Mentor. Als er 2006 in Sofia eine bulgarische Studentin heiratete, die er auf der Akademie getroffen hatte, bat er mich, in der Zeremonie die Rolle seines Vaters zu übernehmen. Für meine sechs Kinder war er ihr «schwarzer Bruder»; damals konnte man das noch so nennen, ohne gesellschaftlich anzuecken.

Aber wird es Solo schaffen, die Gesellschaft seines Landes aus der selbstgewählten Lethargie herauszuholen? Bei meiner vorletzten Madagaskar-Reise nahm er mich mit aufs Land und zeigte mir einen Bauern, der sich mit zwei Joch Ochsen und einem einscharigen Holzpflug abplagte, um ein größeres Stück Land zu pflügen. «Er wird vier Tage brauchen», erklärte mir Solo. «Mit einem Traktor wäre man in vier Stunden fertig. Wir müssen ökologisch denken», ergänzte er, «aber nicht so, dass wir dabei verhungern und das französische Getreide billiger ist als unser eigenes.»

Inzwischen erkannte Solo als wichtigsten Hebel den entscheidenden Einfluss der Bildung für die nächste Generation. Er startete eine Privatschule für Hochbegabte nach englischem Vorbild, und nachdem er das erste Geld damit verdient hatte, bekamen jedes Jahr die 200 besten Absolventen der staatlichen Schulen ein kostenloses Stipendium. Alles finanzierte er selbst, und seine Firmen wuchsen, bis er in die obere Liga der Unternehmer des Landes aufgestiegen war. In der ganzen Zeit gab er immer zehn Prozent des Ertrags für wohltätige Zwecke, und er erlaubte sich keine Ausnahme, selbst wenn er mit der Liquidität in der Klemme war.

Ich fragte ihn, wie er als Unternehmer so erfolgreich sein kann; die anderen versuchten es ja auch. Er zeigte mir seinen Terminplaner, der um neun Monate vorging. Im Juni 2019 war bei ihm März 2020. «Spinnst du?», fuhr es mir heraus. – «Überhaupt nicht, ich lebe jetzt schon in dieser Zeit. Man kann durchaus überlegen, welche Themen in der Politik und welche Produkte im Handel dann plötzlich aufkommen werden. Während andere dann um Orientierung ringen, präsentiere ich das fertige Produkt oder einen wohlüberlegten politischen Plan. Man muss nur verschwiegen sein, denn falsches Timing kann alles verderben.»

Madagaskar hat jetzt über 26 Millionen Einwohner, etwa gleich viel wie Australien oder Mosambik. Es ist offensichtlich, dass der begabte Junge, der vor zwanzig Jahren zusammen mit Studenten aus dreißig verschiedenen Nationen in einem Klassenzimmer saß, die Geschichte dieses Landes mit verändert und prägt.

Besonders beeindruckt mich sein Credo im Blick auf die Schuldzuweisung bezüglich der Kolonialzeit. «Wir müssen aufhören, uns über die Ausbeutung durch die Kolonialherren zu beschweren. Das ist Vergangenheit. Heute liegt das Problem in unserer eigenen Mentalität, in der anerzogenen Haltung, dass wir uns hilflos und wehrlos fühlen. Anstatt uns zu beklagen, sollten wir uns der Herausforderung stellen, mit eigener Kraft anpacken und Lösungen finden, in der auch unsere Kultur ihre Stärken ausspielen kann. Unser Land hat alles, um aus der Misere herauszukommen: fruchtbaren Boden, Wasser die Fülle, Sonne, begabte Menschen, ein noch weitgehend intaktes Ökosystem. Wir können jetzt alle Wehleidigkeit und auch allen Hass hinter uns lassen und durch beherztes Handeln ein neues Kapitel in der Geschichte unseres Landes aufschlagen.»

Strahlend verweist Solo auf erste Erfolge, auch im Blick auf den Naturschutz. Dabei zeigt sich, dass Tourismus und Bewahrung der Schöpfung nicht immer Gegensätze sein müssen. In Madagaskar leben die Lemuren, putzige Pelztiere mit einer Maske im Gesicht, die neben den Waschbären als Maskottchen des Corona-Zeitalters gelten. Auch in der Gegend südlich von Ambalavao waren sie vom Aussterben bedroht, weil die am Existenzminimum lebenden Landbewohner durch Brandrodung ihre letzten Lebensräume zerstörten. Jetzt haben sie entdeckt, dass man durch ökologischen Tourismus mehr Geld verdienen kann als durch weiteres Anlegen von Reis-Terrassen auf den gerodeten Flächen. Man forstet sogar wieder auf, damit sich die Lemuren wieder vermehren können, die mit ihrem fast menschlichen Gesichtsausdruck und den extrem langen geringelten Schwänzen zum Beobachten großes Vergnügen bereiten. So entstehen im Anja-Park Arbeitsplätze als Wildhüter oder Touristen-Guides, die mehr einbringen als die sonst üblichen fünf Dollar pro Tag.

Sind solche kleinen Erfolge ein Tropfen auf den heißen Stein? Der Wirtschaftskrimi um die Minengesellschaft ist zum Zeitpunkt der Erstauflage dieses Buches noch nicht entschieden. Wir erleben Geschichte live. Eines aber habe ich schon von meinem Schüler Solo gelernt: Man sollte sich nie wegducken vor etwas Unvermeidlichem. Es ist schon wahr, dass ich diesen Gedanken einmal in ihn eingepflanzt hatte, aber er hat eine unerschöpflich scheinende Dynamik und Kreativität entwickelt, für seine Ziele zu kämpfen. Wenn viele mithelfen und sich anstecken lassen, wird Madagaskar in dieser Generation noch von sich reden machen.

50
Neuanfang nach dem Völkermord

Ruanda und Burundi – beide Länder stehen für jahrelangen Bürgerkrieg und unsägliches Leid. Mehr als eine Million Menschen wurden in der ethnischen Rivalität zwischen Hutus und Tutsis getötet, noch viel mehr wurden verstümmelt. Und erst seit wenigen Jahren schien es, als sei man dieser Grausamkeit überdrüssig geworden.

Eine Level-1-Schulung für Sportmitarbeiter in Burundis damaliger Hauptstadt Bujumbura? Ich war sofort Feuer und Flamme! Allerdings warnte mich mein Tropenarzt vor ganz besonders tückischen Moskitos, die eine bisher unheilbare Infektionskrankheit verbreiteten. Gegen diese gäbe es keine Impfung – und erst einmal befallen, lag die Letalität bei fast fünfzig Prozent.

Ich musste ihm versprechen, zwischen Dämmerung und 22 Uhr auf keinen Fall im Freien zu sein – dies sei die wirklich gefährliche Zeit, in der diese Mückenart unterwegs sei.

Vor Ort angekommen, war dann vieles anders als erwartet. Über Kenia flog ich nach Bujumbura, dessen Name an die von dort herkommenden «Usambara-Veilchen» erinnert. Herrlich gelegen am Nordende des Tanganjika-Sees, kann man etwas von der Schönheit und Lebenskraft dieses Landes erahnen, die es vor dem Ausbruch der fürchterlichen Unruhen noch hatte. Es tat schon weh, in die Augen von 15-Jährigen zu blicken, die erst ein Lebensjahr ohne Angst und Terror erlebt hatten. Keiner, der nicht nächste Verwandte oder Freunde verloren hatte. Mein Gott, wie kann dieser Hass besiegt werden?

Die Ausbreitung des Evangeliums kam in dieser ehemaligen bel-gisch-französischen Kolonie gut voran – der Sportminister war bei der Eröffnung der Akademie dabei und sprach ein Gebet. Aber *ein* Versprechen konnte ich nicht halten: mich in der Abenddämmerung in geschlossene Räume zurückzuziehen. Die Lektionen gingen näm-lich abends bis 22 Uhr. Die Studenten saßen locker unter einem Freidach, das auf einfachen Holzstützen ruhte – und die hellen Lich-ter lockten das Ungeziefer von weitem an. Alle Scheinwerfer gingen auf mich; ich konnte mich am Rednerpult nicht wehren, als mich die Viecher ständig in die Haut stachen.

Was blieb, war das Gebet. «Ich bin nicht leichtfertig gekommen», so betete ich, «sondern mit einem Auftrag, diesen geschundenen Menschen die Hoffnung des Evangeliums zu bringen.»

Und ich hatte auch ein Wort bei mir, das mir seit meiner Abreise durch den Kopf ging. Meine Kinder mussten vieles entbehren wegen meiner Liebe zur Mission, und trotzdem unterstützten und bestärk-ten sie mich, je reifer sie wurden und je mehr sie zu eigenem Glau-ben kamen. «Dann geh eben», sagte Micha, der bei uns in der Fami-lie der «Wortschmied» ist. «Geh die Hölle plündern und den Himmel füllen!»

Nur zehn Stunden vor meiner Abreise nach Burundi war das noch ganz anders gewesen. Ich wusste, dass mich meine Frau Marion wie immer unterstützt, auch angesichts der gesundheitlichen Risiken, aber mit Michas massiver Gegenwehr hatte ich nicht gerechnet. «Pa-pa», sagte er mir mit großem Ernst, «das kannst du nicht machen. Mama braucht dich noch, wir Jungs und die Mädchen brauchen dich auch – jetzt treib's mal nicht auf die Spitze. Das ist fahrlässig und hat nichts mehr mit Gottvertrauen zu tun.» Krachend fiel die Tür ins Schloss, als ich nicht nachgab.

Dann früh morgens ein Klopfen an der Tür – Micha. «Ich habe die ganze Nacht mit Gott gerungen», meinte er, «und dann eine neue Sicht gekriegt darüber, wo es gefährlich ist und wo nicht. *Gefährlich ist es nämlich für uns an jedem Platz, wo Gott uns gerade nicht haben will.* Wenn du also sicher bist, dass dich Gott in Burundi haben will, darfst du auf keinen Fall hierbleiben.»

Manchmal kann man auch von seinen Kindern etwas lernen. Ich habe schon von vielen Wundern gelesen, aber vielleicht merkt man es gar nicht, wenn sie einen selbst treffen. In Russland sollen Folterknechte zum Glauben gekommen sein, als sie einen Christen zwangen, entweder seinem Glauben abzuschwören oder einen Giftbecher zu trinken. Als er sich fürs Trinken des Giftsafts entschieden hatte, alles runterkippte und dann nichts geschah, ließen sie ihren Schäferhund davon trinken, der sofort tot umfiel. – Warum, so fragte ich mich, kam ich kerngesund zurück von dieser Reise? Die Mückenstiche juckten zwar, ja, aber warum entzündeten sie sich nicht? Und auch die oft befürchteten Spätfolgen blieben aus. Ein Wunder? Durchaus!

Wahrscheinlich hat Micha recht: Es gibt wohl keinen sichereren Platz auf der Welt als den, an dem uns Gott gerade haben will.

51
Man kann auf Essen sitzen und verhungern

In den Südsudan zu reisen war nicht so einfach. Alle Websites des Auswärtigen Amts warnten davor, auch Engländer und Amerikaner sollten auf keinen Fall reisen. Zu unsicher – es wurde ausdrücklich darauf hingewiesen, dass im Falle von Problemen keine Botschaft der Welt helfen konnte.

Dass ich trotzdem aus Addis Abeba nach Juba flog, der Hauptstadt des Südsudans, hatte den Grund, dass Hilfe dort besonders notwendig war. Dieses junge Land – es war erst vor wenigen Jahren vom Sudan abgespalten worden – litt unter furchtbaren Geburtswehen. Guerillatruppen und Räuberbanden bedrohten jedes Fahrzeug, das unterwegs war, Straßenraub und Kidnapping waren an der Tagesordnung. Noch schlimmer: Bewaffnete Gruppen überfielen und plünderten ganze Dörfer, und unzählige Menschen starben an Hunger.

Wie kann das sein – trotz Einsatz von UN und internationaler Hilfe? Als die kleine Propellermaschine der «Ethiopian Airlines» zur Landung ansetzte, war ich zunächst überrascht. Ausgedörrte Wüste hatte ich erwartet, und hier war alles grün. «Die Wüste ist weiter im Norden», wurde ich belehrt, «wir haben hier Wasser genug.»

Und dann diese Begegnung mit einem älteren Parlamentsabgeordneten, der in Deutschland ein Gebetsfrühstück von Politikern besucht hatte. Er kam in mein «Hotel-Resort», das wie ein Juwel direkt am großen Fluss lag, und die nächste Stunde gehörte zum Eindrucksvollsten, was ich je erlebt habe. «Bigness» sei das einzige Problem dieses Landes; Menschen, die mit ihrem Größenwahn alles beherrschen wollen und dabei über Leichen gehen.

«Wir haben alles», sagte er. «Bodenschätze, viel Öl, dazu fruchtbaren Boden, Wasser in Fülle und Sonne natürlich auch. Wäre da nicht die schlimmste Bestie, die im Südsudan heimisch ist: der Mensch.» Und dann sagte dieser sorgfältig gekleidete und würdevoll auftretende Mann zwei Sätze, die die ganze Tragik dieses Volkes widerspiegeln: *Man kann auf Schätzen sitzen und verarmen – und man kann auf Essen sitzen und verhungern.*»

Er selbst sei natürlich privilegiert, lebe auf der Sonnenseite des Lebens, könnte sich einen schönen Lebensabend machen. «Aber wie könnten wir froh sein, wenn in unserem Land jeden Tag Menschen durch Hunger sterben oder drangsaliert und gepeinigt werden?»

Nachdem er sich freundlich verabschiedet hatte, genoss ich unter den Augen von bettelnden Katzen ein wunderbares Essen am Nil. Endlich bekam ich auch genug zu trinken – da ich keine Landeswährung besaß, konnte ich das Flaschentrinkwasser nur mit der Hotel-Kreditkarte zahlen, und das ging nur im Restaurant.

Nachdenklich machte ich Termine für den nächsten Tag. Nach sieben Uhr abends in der Stadt unterwegs zu sein sei lebensgefährlich, also saß ich für den Abend fest. Noch einmal verhandelte ich vergeblich mit der Hotelrezeption, weil man mir beim Einchecken hundert Dollar abgenommen hatte; meine sorgfältig veranlasste Vorauszahlung war nicht registriert. Morgens half mir dann Irene. Sie fand den Geldeingang und gab mir meinen Hundertdollarschein im

Original zurück. Dann wollte sie wissen, ob ich noch Hoffnung habe für Afrika. Sie war aus Uganda und wollte nur aushelfen, aber im Südsudan sei alles trostlos.

Ein Auto holte mich gegen 10 Uhr ab und brachte mich auf jämmerlichen Straßen zu einer Gruppe von Bekannten, vorbei an Jeeps mit bis an die Zähne bewaffneten Polizisten an jeder größeren Kreuzung. Über holprige Seitenstraßen ging es in den Außenbezirk, in eine Residenz, die wie eine Festung ausgebaut war. Doch dann ein erzwungener Stopp – ein Reifen hatte zu viel Luft verloren, und während er aufgepumpt wurde, verteilten mein Fahrer und der mir zugeordnete Beschützer Comics mit biblischen Geschichten an die neben der Werkstatt spielenden Kinder. Jeder wollte so ein «Bilderbuch» haben, das Interesse war groß.

Ob die Lektüre erlaubt war oder die Verteilenden in Lebensgefahr brachte, spielte für meine beiden Begleiter keine Rolle. «Hier ist doch jeder in Lebensgefahr – so oder so», kommentierte der eine und zeigte mit dem Finger aus dem Autofenster.

Dann eine endlose Schlange am rechten Straßenrand – so weit man sah, eine Flut von Zweirädern mit wenigen Autos dazwischen. «Was gibt es denn da?», war meine Frage. – «Kein Benzin», lautete die Antwort. «Beim Bäcker gibt es kein Brot, in der Apotheke gibt es keine Medikamente und an der Tankstelle kein Benzin.» Weil aber ab und zu eine Zapfstelle kurz aufmachte und es Hunderte von durstigen Mopeds und Motorrädern gab, rauften sich die Besitzer der Zweiräder in stundenlangem Gerangel um die beste Position. «Nicht jeder wird heute noch was bekommen», sagte mein Fahrer, «und mach ja keine Video-Aufnahmen mit dem Handy. Erst kürzlich waren Besucher aus England für zwei Wochen ins Gefängnis gewandert, weil sie eine Autoschlange gefilmt hatten.» Und dann zitierte er mit tiefer Stimme die Sicherheitskräfte: «Wir brauchen keine negative Publicity im Netz, das schädigt unser Image.»

Wie in einer Festung wohnten meine Gastgeber hinter dicken Mauern mit Stahltor und Bewachung. Während der vergangenen sechs Monate waren sie trotzdem zweimal gekidnappt worden. «Wenn die Banden mit schweren Brechwerkzeugen und Salven aus ihren Maschinengewehren ans Stahltor hämmern, macht man besser auf – wenn man Glück hat, nehmen sie nur alle Wertsachen mit und lassen die Menschen leben. Aber auch dafür hat man keine Garantie.»

Aber warum müssen in Darfur so viele – besonders Kinder – an Mangelernährung sterben? Was passiert etwa mit den Hilfslieferungen der Vereinten Nationen? «Es ist ein Transportproblem», sagte mein Gastgeber. «Vor sechs Monaten haben wir einen Konvoi mit zwei Minibussen mit Nahrungsmitteln zusammengestellt, der durchkam. Dadurch ermutigt, haben wir es vier Wochen später erneut versucht. Diesmal lauerten organisierte Banden, stahlen alles einschließlich der Fahrzeuge und verschleppten die Fahrer – gegen Lösegeld konnten wir ihr Leben retten.» Es gibt zwar überall Militär und Polizei, erzählte er weiter, aber im Ernstfall schütteln sie den Kopf und greifen nicht ein – sowohl bei den nächtlichen Überfällen wie auch beim Kidnapping der Transporte erweist sich die schwerbewaffnete Autorität als völlig hilflos.

Wo also steckt hier ein Funken Hoffnung? Warum gibt es Menschen, die nicht aufgeben und hier ihr Leben riskieren? «Wir können doch dieses Land und seine Menschen nicht einfach aufgeben! Auch du hast ja viel riskiert, allein schon dadurch, dass du gekommen bist. Solche Ermutigung brauchen wir. Wir wissen, dass unser himmlischer Vater die Macht hat, uns zu beschützen, aber einige von uns haben auch schon mit ihrem Leben bezahlt.»

Als der Boy eine liebevoll zubereitete Mahlzeit mit vielen frischen Früchten servierte, hatte ich dann Zeit, eine in mir brennende Frage zu stellen. «Ich habe noch bei keiner der Hilfsorganisationen hier eine Frau gesehen – ist das Zufall, oder hat es einen Grund?»

Betretenes Schweigen zunächst, dann die bestürzende Antwort: «Wir nehmen hier angesichts der akuten Gefahr nur ledige Freiwillige, die keine Verantwortung für eine Familie haben. Die Gefahr ist hier hoch akut und ständig präsent. Man muss damit rechnen, dass man nicht mehr lebend nach Hause kommt. Bei den nächtlichen Überfällen werden die Frauen oft einfach mitgenommen, weil man sie ‹zu Geld machen› kann. Wir alle hier sind ledig, nur unser Chef ist verheiratet. Er lebt zwar hier, nimmt aber dafür die Trennung von seiner Familie in Kauf. Es wäre fahrlässig, Frau und Kinder hierher mitzunehmen.»

Was diese Menschen auf sich nehmen, nötigt mir bis heute den größten Respekt ab. Es ist etwas anderes, da mal hinzufahren, als dort zu bleiben und mit den Ärmsten und Gefährdetsten auszuharren. Ich suche jede Gelegenheit, für sie zu beten – so auch jetzt, während ich meine Eindrücke aufschreibe.

52
Vom goldenen Käfig fast in die Abschiebehaft

Der Südsudan hatte mich wirklich deprimiert, auch wenn ich nur die Hauptstadt Juba gesehen hatte. Warum kriegt die Weltöffentlichkeit so wenig mit, und warum versagen alle diplomatischen Bemühungen? Kann ich eine Art von Hilfe initiieren, die ankommt?

Schon bei der Abfahrt zum Flughafen beschäftigten mich diese Gedanken. Aber erstmal musste ich heil hier rauskommen. Ich saß in einem Pick-up, der gerade noch ausreichend Sprit für die Tour zurück zum Flughafen hatte. Meine Flughafen-Eskorte musste am Eingang zum Flughafen zurückbleiben, und ich war auf mich selbst gestellt. Wertgegenstände hatte ich auf Anraten meiner Gastgeber erst gar nicht mitgenommen.

Jetzt wühlte ich mich durch das dichte Gedränge verwildert aussehender Gestalten – wenige waren sauber und gut gekleidet, und auch sie blickten ständig vorsichtig um sich und hielten sich die Hosentaschen zu. Dann doch ein kleines Wunder bei der ersten Ausweis- und Ticketkontrolle:

«Sie sind Senator-Member bei der Lufthansa? VIPs haben einen eigenen Eingang an der anderen Seite des Flughafens.»

Und wie war das: Ich hätte ein Parlamentsmitglied getroffen? – Bei der Nennung seines Namens erstarrten alle in Ehrfurcht. Zwei gut gekleidete und schwer bewaffnete Soldaten nahmen mich zwischen sich und führten mich zu einem palastartigen Gebäude. Als «Staatsgast» habe ich Anspruch auf jede Art von Komfort, sagte man mir – jeder Wunsch müsse mir ab sofort erfüllt werden.

Drinnen waren mehrere Hostessen, und ich war ihr einziger Kunde. Die Klimaanlage funktionierte, die Sessel waren weich und bequem, die Verpflegung war vorzüglich. Irgendwie hatte ich ein schlechtes Gewissen angesichts der Diskrepanz von diesem Überfluss und dem erbarmungslosen Elend, das ich gerade noch gesehen hatte.

Doch dann fiel mein Blick auf die Uhr – die Eincheckzeit war längst vorüber, nur noch fünf Minuten bis zur geplanten Abflugzeit, und es gab ja nur alle paar Tage einen Flug. Ob sie mich vergessen hatten?

Ich wollte zur Tür und einen Blick nach draußen werfen, aber davor stand ein Soldat und wies mich zurück. «You cannot look out of the door», kam es auf Englisch. Offensichtlich war es zu gefährlich, den Kopf aus der Tür zu stecken. Was also tun? Ticket, Pass und Ausweise hatte ich abgeben müssen, ein Bote war vor fast einer Stunde damit verschwunden. Ich war zwar im goldenen Käfig, schön und gut – aber ich saß auch unwiderruflich fest.

Eine halbe Stunde verging, bald waren es 45 Minuten. Die Chefhostess reagierte beleidigt – ob ich mich denn hier nicht wohlfühle? «Wir haben alles im Griff», behauptete sie. Zu meiner Sicherheit müsse ich dableiben, bis meine bewaffnete Abholung kam.

Tatsächlich kamen schließlich zwei Beamte und führten mich an ein Tor mit dahinterliegendem Fußweg, auf dem sie mich nicht begleiten durften. Stacheldraht links und rechts, so führte der Weg zwischen Gebäuden und einer Art Todesstreifen hindurch – und ich war immer noch ohne Papiere. Falsch abbiegen konnte man nicht, also eilte ich, so schnell ich konnte, in der brachialen Hitze weiter.

Schweißnass erreichte ich einen Posten, der mir ohne Worte Pass und Ticket überreichte und nach links zeigte: Da stand hinter einem Hangar das Flugzeug mit laufenden Motoren. Es war vorher längst mit den «normalen» Passagieren beladen worden und dann auf dem Rollfeld zum Empfang für mich an den VIP-Eingang gerollt. Kaum war ich drin, ging es sofort los.

Es wäre schön gewesen, wenn meine Odyssee damit geendet hätte. Nach der Landung in Äthiopien erwartete mich am Flughafen von Addis Abeba jedoch die nächste Ernüchterung. Ich hatte das nicht so ernst genommen, dass ich ja Äthiopien offiziell verlassen hatte und nun neu einreisen musste – dazu aus einem höchst fragwürdigen Land. Meinen Pass wollte man kaum sehen, selbst das Visum war keinen Blick wert. Das Problem kam von einer ganz anderen Seite: «Ihren Impfpass, bitte!» Das traf mich wie ein Peitschenhieb. So sorgfältig ich ihn bei der ersten Einreise nach Äthiopien bereitgehalten hatte, jetzt lag er im Hotel in Addis Abeba. Ich hatte während der Kurzreise in den Südsudan das Hotelzimmer behalten und alles dort gelassen – dummerweise auch den Impfpass.

«Sorry, Sie kommen aus einem der seuchengefährdetsten Länder und wollen ohne Impfnachweis einreisen? Wir müssen Sie in Quarantäne nehmen und mit dem nächsten Flugzeug nach Juba zurückschicken.»- «Aber die lassen mich ja auch nicht rein! Ich hatte ja nur ein einmaliges Visum, lange vorher mit Sondergenehmigung von Deutschland aus arrangiert!» – «Sorry again, wir sind für die Gesundheit in Äthiopien verantwortlich und dürfen keine Ausnahme machen.»

Zu allem Unglück war mein Handy unbrauchbar; ich hatte es zwei Tage nicht mehr laden können. Vor meinen Augen erschienen nun schreckliche Bilder. Mit Entsetzen dachte ich an die Arrestzelle, in die ich einen Blick hatte werfen können, wo mehrere trostlose Gestalten in Hitze und Dreck gefangen waren. Die Polizei wurde gerufen, und mir wurde erklärt, ich sei jetzt erstmal als Illegaler zu behandeln, in Abschiebehaft nach Juba.

Fieberhaft versuchte ich, eine Möglichkeit zu finden, meinen Freund in Addis zu erreichen, der eventuell meinen Impfpass holen und zum Flughafen bringen könnte.

Wieder stieß ich auf Ablehnung – die Polizisten, die mich jetzt bewachten, sprachen kein Englisch. «No way» war das Einzige, was der Kommandierende sagen konnte. Und das wiederholte er bei jedem

meiner Versuche, ihm etwas anderes vorzuschlagen als den Rückflug nach Juba.

Mir war bewusst, dass gerade während der kritischen Reise in den
Südsudan viele für mich beteten – und die direkte Leitung zu Gott
funktioniert glücklicherweise auch, wenn die Batterien erschlafft
sind. Ob es diese Gebete waren oder einfach eine glückliche Wen-
dung? Ich befand mich ja in einem Quarantänebereich, und plötzlich war da ein Arzt, der sogleich einen sehr gediegenen Eindruck
machte. Ich konnte ihm mein Dilemma vortragen, und er wurde
sehr ernst und nachdenklich: «Wie lange waren Sie im Südsudan?
Haben Sie die Hauptstadt verlassen? Welche Art von Leuten haben
Sie getroffen? Wo haben Sie gewohnt?»

Dann begab er sich zu seinem Computer und wühlte endlos in
Dateien herum – mit Vorschriften zur Handhabe der Quarantäne-
bedingungen. Und er wurde fündig. «In Ihrem ganz speziellen Fall
können Sie sich auf ein Urteil der WHO berufen, dass bei Ihren
Vorerkrankungen die Verweigerung der geforderten Impfung erlaubt gewesen wäre. Falls Sie sich darauf berufen würden, müssten wir Sie reinlassen.» – «Aber ich habe die Impfung ja!», erwiderte ich. «Lassen Sie es mich beweisen.» – «Nein, nicht nötig»,
sagte er. «Erstens glaube ich Ihnen, dass Sie die Impfung haben,
zweitens waren Sie nur kurz in der Hauptstadt und nicht im Haupt-
ansteckungsgebiet. Und wenn es hier eine grundsätzliche Ausnah-
meregelung gibt, heißt dies auch, dass ich es vertreten kann, Sie
gehen zu lassen.»

Zwei Anrufe später war ich kein Illegaler mehr, sondern wieder
ein Mensch auf äthiopischem Herrschaftsgebiet – mit gültigem Pass
und Visum. Und einige Stunden später auch mit einem Impfpass,
der allen Vorschriften entsprach.

Natürlich habe ich daraus gelernt. Wer viel reist, sollte die Seu-
chengefahr ernst nehmen. Schlimm genug, dass es bei weitem nicht
gegen alles Impfungen gibt. Aber ich bin dankbar für die Betreuung
durch einen der angesehensten Tropenärzte Deutschlands, auf dessen Bildschirmen sich ständig die Landkarten bewegen, was die Verbreitung von aggressiven Virenstämmen betrifft. «Könnten die Viren

den Kampf gegen die Menschheit gewinnen?», fragte ich ihn einmal.

– «Die Viren könnten sehr wohl alle Lebewesen ausrotten – besonders wenn Virenstämme so mutieren, dass sie zum Beispiel die Ansteckungsgefahr von Grippe mit der Letalität des Ebolavirus verbinden. Dann allerdings hätten sie auch verloren, denn sie brauchen uns als Wirt.»

Ein schwacher Trost, finde ich. Gefühlt sind wir ja der Überzeugung, dass die Gesundheitsbehörden alles im Griff haben. Aber sind Ereignisse wie Ebola, SARS oder Covid-19 nur Vorboten einer Situation, die außer Kontrolle geraten könnte?

«Du bist ein Gott, der mich sieht», sagt die verzweifelte Hagar in ihrer Verlassenheit in der Wüste. Das gibt mir ebenfalls Frieden ins Herz – auch wenn ich weiß, dass ich jederzeit erkranken kann, und auch keineswegs an die Unfehlbarkeit von menschengemachten Schutzmaßnahmen und der zuständigen Organisationen glaube. Woran ich aber glaube – das ist ein Gott, der mich sieht.

Als was er mich sieht, würde mich manchmal interessieren. Freut er sich an dem kleinen Verrückten, der so wenig das Risiko scheut – oder denkt er, ich sei aufwändig und «verbrauche viele Engel»? Innerhalb weniger Stunden waren mir alle Ehren eines Staatsgastes zugekommen, und dann saß ich wie ein Illegaler in der Quarantänestation auf dem Rückweg in ein Land, für das ich kein Visum mehr hatte. – Wie gut, dass die Lieben zuhause die Achterbahn meiner Gefühle nicht mitbekommen hatten; sie hätten sich noch mehr Sorgen gemacht.

53
Herzlich willkommen in Lagos

Todesangst zu haben ist eine Erfahrung, die das Leben verändert. Es kann unter verschiedenen Umständen passieren – bei einem Herzinfarkt, bei einer Naturkatastrophe, im Flugzeug durch Sturm oder technische Probleme – oder wenn man gekidnappt wird in einem

Land, in dem ein Mord für ein paar Dollar zu haben ist. Wenn selbst Polizei und Obrigkeit solche Verbrechen decken oder sich sogar daran beteiligen, ist man völlig ausgeliefert.

Als ich mit einer Lufthansa-Maschine auf dem Weg nach Lagos in Nigeria war, war mir bewusst, dass dies eine meiner riskantesten Reisen werden würde. Die politischen Verhältnisse waren in den 90er Jahren instabil, und so waren auch nur drei Passagiere in der wöchentlich einmal verkehrenden Boeing 717 der Lufthansa. Über 7000 DM hatte dieser Flug gekostet – man müsse froh sein, dass sie diese Strecke überhaupt fliegen!

Mit gemischten Gefühlen dachte ich an das vor mir liegende Ereignis, eine Konferenz der AEA, der Evangelical Alliance of Africa, die damals noch AEAM hieß. Um ein halbes Jahr war sie verschoben worden, weil einer der führenden Bischöfe von einem Traum berichtete, die gesamte Konferenz mit 450 Teilnehmern aus mehr als vierzig afrikanischen Ländern würde gekidnappt und mehrere Delegierte würden ermordet. Das Ganze wurde dramatisch, weil mehrere Delegierte in derselben Nacht denselben Traum hatten. War da Übernatürliches im Spiel?

Sechs Monate später hatte man den Mut, die Konferenz auszurichten, auf der ich der einzige Gast mit weißer Hautfarbe sein sollte. Meine Rede hatte ich sorgfältig vorbereitet – aber die innere Anspannung war hoch. Warum warnte das Auswärtige Amt strikt davor, in dieses Land zu reisen? Warum waren außer mir nur zwei Unternehmer aus dem Ölgeschäft im Flugzeug?

Auf keinen Fall nach Einbruch der Dämmerung landen, hatte man mir eingeschärft, es sei dann viel zu gefährlich, den Flughafen zu verlassen und Richtung Stadt zu fahren. Da es keine zuverlässigen Hotels gab, war die Konferenz in den notdürftig hergerichteten Räumen einer riesigen Bauruine untergebracht, die für eine Afrikakonferenz der Vereinten Nationen gebaut und niemals benutzt worden war. Eine offizielle Abholung sollte mich am Flughafen erwarten, die Veranstalter taten alles, um meine sichere Anreise zu garantieren. Ich hatte einen Einladungsbrief mit vielen offiziellen Stempeln, eigentlich sollte die Einreise gelingen.

Weil der Flug dann doch mehrere Stunden Verspätung hatte, wurde es bei der Landung bereits dunkel. Natürlich gab es keine Schlange bei der Immigration, man hatte viel Zeit, sich uns zu widmen. Ich beobachtete, wie die beiden anderen zusammen mit ihrem Pass gleich ein Bündel US-Dollar an die Beamten reichten, und sie waren schnell durch. Dann wurde ich nach meinem Pass gefragt, händigte diesen mit meinem Einladungsschreiben aus, und ein Beamter verschwand mit beidem durch eine Tür.

Nachdem ich zehn Minuten gewartet hatte, fragte ich nach, und man sagte mir: «You have a problem.» Du hast ein Problem. – «Was für eins?», fragte ich. – «Ganz einfach – du hast keinen Pass.»

Ich konnte es kaum glauben. Das war doch die offizielle Immigration eines internationalen Flughafens. Die Beamten trugen alle Uniform, und jetzt behaupteten sie, ich hätte keinen Pass! «Wie kann ich dieses Problem lösen?» Ich versuchte es im Guten. – «Mit 200 Dollar», sagte der Beamte mit treuherzigem Blick. Sie hätten zusätzlichen Schreibaufwand, und dafür sei diese Summe angemessen.

Ich verlangte nach einem Vorgesetzten, aber nichts geschah. Dann kam Polizei, und ich wurde festgenommen. Wenn ich mich nicht sofort ausweisen könne, käme ich erst mal in Gewahrsam. Ich zeigte meine sorgfältig angefertigten Passkopien, aber sie wurden nicht anerkannt.

Man brachte mich mehrere Stockwerke in die Tiefe, bis ich in einem fensterlosen Raum mit Betonmauern und einer Stahltür war, vermutlich unterirdisch und fern jeder Hilfe. Ob hier gefoltert wurde? Wo war mein Gepäck, das ich natürlich nicht abholen konnte?

Über zwei Stunden saß ich da, allein, dann wurde das Licht ausgeschaltet. Es war inzwischen wohl nach 22 Uhr; sicher hatte meine Abholung längst aufgegeben.

Dann tat sich etwas. Die Tür ging auf, das Licht ging an, eine vollverschleierte Putzfrau kam mit Besen und Wassereimer. Auf seltsame Weise putzte sie immer näher um mich herum, bis ich ihr Flüstern hörte. «Are you a brother?» Bist du ein Bruder – was konnte sie damit meinen? «Are you a born again brother?» – Jetzt wusste ich, sie fragte, ob ich Christ bin. – «Ja», antwortete ich. – «Ich muss hier eigentlich gar nicht putzen», sagte sie, «aber der Heilige Geist hat mir gezeigt, dass hier ein Bruder in Not ist, der um Hilfe betet.»

Ich war völlig geschockt, so etwas gehörte bisher nicht zu meinem Schatz an Erfahrungen, die ich als Christ jemals gemacht hatte. Dann sagte sie: «Der oberste Chef des Flughafens ist auch ein Bruder, aber ich habe natürlich keinen Zugang zu ihm. Ich kenne aber einen aus dem Sicherheitspersonal, der könnte ihn informieren.»

Es dauerte etwa zwanzig Minuten, dann erschienen Soldaten mit Uniform, Helm, Maschinengewehr und allem, was dazugehört. Sie eskortierten mich mehrere Stockwerke nach oben und direkt ins Vorzimmer des Flughafenchefs. Er kam mir sofort entgegen – schaute mich an und fragte mich, was passiert war. Traurig schüttelte er den Kopf. «Leider ist das hier üblich, und ich kann nichts daran ändern. Ich habe auch keine Möglichkeit, Ihren Pass wieder zu beschaffen, der ist erst mal weg. Aber ich werde Ihnen ein Dokument erstellen, mit dem Sie sich 14 Tage im Land bewegen können bis zu Ihrem geplanten Rückflug.» Er rief eine Sekretärin und fertigte das Dokument an.

Ich verwies auf das Schreiben mit den vielen Stempeln bezüglich meiner Abholung. «Können wir nicht zum Ausgang gehen und wenigstens nachsehen, ob der Fahrer gewartet hat?» Er schüttelte den Kopf, und etwas ungehalten sagte er: «Was haben Sie für eine Vorstellung? Wenn Sie rausgehen würden und fragen, wer den Auftrag zu Ihrer Abholung hat, würden sich mindestens zwanzig Taxifahrer sofort melden.»

Was aber dann?

Er hatte einen Deputy, seinen direkten Stellvertreter, dem er offensichtlich vertraute. «Geh runter und such mir einen Fahrer, aber einen zuverlässigen, wenn's geht.» Mit militärischem Salut ging der Mann aus dem Zimmer und kam erst nach einer Viertelstunde wieder – allein. «Es gibt keinen zuverlässigen Fahrer. Ich habe mit mehreren gesprochen, aber ich kann das nicht verantworten; das Risiko ist groß, dass der Deutsche gleich wieder gekidnappt wird.»

«Dann bring mir irgendeinen Fahrer», entschied der Chef. Nach weiteren zehn Minuten stand ein Mann vor ihm, dem bereits die

Knie schlotterten. «Pass und Führerschein bitte», sagte der Boss. Der Taxifahrer händigte ihm beides aus. Dann gab er ihm den Führerschein zurück und behielt den Pass. «Wenn du nicht in drei Stunden zurück bist hier bei mir, mit einer handschriftlichen Bestätigung des Fahrgastes, dass er gut an seinem Schlafplatz angekommen ist, dann beschlagnahme ich deinen Pass und lasse dich im ganzen Land suchen!»

Ich fragte mich, warum der Fahrer am ganzen Leib schlotterte und schwitzte, als er mit mir unter Polizeischutz zu seinem Fahrzeug ging. Ich wurde auf den Rücksitz verwiesen, um mein Gepäck würde man sich später kümmern. Ich versuchte, die Tür sofort zu verschließen, aber es gab kein funktionierendes Schloss. Beunruhigt sah ich die eifersüchtigen Blicke der anderen Taxifahrer, die ihren Kollegen um die lukrative Fahrt beneideten.

An der ersten Ampel sprangen zwei Gestalten ins Auto, einer vorne auf den Beifahrersitz und einer direkt neben mir. «Keine Sorge», sagten sie, «wir fahren nur zu Ihrem Schutz mit. Es geht hier durch ein Gebiet mit viel Kriminalität, man sollte hier nachts besser überhaupt nicht unterwegs sein.»

Der Fahrer schwitzte jetzt noch viel mehr, offensichtlich musste er den Fahranweisungen der anderen folgen. Die Gegend wurde immer dunkler, bis wir auf einer verlassenen Abfallkippe landeten. «Wir hätten jetzt gerne unser Honorar für Ihren Schutz», sagten die beiden. Es klang noch recht höflich. 200 Dollar.

Das schien hier wohl ein Einheitspreis zu sein, zuckte es mir durch den Kopf. Was ist hier klug – einfach zahlen oder weiterpokern? Wenn ich zahlte, hatte ich ja keine Garantie, dass sie mich laufen ließen. «Bin ich verpflichtet, das zu zahlen?», fragte ich. «Ich habe euch ja gar nicht gerufen.» Nein, natürlich nicht, es handle sich nur um ein übliches Trinkgeld. «Aber warum 200 Dollar?», fragte ich. – «Weil so viele gesehen haben, dass wir in den Wagen mit dem Weißen steigen, und wir müssen jedem was abgeben, sonst bedrohen sie unsere Familie und unsere Kinder!»

«Ich werde ein Trinkgeld geben», versprach ich, «aber erst, wenn wir am Ziel sind. Bei uns gibt man ein Trinkgeld am Schluss, und seine Höhe ist davon abhängig, wie zufrieden man mit seiner Behandlung ist.» Sie konnten sich dem Argument wohl nicht ganz verschließen und diskutierten kurz darüber. Dann lehnten sie ab. Ihre Gesichter waren jetzt hart und aggressiv. «Entweder jetzt sofort, oder du steigst aus – und schaust, wie du weiterkommst.»

Ich hatte keine Ahnung, wo wir waren, noch nicht mal, wohin ich gebracht werden sollte. Da kam mir mein Fahrer zu Hilfe. Er erzählte von seiner Verpflichtung gegenüber dem Flughafenchef und bat sie eindringlich, ihn und seine Familie nicht ans Messer zu liefern. Also wiesen sie ihn an, loszufahren bis in die Nähe meiner Unterkunft, aber einen Kilometer davor zu halten und sie aussteigen zu lassen. Ich versprach, ihnen dort ein Trinkgeld zu geben. Ich wusste, dass es jetzt zu gefährlich wäre, an mein Geld zu gehen, erinnerte mich aber, zwei 10-Dollar-Scheine lose eingesteckt zu haben, um Getränke oder Snacks zu kaufen.

«Da vorne ist der Platz», sagte der Fahrer, immer noch zitternd, und er hielt an. Jetzt machten meine beiden Beschützer einen entscheidenden Fehler. Sie stiegen aus und verlangten bei geöffneter Tür ihr Geld. Dann ging alles sehr schnell. Ich gab jedem 10 Dollar; sie wollten sofort in den Wagen zurückspringen, weil sie natürlich nicht zufrieden waren. In dem Moment gab der Fahrer Vollgas, sie hingen noch kurz am Wagen, mussten dann aber loslassen, während das Taxi mit kreischenden Reifen und offenen Seitentüren um die nächste Kurve jagte.

«Das ist noch einmal gutgegangen», sagte er und schaute mich an, als wären wir seit langem Freunde. Ich gab ihm seine Bestätigung, dass er seinen Auftrag bestens und ohne Probleme erfüllt habe, mit herzlichem Dank an den Flughafenchef. Sein Trinkgeld hatte er sich verdient. 20 Dollar schienen mir angemessen, und er sagte mir, es sei mehr, als er in einer Woche verdiene.

54

Der Schmuggler Gottes und der General, der meinen Pass fand

Es folgten 14 Tage, die ich als echte Zerreißprobe empfand, meiner Erinnerung gemäß waren es besonders körperlich die schlimmsten Tage meines Lebens. Nigeria, das bevölkerungsreichste Land Afrikas, war anfangs der 90er Jahre tief gespalten bei je etwa fünfzig Prozent christlicher Bevölkerung im Süden und moslemischer Bevölkerung im Norden. Boko Haram war damals noch nicht in den Schlagzeilen, aber im Gebiet zwischen den Religionsgruppen gab es ständig Gefechte. Nach den Präsidentschaftswahlen hatte sich die bestehende Regierung geweigert, ein Wahlergebnis bekannt zu geben, und stattdessen Neuwahlen angekündigt. Es brodelte im ganzen Land, überall herrschte Chaos.

Die größte Stadt Lagos war damals wohl einer der dunkelsten Punkte der Welt. Über 15 Millionen Einwohner, davon sechzig Prozent unter 18 Jahren, waren praktisch der Anarchie ausgesetzt. Bisher hatte ich erlebt, dass man auch in fremden Kulturen mit freundlichem Wesen und respektvollem Auftreten überall angenommen wird – hier war ich einfach ein Feindbild, allein wegen meinem weißen Gesicht.

Obwohl die Organisatoren der Konferenz ihr Bestes taten, waren sie fast überfordert. Die 450 Delegierten mussten morgens und abends ins zwölf Kilometer entfernte Kongresszentrum gebracht werden, eine Fahrt dauerte aber zwei bis drei Stunden, auch wenn man morgens schon um 5 Uhr den Bus bestieg. Weil immer wieder Busse überfallen und gekidnappt wurden, saßen wir oft mehr als dreißig Minuten im Bus, bevor der Fahrer grünes Licht bekam; er stand über Funk mit anderen Kollegen in Verbindung. Die von einem deutschen Konsortium gebaute Stadtautobahn endete an einer fehlenden Talbrücke – eben dort, wo das Geld ausgegangen war. Kilometerlange Staus waren die Folge. Nach der Ankunft wurden wir mit Polizeischutz ins Kongressgebäude geführt. Für die eigentlich vorhandene Klimaanlage gab es keinen Strom.

Meine Hauptsorge war mein Kreislauf, der mehrfach fast zusammengebrochen war. Ohnmächtig ins Krankenhaus gebracht zu werden war eine Horrorvorstellung; eine Blutkonserve zu kriegen in einem Land mit über dreißig Prozent HIV-Positiven in der Bevölkerung konnte ein Leben ruinieren.

Als ich am ersten Tag unter die Dusche wollte, kam erst braunes, dann rötliches Wasser aus dem Duschkopf. Obwohl ich so lange wartete, bis klares Wasser kam, hatte ich innerhalb weniger Minuten einen roten Hautausschlag mit Pusteln am ganzen Körper. Von da an habe ich 14 Tage nicht mehr geduscht, und das, obwohl bei über 35 Grad und fast hundert Prozent Luftfeuchtigkeit schon nach wenigen Minuten jedes Kleidungsstück am Körper klebte, das man anhatte.

Eigentlich wollte ich nach zwei Tagen abreisen, weil ich auch extremen Durchfall hatte. Weil es nicht viel gab, hatte ich die kleine Salatgarnitur auf dem Teller mitgegessen, was man natürlich nie machen sollte, da mit ungereinigtem Wasser gewaschen wird. Da die Lufthansa erst in 14 Tagen wieder einen Flug anbot, versuchte ich, mit einer innerafrikanischen Fluglinie rauszukommen. Als ich in deren Stadtbüro war, funktionierte die Buchungsmöglichkeit nicht. Das Telefonnetz war wieder einmal ausgefallen, an den Decken war alles voll Spinnweben, das einzige Licht brannte mit einem Notstromaggregat. Als dann noch von einem Flugzeugabsturz in Mombasa berichtet wurde, hatte ich genug – ich beschloss, lieber die 14 Tage durchzuhalten, als mich bei diesem Stand der Technik einem Fluggerät anzuvertrauen.

Das Taxi auf dem Rückweg wurde von der Polizei angehalten. Wir wurden an den Straßenrand gewinkt und mussten dreißig Minuten warten. Als ein Polizist kam und mit dem Fahrer verhandelte, verstand ich die Sprache nicht, aber der Fahrer sagte mir, er müsse 200 Dollar Strafe zahlen, die er nicht habe. «Die Polizei sagte, der weiße Fahrgast hat sicher Bargeld dabei.»

Ich verwickelte den Polizisten in ein Gespräch. Er gab zu, dass er uns ohne Grund angehalten hatte, verwies aber darauf, dass er und seine Kollegen seit über sechs Monaten kein Gehalt mehr bekommen hatten und dies die einzige Möglichkeit sei, dass ihre Familien nicht verhungern. Er zeigte mir Fotos von seinen Kindern, und ich gab ihm 50 Dollar.

In der Mitte der Straße türmte sich auf 15 Kilometern der Müll. Hunde und Straßenkinder suchten darin um die Wette nach Essbarem. Es verkrampfte einem das Herz, hier nicht helfen zu können, aber das Leid war überall. Dann bat ich den Fahrer, bei einer Gruppe bettelnder Kinder anzuhalten, und gab einem kleinen Mädchen gezielt eine Süßigkeit. Das war ein schwerer Fehler, denn sie wurde sofort von den größeren Jungs überfallen und verprügelt; ich hinterließ ein Knäuel sich heftig streitender Kinder.

Zwei Tage später brauchte ich wieder ein Taxi und fand einen VW-Käfer mit der Aufschrift «Jesus is alive» auf allen Seiten. Bei uns wäre das Fahrzeug als Oldtimer durchgegangen, es war offensichtlich sehr gepflegt. Ich schöpfte Hoffnung, fair befördert zu werden, und fragte den Fahrer nach dem Preis. Er sprach tadellos Englisch, und wir unterhielten uns über den Glauben. Gegen Ende der Fahrt verlangte er das Dreifache – sogar als Bedingung, mich ganz ans Ziel zu befördern. Jetzt wurde ich ungemütlich und erinnerte ihn daran, dass er mich aufgrund seiner christlichen Werte ja nicht einfach erpressen könne. Aggressiv schrie er mich an: «Ihr scheinheiligen Christen aus dem reichen Europa! Ihr meint, die Moral auf eurer Seite zu haben. Dabei ermordet jeder Mensch, der mehr als eine Mahlzeit am Tag zu sich nimmt, dadurch zehn andere, die wegen ihm an Hunger sterben müssen!» Ungehemmter Hass blitzte mich aus seinen Augen an.

Am nächsten Tag gab es eine angenehme Überraschung: Bis dahin war ich der einzige Weiße in der Konferenz gewesen, nun tauchte noch ein Gast aus Holland auf. Und weil wir uns aus Sicht der Organisatoren «so ähnlich waren», wurde er zu mir ins Zimmer gesteckt. Brother Andrew wurde er genannt, der als «Schmuggler Gottes» bekannt war. Er ist Gründer der Organisation «Open Doors», die sich um verfolgte Christen in aller Welt kümmert. Er selbst schmuggelte seit seinem 21. Lebensjahr Bibeln in Länder, in denen dies absolut verboten ist – früher hauptsächlich hinter den Eisernen Vorhang. Dabei hat er ständig seine Freiheit oder gar sein Leben aufs Spiel gesetzt:

«Ich hatte mit Gott ausgemacht, dass er über mein Leben verfügen kann – und sie können es mir ja nur einmal nehmen. Seither handle ich so, dass das Wort Gottes in die Hände derer kommt, die danach lechzen. Aber ich lebe auch heute noch so, als wäre es mein letzter Tag. Bis jetzt bin ich bewahrt worden.»

Schier unglaubliche Geschichten hat er mir abends erzählt, aber es würde zu weit führen, diese hier wiederzugeben. Nur eine Kostprobe: Monatelang wurden Tausende von Bibeln in mit genau bemessener Luftmenge gefüllten Säcken dem Schwarzen Meer übergeben, die dann dank der Strömung an russischen Stränden ankamen. Man hat fast vergessen, dass noch vor wenigen Jahrzehnten in Russland Bibelteile von Hand abgeschrieben wurden, weil offiziell kein Verkauf zugelassen war.

Mein Freund Solomon Gacece aus Kenia, der mich nach Lagos eingeladen hatte und selbst einer der Delegierten war, war zu dieser Zeit Präsident des Baseball-Verbandes in Kenia. Er wusste, dass der amtierende Präsident des Baseball-Weltverbandes ein Nigerianer war, und fragte an, ob er ihn treffen könne. Wir erhielten tatsächlich eine Einladung von General Williams und wurden mit einer edlen und vor allem klimatisierten Limousine abgeholt und ins zweieinhalb Stunden entfernte Ibadan gefahren, wo Teile der Regierung damals ihren Sitz hatten.

Das Haus des Generals glich einer Festung; es war nicht nur schwer bewacht mit Mauern und schwerem Stahltor, sondern als Herrschaftsanwesen erkennbar, sobald man sich innerhalb der Schutzmauern befand. Wunderschön angelegte und gepflegte Gärten bildeten einen krassen Gegensatz zur Außenwelt. Wir wurden von der Dame des Hauses empfangen, die ihren Mann entschuldigen musste – er sei ja der Kommandeur des Sicherheitsstabs des Präsidenten, und wenn dieser rufe, müsse er auch sofort kommen. Keine Art von Verabredung könne da als Ausrede dienen.

Unsere Gastgeberin war sehr charmant und gebildet, eine Dame mit sehr viel Herzlichkeit, kosmopolitischem Weitblick und angenehmer Ausstrahlung. Ihre zahlreichen Angestellten behandelte sie wohlwollend, so auch die jedem Gast zugeteilten Betreuerinnen, die von graziler Schönheit und Anmut waren. Kaum hatten wir uns in thronsesselartigen Sitzen mit Hochlehne und prunkvollen Armauflagen niedergelassen, brachten sie gekühlte Getränke und Früchte, die auf einem kunstvoll gearbeiteten Porzellan-Elefanten abgestellt wurden, der sozusagen als Beistelltisch diente. Dann wurde der Fernseher eingeschaltet, und im Bild erschien ihr Mann, der gerade eine Rede auf einem belebten Platz in der Stadt hielt. Neben ihm saß der Präsident des Landes.

«Das wird noch etwas dauern», sagte sie, aber ihr Mann sei sich unseres Besuches bewusst und würde sicher so bald wie möglich kommen, wenn es seine Verpflichtungen zuließen. Sie schlug vor, schon mit dem Essen zu beginnen, das draußen im Garten in silbernen, beheizten Blechwannen angerichtet war – wie bei einem Catering edelster Klasse. Für mich stellte sich das Problem, dass ich meinem Tropenarzt versprochen hatte, wegen der Moskitos an diesem Malaria-Hotspot nie in der Dämmerung draußen zu sein – hier gab es aber kein Entkommen. Also fügte ich mich in mein Schicksal und nahm mit viel Gottvertrauen die Gastfreundschaft an.

Bis in die späte Nacht wurde serviert und aufgetragen, und die Unterhaltung mit unserer sehr interessierten Gastgeberin war keinen Moment langweilig.

Schließlich gab sie das Warten auf, entschuldigte sich nochmals sehr für ihren Mann und rief ihren Fahrer, um uns zurückzubringen. Und genau da wurde es laut vor dem Tor. Innen sprangen alle auf und nahmen im Spalier militärische Haltung an, um dem Hausherrn bei der Einfahrt zu salutieren.

Ich hatte noch selten einen stattlicheren Menschen gesehen – ein Hüne mit wohl zwei Meter Größe und, obwohl nicht mehr ganz jung, mit sportlichem Gang und wachem Blick. Wie so ein indigen anmutender Mann Karriere in der Armee und im Staatsdienst machen konnte, war beachtlich, genauso, dass er Weltpräsident in einer

209

Sportart war, die in anderen Ländern viel populärer ist. Aber kaum fing er an zu sprechen, beantwortete sich die Frage wie von selbst. Dieser Mann hatte eine überragende Persönlichkeit und Ausstrahlung.

Viel später erfuhr ich, dass er kurz nach unserem Besuch aus Armee und Staatsdienst abgedankt hatte und sich für Menschenrechte einsetzte – unter anderem bei «Transparency International».

Er bat uns damals, doch nochmals Platz zu nehmen, und führte sofort die Unterhaltung auf die gesellschaftliche Wichtigkeit des Sports, der die junge Generation von vielen Versuchungen abhalten könne – Müßiggang, Kriminalität, Drogen- und Alkoholmissbrauch und vieles mehr. Dann erkundigte er sich bei Solomon über Baseball in Kenia und freute sich, dass mein Sohn Baseballer ist. Er betonte, dass er gläubiger Moslem sei, aber wisse, dass wir Christen sind. «Wenn ihr daran glaubt, dass eurer Gott Gebet erhört», wandte er sich an Solomon, «könnte doch dein deutscher Freund für uns alle beten – für mich, meine Aufgaben in der Regierung, das Land Nigeria mit all seinen Problemen, für ganz Afrika und die Welt, ja?»

Ich erfüllte ihm seinen Wunsch gerne – er stand dazu auf und neigte andächtig seinen Kopf. «Ich respektiere Andersgläubige», sagte er, «nur dass es Menschen gibt, die an keinen Gott glauben, verstehe ich nicht.»

Und dann erkundigte er sich beim Abschied noch, ob ich mich als Europäer in seinem Land als Gast gut behandelt fühlte. Natürlich lobte ich alles bis zur Grenze der Ehrlichkeit, erwähnte aber auch die Sache mit meinem Pass. Eine riesige Zornesader erschien auf seiner Stirn. Er stand auf, erhob sich in seiner ganzen Größe, brüllte nach seinem Adjutanten, gab ein paar Befehle. Sein Anblick war so furchterregend, dass mich fast das Mitleid packte gegenüber denen, die mich bestohlen hatten.

«Wann reisen Sie aus?» Er notierte sich die Flugnummer des einzigen Lufthansa-Abflugs, mit dem ich das Land verlassen konnte. Dann sagte er zu seinem persönlichen Fahrer: «Du und die Limousine stehen ab jetzt jederzeit diesem Gast aus Deutschland zur Verfügung. Er wird nie wieder ein Taxi benutzen müssen. Was immer er verlangt, ist zu tun. Und am Abreisetag wird er morgens abgeholt und zum Flughafen gefahren. Dort wird er mit Militärschutz an den Schalter gebracht. Und dort bekommt er seinen Pass! Im Original, dafür verbürge ich mich.»

Offensichtlich musste er über mehr Einfluss verfügen als der Flughafenchef. Er war sich seiner Sache sehr sicher, umarmte uns mit seinen Riesenpranken – und sein Fahrer brachte uns nach Hause. Von da an war für mich das Überleben in Lagos wesentlich leichter. Ich gebe zu, dass ich mich ab und zu herumfahren ließ, nur um dank der Klimaanlage etwas Erfrischung zu genießen. Und neben dem Fahrer war immer ein bewaffneter Soldat dabei, vor dem alle großen Respekt hatten.

Eigentlich wäre die Geschichte hier zu Ende, aber die Realität ist manchmal anders. Zum Flughafen begleitete mich hinter der Limousine ein gepanzertes Fahrzeug; ich wurde zu einem VIP-Schalter eskortiert und erhielt dort problemlos meinen Pass. Dann mussten die Soldaten an der Security-Kontrolle zurückbleiben. Ich ging einmal um die Ecke und wurde in ein Zimmer gezogen. Etwas stimme nicht mit meinen Papieren, es gäbe zusätzliche Schreibarbeit, für die man 200 Dollar verlangen müsse.

Ich schaute auf die Uhr – noch fünfzig Minuten bis zur Abflugzeit. War hier nicht der richtige Augenblick, vernünftig zu werden? Ich hatte das Geld ja in bar in der Tasche. Oder wollte ich riskieren, nochmal für 14 Tage hier festzusitzen? Ich weiß nicht, was mir das Standing gab, kompromisslos zu bleiben. Selbst als die Abflugzeit verrann und es schon eine Stunde drüber war, saß ich reglos in der Ecke und starrte vor mich hin. Dann stellte ich eine Frage, die Wirkung erzielte. Ob ich mit General Williams telefonieren könne, er sei ein Freund von mir.

Warum war ich nicht früher darauf gekommen?

Wenige Minuten später kam ein hoher Beamter, winkte mich zu sich und befahl mir zu folgen. Er geleitete mich an allen weiteren Kontrollen vorbei direkt ans Flugfeld, wo die Chefstewardess der Lufthansa-Maschine auf mich wartete. «Willkommen, Herr Gühring», sagte sie auf Deutsch. – «Sie haben gewartet?», rief ich ihr überrascht zu. – «Das ist doch eine Selbstverständlichkeit. Wir wären überrascht gewesen, wenn man Sie nicht festgehalten hätte. So ist das hier eben. In so einem Land fliegen wir nicht los, wenn wir den Eindruck haben, dass einer unserer Passagiere in Schwierigkeiten ist.»

Dann brachte sie mich in die Business Class, und der Koch, der im leeren Flugzeug fast nur für mich zu kochen schien, servierte schwäbische Spezialitäten. Danke, Lufthansa. Dieser Flug war sündhaft teuer, aber schlussendlich war er jede einzelne D-Mark wert.

55
Dankgebet in Lesotho

Von Kapstadt nach Johannesburg – wie oft war ich die Strecke geflogen. Warum also nicht mal mit dem Auto fahren, sind ja kaum mehr als 1400 km. So fuhr ich abends los in die Nacht hinein, trunken fast vom unglaublichen Sonnenuntergang über der kargen Ebene. Am nächsten Mittag erreichte ich nach gut 1000 km Bloemfontein – und hatte einen schrecklichen Crash mit einem Kleinlaster, der mich von der Seite fast umgemäht hätte. Bruchteile von Sekunden später wäre er in meine Tür gerast – so «erwischte» es nur meinen Motor, der aus dem verbogenen Bug des Fahrzeugs herausgerissen wurde. Totalschaden …

Beim Tausch in der Mietwagenzentrale erhielt ich statt des alten Schlittens mit 350 km Reichweite einen brandneuen Golf 3. Er roch noch nach Plastik und Farbe, aber das war nebensächlich angesichts so perfekt funktionierender Technik.

Und dann kam einer der Einfälle, deretwegen meine Frau oft gar nicht so genau wissen will, was alles passiert auf meinen Reisen … Ein Blick auf die Landkarte: Lesotho – Kingdom in the Sky! Wie eine Insel liegt dieses unabhängige Land an allen Seiten von Südafrika umgeben – ist aber mit Ausnahme der Hauptstadt Maseru und einigen Staudammprojekten kaum entwickelt. «Le-so-tho!», klang es in meinen Ohren, das hört sich gut an – und außerdem war ich da noch nie zuvor gewesen. Und hatten wir von dort nicht mal einen Studenten, der zuhause eine eigene Radiosendung hatte und der so wunderbar Tierstimmen imitieren konnte, dass er mitten im trockensten Unterricht seine Lacher bekam?

Obwohl schon früher Nachmittag, fasste ich den spontanen Entschluss da durchzufahren. «Etwa so groß wie die Schweiz» – dachte ich: «Da kann ich ja bis zur Nacht in Johannesburg sein.» Also rüber über die fast orientalisch anmutende Grenze, in der Hauptstadt Maseru nochmals vollgetankt, drei Liter Wasser und Cola gefasst – und los ging's, zunächst auf frisch asphaltierten Straßen steil bergan bis zu einem riesigen Staudamm-Projekt. Danach aber endete die Zivilisation schlagartig – nur noch rumpelige Schotterwege und eine Weggabelung mit Schranken Richtung Nord und Ost.

Was tun? Meine einzige Karte zeigte Südafrika auf DIN A4 – in Lesotho nur zwei hauchdünne Striche. Einziger Ort auf meiner Karte war Rafolatsane im Osten, dann ging's nördlich und irgendwo wieder östlich über den Sani-Pass raus Richtung Pietermaritzburg. «Zwei Stunden, vier Stunden?», fragte ich die zerlumpte Gestalt am Schlagbaum. – «Zwei, vier oder sechs Stunden, weiß nicht», glaubte ich zu verstehen, «und wie heißt noch mal der Ort, wo du hinwillst?»

Der Mann hatte keine Ahnung, entnahm ich dem wilden Gefuchtel mit beiden Armen, mit dem er seine kehligen Laute untermalte. Immerhin gab er die Strecke achselzuckend und kopfschüttelnd frei – ich sollte noch dahinterkommen, warum.

Die Landschaft aber war fantastisch, die Nachmittagssonne brannte trügerisch auf die Scheiben. Lesotho ist ein Land, das fast komplett hochalpinen Charakter hat. Wegen der südlichen Breiten liegt auch auf 3000 m noch kein Schnee, aber in der Nacht ist es bitterkalt. Deshalb hatte jeder Nomade seine Decke mit, auch in der prallen Sonne. Im zentralen Hochland lebten fast nur Hirten, die zwischen einer und drei Ziegen hüteten – tagaus, tagein.

Im ersten und zweiten Gang quälte ich mich durch Berghänge und Schluchten, manchmal durch Furten in Wasserläufen ohne

Brücke. Und das Ganze im Zickzack, für 1 km Luftlinie brauchte ich 5 km Feldweg plus viele Höhenmeter. Wenigstens gab es eine Telegrafenleitung, die bergauf und bergab in dieselbe Richtung ging, unabhängig von der Straße; daran konnte ich mich orientieren.

Aber langsam dämmerte es mir, auf was ich mich da eingelassen hatte. Besorgt äugte ich auf die Tankanzeige, die noch halb voll anzeigte trotz 350 gefahrener Kilometer. Zum Glück hatte ich den neuen Golf gekriegt – ein Wunder an Reichweite und Verbrauch. Denn sicher wurde es bald dunkel, und eine Tankstelle hatte ich schon seit vier Stunden nicht mehr gesehen. Auf der langen, aber wenigstens bekannten Strecke zurück – oder vorwärts ins Unbekannte? Da ich ziemlich schlecht im «Umkehren» bin, rumpelte ich einfach weiter.

Täuschte ich mich, oder blickten die Menschen immer feindseliger unter ihren Kutten hervor, die sie langsam über ihre Köpfe zogen? Irgendwann – und leider noch lange nichts zu sehen von einem Ort – begann die Abenddämmerung, und ich hatte den ersten «Platten»; kein Wunder bei den spitzen Steinen und Felsblöcken auf der «Straße». Eigentlich hatte ich mir vorgenommen, auf keinen Fall anzuhalten, doch jetzt blieb mir keine andere Wahl.

Sofort war ich Mittelpunkt eines Menschenauflaufs – wo kamen die alle plötzlich her? Ich konnte gerade noch verhindern, dass sie mein Auto auf einer Seite hochwuchteten. Lieber machte ich sie mit der Erfindung des Wagenhebers bekannt. Und während ich sorgfältig mein Ersatzrad verteidigte, griff eine Hand nach meinen Radmuttern, die ich gerade noch zu fassen bekam, bevor sie zwischen meinen Beinen verschwanden.

Schließlich wollten alle Helfer zum Dank mitfahren, und ich entschied mich für einen greisenhaften Mann, der ein Bündel Holz schleppte und auf dem Heimweg war. Wohin? Immer geradeaus, bezeichnete er mir. Was für eine Frage – es gab nur eine Trasse aus Reifenspuren, mehr konnte ich nicht erkennen. Allerdings blieb er 15 km im Auto – die Strecke, die er jeden Tag gehen musste, um noch Holz zu finden. Lesotho ist fast abgeholzt wegen der Kälte in der Nacht – und geht so auf eine landwirtschaftliche Katastrophe zu.

Mir war aber ein anderes Problem gerade näher: Ich hatte kein zweites Ersatzrad, und unter mir rumpelte und knirschte es Meter um Meter.

Nachdem ich den Mann abgesetzt hatte, ging es steil und lange hinunter in die düstere Nacht hinein, und ich dachte schon, die Schlucht wolle kein Ende nehmen. Dann hörte ich das Rauschen und stand vor einem Fluss. Der Fährmann machte deutlich, dass mein Auto viel zu groß sei für seinen Nachen, aber weiter oben sei eine Furt, da könne man durchfahren.

Ich hab sie gesucht, gefunden, probiert – und es hat geklappt. Allerdings musste ich beim Trockenlegen auf der anderen Seite erst überprüfen, ob ich keine Fische gefangen hatte. Mit einem Dankesgebet zu Gott und nach Wolfsburg kroch ich auf der anderen Seite den Berg hoch und fand eine Querstraße – nach Norden. Sollte ich tatsächlich erst die Hälfte der Strecke geschafft haben? Ein fast taghell leuchtender Vollmond machte mir Mut, und die Kunst war nun, nach ein- oder zweihundert Kilometern die Abzweigung zum Sani-Pass zu finden.

Die Hoffnung auf Wegweiser hatte ich längst aufgegeben.

Hier rechts, oder doch noch weiter nach Norden? Ich hätte eine Blume gebraucht zum Blätterauszupfen; es gab keinen Anhaltspunkt, ob ich richtig entschied oder falsch. Aber meine Tanknadel berührte inzwischen fast die Nullmarke, und einen Fehlversuch konnte ich mir nicht leisten. So betete ich fast 15 Minuten und fuhr dann weiter.

Bei der nächsten Möglichkeit entschied ich mich für rechts steil nach oben. Immer tiefer wurde der Morast, rechts die Steilwand und links die Schlucht. In den Biegungen stürzten Wasserfälle zu Tal und bildeten Seen auf der Straße; mehrmals watete ich zuerst durch, um zu testen und den einen oder anderen spitzen Stein unter der Wasseroberfläche wegzuräumen.

Und dann, nach einer Stunde mühsamen Kletterns, ging es plötzlich wieder bergab – und damit bestand Hoffnung, noch vor Sonnenaufgang südafrikanischen Boden zu erreichen.

Das aber erwies sich als glatte Fehleinschätzung. Plötzlich, in einem tiefen Canyon mit Felswänden links und rechts, sperrte eine Mauer die Straße mit einem Gatter und einem großen Tor. Die Grenze!

Ich schaute auf die Uhr: 2 Uhr 30 morgens. Eine Nacht im kalten Auto? Hatte ich nicht gerade noch Lichter links am Hang gesehen? Vorsichtig setzte ich zurück – immer darauf bedacht, möglichst viel Sprit zu sparen und die Reifen zu schonen. Eigentlich sah es aus, als sei jenes Licht abseits der Straße auf südafrikanischer Seite, aber ein Versuch über Stock und Stein brachte mich an eine Hütte. Ich klopfte, ein freundlicher Schotte machte auf. Als er hörte, dass ich über die Grenze wollte, lachte er schallend. Ich hatte es gerade um elf Stunden verpasst – die Grenze schloss nachmittags um 4 Uhr. Dafür durfte ich auf seinem Dielenboden schlafen, und später sogar in einem Bett, das ein älteres amerikanisches Paar für mich räumte. Sie ließen sich nicht davon abbringen – sie könnten genauso gut auf dem Dach ihres Campers weiterschlafen, und in der Backröhre gäbe es noch Auflauf vom vergangenen Abend …

«Morgenstund hat Gold im Mund», dachte ich nach einem kurzen, unruhigen Schlaf, aber diesmal gab es für mich kein Gold, sondern einen ernüchternd leeren Tank – und einen weiteren platten Reifen. Ich hatte es nachts wohl gerade noch so geschafft, aber jetzt ging nichts mehr.

Erst mal Eier mit Speck und Bratkartoffeln, sagte der Wirt, dann wird man sehen. Mit uns aß neben meinen neuen amerikanischen Freunden auch ein junges Paar aus Paris. Dann besichtigten alle mein Auto – vor allem meine Tankanzeige und die Tageskilometer, die ich vor 700 km auf Null gestellt hatte.

Und jetzt kam der Auftritt eines amerikanischen Rentners, der mit seiner Hübschen zum Angeln im Gebirge war. Mit einem Vorschlaghammer und Holzdielen löste er meinen Reifen von der Felge und flickte das Loch mit Fahrradflickzeug. Dann zauberte er eine Luftpumpe aus seinem Notfallset und erzeugte 3,1 atü!

Bis zur Tankstelle seien es zwar 22 km, sagte der Wirt, aber es gehe ständig bergab. Und so war ich um 10 Uhr wider Erwarten startbereit. Weil ich keine Visitenkarte dabeihatte, schenkte ich meinen

Rettern eine Sportbibel, weil da meine Adresse eingedruckt war –
und ich erntete ein fröhliches «Alleluja – praise the Lord». «Are you
a brother?», fragte der Ami. – «Yes, I am.» – «Oh, dann lasst uns Gott
danken», rief er zu seiner Frau, und wir mussten uns – samt den verdutzten Franzosen – gegenseitig an den Händen fassen, und dann
pries der feine Mann Gott für die Begegnung und die Hilfe.

Auch so wäre dies eine unglaubliche Geschichte. Aber da war
noch das Pärchen aus «Fronkreisch». «Qu'est-ce que nous avons fait
ensemble – prié?» Noch nie hatten sie gebetet, nur vom Hörensagen
hatten sie vom Evangelium gehört. Und so gingen wir noch mal rein
und erzählten, auf Englisch und Französisch, was für einen wunderbaren Gott wir haben.

Fast wäre der Reifen wieder platt gewesen, so lange mussten wir
das Geschehen in der Bibel erklären. Die schottischen Gastgeber
waren verschwunden, die greisen Amerikaner strahlten, die jungen
Franzosen staunten, und der gestrandete Deutsche wurde sehr
nachdenklich über Gottes Art, Begegnungen zu arrangieren.

Wer um die Macht des Gebetes weiß, soll doch bitte jetzt für das
junge Paar aus Frankreich beten. Gott, der alles sieht, kennt ihre Namen und weiß, wo sie heute sind und wie es ihnen geht. Ob sie die
französische Bibel gelesen haben, die ich ihnen überließ? Es wäre zu
schön, wenn sich die sechs vom Sani-Pass wiedersehen würden – in
der Ewigkeit.

56
Löwen im Elefantenpark

Löwen, so wissen alle meine Freunde, sind nicht nur meine Lieb-
lingstiere – ich würde meilenweit gehen und stundenlang warten,
um einen zu sehen. Ich bin geradezu verrückt an dieser Stelle – Gott
weiß, warum.

Und so war es auch eine große Enttäuschung, dass ich erst bei
meinem vierten Besuch im Kruger Nationalpark – verteilt über drei

Jahre – zum ersten Mal wirklich freilebende Löwen beobachten konnte. Dann aber großartigerweise gleich ein großes Rudel über einen halben Tag.

Im Vorfeld der Fußballweltmeisterschaft 2010 war ich in Südafrika, obwohl ich zu denen gehöre, die so ein Event eher «backstage» betreuen. Meine Planungen zu «Kick-off», einem Angebot, das Christen erstmals bei der WM 2006 in Deutschland für Aktive und Zuschauer gemacht hatten, begannen schon fünf Jahre vorher – gleich nachdem Südafrika den Zuschlag als Ausrichter für 2010 bekommen hatte. Es war dann trotz Backstage-Aufgaben schön, etwas von der Worldcup-Atmosphäre zu schnuppern. Ich hatte drei meiner Kinder besucht, die beruflich oder privat in Südafrika weilten – und natürlich einige gute Freunde.

Zum Schluss der Reise genehmigten wir uns noch – meine Frau Marion und die jüngste Tochter Hanna waren auch dabei – einen Ausflug in den Addo Elephant National Park in der Nähe von Port Elizabeth. Beim Abendessen im «Elephant Guest House» bekamen wir uns trotz feinster Speisen fast in die Haare. «Wollen wir morgen früh unser wunderbares Appartement genießen oder um fünf Uhr raus, um die Tiere in der Dämmerung zu erwischen?» Über 300 Elefanten gab es in dem riesigen Gelände, aber kaum zehn Löwen. Und die sähe man, wenn überhaupt, höchstens in der Morgendämmerung.

Schließlich einigten wir uns friedlich darauf, etwas auszuschlafen, schön zu duschen und zu frühstücken – und uns dann an den Tieren zu erfreuen, die es eben gerade zu sehen gab. Bei allem Gottvertrauen: Von «meinen» Löwen hatte ich mich innerlich schon verabschiedet.

Nach drei Stunden Fahrt hatten wir dann vor allen Dingen Kudus gesehen und – zu meiner Freude – mehrere Warzenschweine, die mit ihren Rüsseln wie wild den Boden durchwühlten. Wie lieb die Mama ihr «hässliches» Junges doch hatte (Warzenschweine werden in Afrika zusammen mit Geiern, Hyänen, Marabus und Gnus zu den «Ugly Five» gezählt). Sie beschnüffelte es ständig, und der Alte passte auf wie auf einen Goldschatz. Aber nicht einmal Elefanten hatten wir gefunden, nur einen Büffel – und das war nun doch etwas enttäuschend.

Dann endlich, zu Hannas großer Freude, entdeckten wir eine komplette Elefantenfamilie – oder besser gesagt, sie entdeckte uns. Das Unterholz war so dicht, dass man ohnehin nur Tiere sah, die von sich aus an die Straße kamen. Und genau dies geschah – zuerst das Weibchen, das direkt hinter uns zwischen den Bäumen heraus das Buschwerk durchbrach, dahinter bedrohlich der riesige Bulle, aufgeregt mit den riesigen Ohren schlagend, von denen die Afrikaner behaupten, sie hätten die Form von Afrika, und dann erst das kleine Kälbchen und noch ein «Teenager» mittlerer Größe …

Eigentlich waren wir damit zufrieden und beschlossen, den Heimweg anzutreten – aber hatte ich nicht heimlich um Löwen gebetet? Gott sah nicht nur, wo die Löwen waren, sondern auch die Sehnsucht in meinem Herzen, die ich kaum vor ihm verheimlichen konnte. Und dann geschah es: Vor uns hielt ein Auto an und fuhr auf die rechte Straßenseite. Ich wollte links vorbei, und da lag sie, eine Löwendame in ihrer vollen Schönheit – nicht mehr als drei Meter von meiner halb offenen Scheibe entfernt. Majestätisch hob sie den Kopf – unwillkürlich hielten wir den Atem an. Aber sie senkte den Kopf auf die riesigen Pfoten. Dann kam ein junges Männchen zu ihr und ließ sich neben ihr zu Boden fallen. Ein drittes Löwengesicht war durch das Buschwerk zu sehen.

Ich konnte mein Glück kaum fassen. Hanna betonte, die Löwen seien nicht nur wegen mir da – sie habe auch gebetet. Und so beobachteten wir sie, bis sieben oder acht Autos aufgefahren waren, und es war ein Gebot der Höflichkeit, die anderen auch mal näher ran zu lassen. Ich wendete noch zweimal – und stellte mich jeweils geduldig hinten an, bis ich wieder vorne war, nur um möglichst viel von diesem Anblick mit meinen Augen zu trinken und in meiner Seele zu versenken.

Für mich ist es unglaublich, dass Gott solche wunderbaren Tiere schaffen kann. Aber dass er über die Macht verfügt, bei 2000 Straßenkilometern auf 1640 Quadratkilometern Fläche dreißig Prozent des Löwenbestands des Addoparks zu meinem Auto zu schicken –

das soll mir einer als Zufall erklären. 10 hoch minus X ist die Wahrscheinlichkeit – ich will das gar nicht ausrechnen. Ich bin überzeugt, dass mir Gott einfach eine Riesenfreude machen wollte. Vielleicht hält er es für einen Spleen, dass ich diese Tiere so mag – aber
ich habe den Verdacht, er mag sie auch. Und wenn er ein Mensch
wäre, wäre er ein bisschen stolz darauf, wie wunderbar sie ihm gelungen sind.

Und deshalb will er sie auch im Himmel haben. Ich liebe die Stelle
in der Bibel, wo im Blick auf die Ewigkeit erwähnt wird, dass es dort
Löwen geben wird. Das ist gar nicht so selbstverständlich, denn
schließlich wird Gott eine neue Erde schaffen, die so wunderbar
sein wird, dass man der alten «nicht mehr gedenken» wird. Aber
«der Löwe wird Gras fressen wie ein Rind», und das heißt: Erstens
gibt es da welche, und zweitens könnte man unter diesen Umständen ja mal versuchen, ihnen die Mähne zu kraulen …

Sicher ist der Himmel ziemlich groß, wenn ich das mal so naiv sagen darf. Und für den Fall, dass es dort schwer sein könnte, seine
Lieben zu treffen, wissen meine besten Freunde, wo sie mich mal
suchen könnten. Ich sage es manchmal beim Abschied zu einer gefährlichen Reise zu meiner Frau: «Auf Wiedersehen – hoffentlich.
Und falls doch etwas passieren sollte, dann sehn wir uns bei den
Löwen …»

57

Die Heldin

Dreißig Minuten war ich am Fenster ihres «Ladens», seither geht mir
dieses Gesicht nicht aus dem Sinn. Irgendwo in einem abgelegenen
Außenbezirk von Äthiopiens Hauptstadt Addis Abeba traf ich sie.
Später erklärte mir ein Einheimischer die näheren Umstände.

Ob sie einen Nobelpreis verdient hätte, weiß ich nicht, nur dass
sie mit Sicherheit damit nichts anfangen könnte. Ihre Welt ist klein,
20 m² maximal, wenn man Laden und Wohnung zusammennimmt.

Eine Zwiebel könnte ich kaufen, aber nur eine, denn sie hat nur sechs, und einige davon hat sie ihren Stammkunden versprochen. Von den sorgfältig ausgelegten Kartoffeln könne ich mir fünf aussuchen – und vielleicht etwas Süßigkeiten, ein Drops aus der angefangenen Rolle oder ein winziges Souvenir, ein selbst gesammeltes Steinchen?

Mir wird fast schwindlig beim Gedanken an die winzigen Geldbeträge, die sie mit flehenden Augen aufruft. Wird das hier heute ihr größtes Geschäft – vielleicht der Deal des Jahres?

Shujaa möchte ich sie nennen, denn das heißt «Heldin» in ihrer Sprache. Nach allem, was ich über sie erfahre, ist sie eine grandiose Frau. Vor mehr als zwanzig Jahren bekam sie die Diagnose HIV-positiv, und man gab ihr nur wenige Monate zu leben. Aber dann schlugen die Medikamente einer Hilfsorganisation an. Sie lebt bis heute, kann sich aber an keine Stunde ohne rasende Kopfschmerzen und Gliederreißen erinnern.

Da sie drei kleine Söhne hatte und keinen Mann, gab man ihr etwas «Seed Money», Startkapital – etwa 20 Dollar, um ein kleines Geschäft anzufangen. Bis heute leben sie und ihre Familie von dem, was sie sich erarbeitet hat. Heute hat ihr «Laden» eine Fläche von 4 m², und man kann darin nur sitzen, zum Stehen reicht die Deckenhöhe nicht aus. Betreten wird der Raum durch einen weniger als 1 m hohen Durchbruch von ihrem dahinterliegenden Wohn-, Ess-, Schlaf- und «All in one»-Zimmer – eine Pritsche, ein winziger Herd und ein Tischchen sind alles, was sie zum Leben braucht.

Fast hätte sie aufgegeben angesichts der ständigen Qualen und der Ungewissheit – aber sie ist eine Mutter. Um es vorwegzunehmen: Einer ihrer drei inzwischen erwachsenen Söhne studiert mit einem Stipendium für Hochbegabte Medizin!

Ob sie an Gott glaubt, frage ich sie. Aber sie versteht mich nicht, und es ist kein Übersetzer da. Als ich nach oben zeige, erscheint ein scheues Lächeln auf ihrem schmerzzerfurchten Gesicht. Bedächtig wiegt sie den Kopf – und gleich gefriert ihre Gebärde; offensichtlich hat ihr diese Bewegung weh getan. Und so sortiert sie verlegen die karge Auslage an ihrem Ladenfenster, und ihre Hände zittern dabei.

Für mich zählen solche Begegnungen zum Ergreifendsten, was ich auf meinen Reisen erlebe. Ob es möglich ist, in meiner Heimat etwas sichtbar und spürbar zu machen von dem, was es an Leid, aber auch an Hoffnung gibt auf dieser Welt?

Mein einheimischer Führer beschenkt mich noch mit einer wertvollen Handarbeit, genäht von einheimischen Frauen. Die Botschaft ist gewaltig und beschämend zugleich:

GRATITUDE – turns what we have into – ENOUGH
Dankbarkeit macht aus dem, was wir haben, ein «Genug».

58
Der gelähmte Fußballtrainer

Unter den Portugiesisch sprechenden Ländern Afrikas nimmt Mosambik eine Sonderstellung ein. Das bis 1989 marxistisch geprägte Land kämpft um den wirtschaftlichen Anschluss, entlang der Nord-Süd-Ausdehnung von ca. 2000 Kilometern ist das Gefälle bezüglich Bildung und gesundheitlicher Versorgung riesengroß. Nur die Hälfte der Bevölkerung hat Zugang zu gereinigtem Trinkwasser, nur jede zweite Geburt kann medizinisch betreut werden.

Als ich im August 2006 das Land mit einem Mietwagen von Simbabwe aus erreichte, passierte ich in der Provinz Manica einige Orte mit unfassbarer Armut. Das Durchschnittseinkommen lag unterhalb von einem Dollar pro Tag, die einzige Einkommensquelle fast aller Frauen lag in der Armuts-Prostitution; viele hatten, um ihre Kinder durchzubringen, keine andere Wahl. Bis zu siebzig Prozent der 14- bis 39-jährigen Frauen seien in dieser Region HIV-positiv, las ich in einem aufrüttelnden Bericht. Wie könnte man hier helfen?

Jahre später entwickelte ich mit Freunden aus der Kaffeebranche die Idee, in dieser Region Kaffee-Plantagen zu gründen, da Klima und Boden dafür geeignet erscheinen. Allerdings musste das Land zuerst urbar gemacht werden, und es würde eine langfristige Finanzierung vonnöten sein. Mit den ersten Erträgen kann man frühestens nach fünf Jahren rechnen, erst nach vielen Jahren und fachlicher Unterstützung wird die Sache lukrativ, dann aber mit hoher Nachhaltigkeit. Die zu finanzierenden Beträge sind überschaubar; schon mit einem Lohn von 5 oder gar 10 Dollar pro Tag würde man jede Familie reich machen und aus den Fängen von Missbrauch und Armutskriminalität befreien können.

In der Hauptstadt Maputo fühlte ich mich nur sicher, weil sich dort seit vielen Jahren Freunde aus Portugal angesiedelt hatten, die über «Fußball für Jugendliche» einen starken Beitrag zur sozialen Unterstützung der armen Bevölkerungsgruppen leisteten. Man dürfe nur nicht zu sorglos sein und müsse ständig auf die Sicherheit achten, schärfte man mir ein.

Das war mir spätestens klar, als ich bei einer Bank etwas Bargeld holen wollte. Vor dem «bank teller», dem an der Außenwand angebrachten Geldautomaten, gab es eine Schlange von ca. 15 Einheimischen, davor zur Bewachung mehrere Polizisten und Soldaten mit Maschinenpistolen im Anschlag. Wenn einem so viele beim Geldabheben zusahen, musste man einen Weg finden, anschließend schnellstens so zu verschwinden, dass einem keiner folgen konnte.

Am nächsten Tag nahmen mich meine Gastgeber mit zu einem Fußballcamp der besonderen Art. Hier wurden Straßenkinder betreut – sie bekamen nicht nur fachkundige Anleitung, mit dem Ball umzugehen, sondern auch eine kleine Mahlzeit und jeden Tag eine kleine Portion Lebensweisheit, die durch praktische Übungen veranschaulicht wurde. Da wurde auf kurzen Feldern gespielt und gepasst. Der Sieger war bei meinem Besuch, wer am meisten Vorlagen gegeben hatte, die zum Tor führten. Anschließend wurde im Kreis gefragt: «Was ist fast so schön, wie selbst ein Tor zu schießen?» – Antwort: «Einem anderen dazu zu verhelfen. Und dass die eigene Mannschaft dadurch gewinnt.»

Leider konnte immer nur ein kleiner Teil der interessierten Kinder mitmachen, die anderen schauten sehnsüchtig zu. Deshalb bildete die Anzahl der verfügbaren Trainer die eigentliche Begrenzung für die Zahl der Angebote – und so staunte ich nicht schlecht, dass einer der besten Trainer gar nicht gehen konnte und immer am Boden saß. Schon als Kind hatte er Kinderlähmung gehabt, und seither konnte er sich nie wieder aus eigener Kraft aufrichten. Auf die Füße zu stehen und von den eigenen Beinen getragen zu werden, war undenkbar. Fortbewegen konnte er sich nur, indem er die flachen Hände rückwärts bewegte, das Gesäß leicht anhob und die Beine einfach nachschleifte.

Kann so einer ein Fußballtrainer sein? Er konnte – und wie! Seine Gruppe war sowas von aufgeweckt und diszipliniert, ihre Übungen waren sportlich überzeugend und geschickt ausgewählt. Er genoss solchen Respekt, dass seine klaren Anweisungen selbst von dieser Rasselbande beachtet wurden, und notfalls griff er auf sein Repertoire an Pfiffen zurück, die er mit und ohne Hände am Mund draufhatte.

Was für ein Anblick, als er in seinem gelben Jersey auf dem Hintern saß, beide Hände im Sand hinter sich abgestützt. Als er zum Ende des Trainings einen Kreis bilden ließ, verstummte das fröhliche Geschrei, und es war fast unwirklich still. Mit großen Augen hingen sie an seinen Worten, die er gar nicht laut, aber sehr eindringlich sprach. Die anderen Gruppen blickten verstohlen rüber. Ihn liebten die Kinder wohl am meisten, so als könnten sie ermessen, wie sehr diesem Mann seine Schützlinge ans Herz gewachsen waren.

Was für eine Spannweite der Gefühle für dieses krisengeschüttelte Land. Man könnte resignieren angesichts der Fülle an Problemen, aber dieser gelähmte Trainer stand für etwas anderes. Seine Zuversicht und Energie wirkten ansteckend – selbst auf mich, den fremden Besucher, der gleich wieder weg sein würde und nur kurz seine eigene «Comfort Zone» verlassen hatte.

Etwas beschämt und doch ermutigt blickte ich ihm beim Abschied in die Augen – sein Blick hat sich eingegraben in mir.

Impressionen aus Hongkong
Geschichte Nr. 37

Asien

Konferenz in Danang

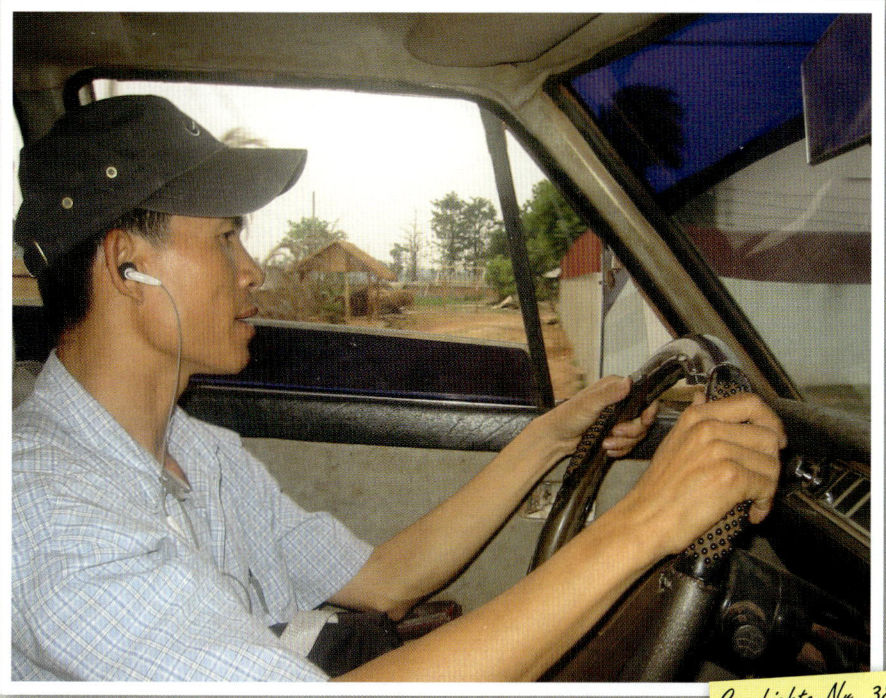

Geschichte Nr. 38

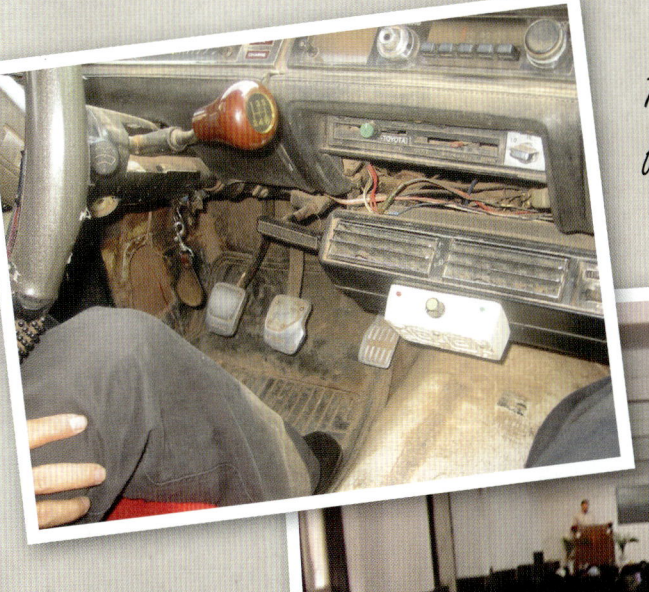

Der «kleine General»

Technik, die funktioniert

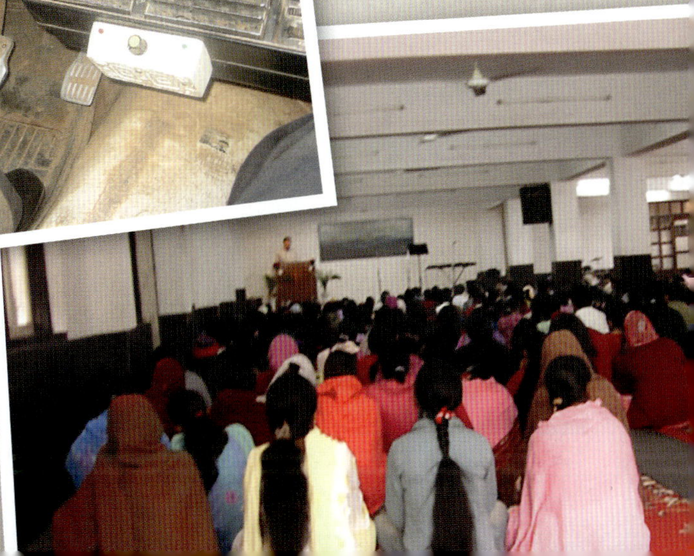

Ostergottesdienst in Kathmandu

Lateinamerika und Karibik

Die schönste Bucht auf Barbados ...

... der goldene Frosch
vom Kaieteur,

Geschichte Nr. 64

der auf eine 1 Cent-
Münze passt ...

... aber die wirklichen Edelsteine sind für mich die Menschen.

Unser Sohn Simon in Sachen
Baseball unterwegs ...

... als Trainer und
Lifecoach in Venezuela

Einheimische Spieler tragen
sichtbar die Botschaft – und
das mit viel Mut

Baseball bietet in Kuba die seltene
Möglichkeit, mit Sportlern zu beten
... und mehr

Lima, die Stadt der Farben ...

... und der Slums

Hochebene in Bolivien

*Landfrauen
blockieren
die Straße*

Geschichte Nr. 67

Im Hochtal der Anden

... und die Überfahrt

Flöße an der Meerenge ...

Morgenruhe am Titicaca-See

Einstieg in die
Straße des Todes

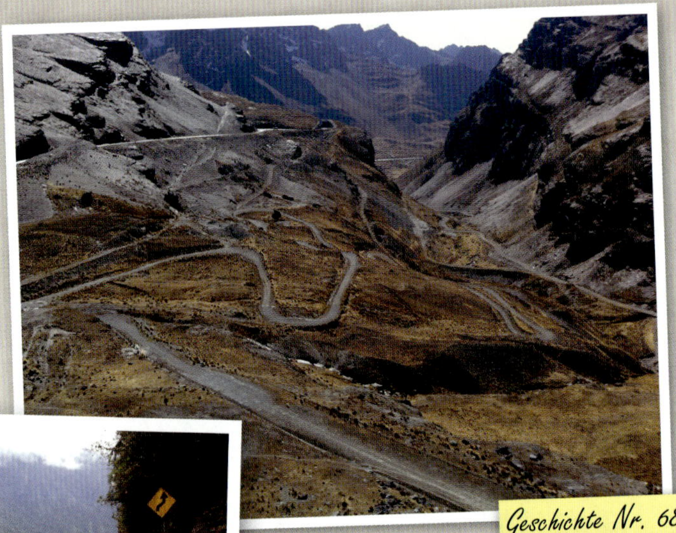

Geschichte Nr. 68

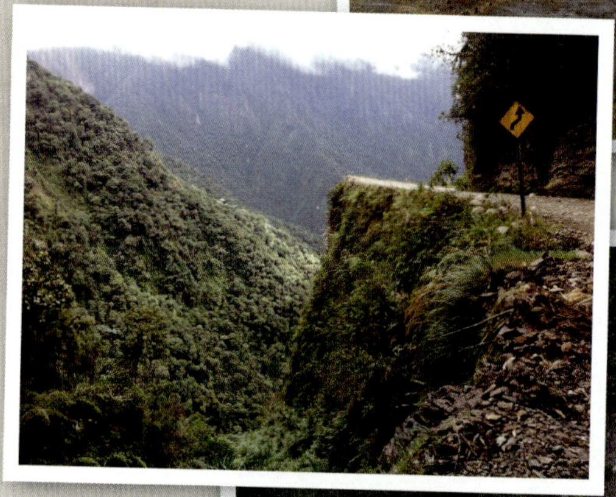

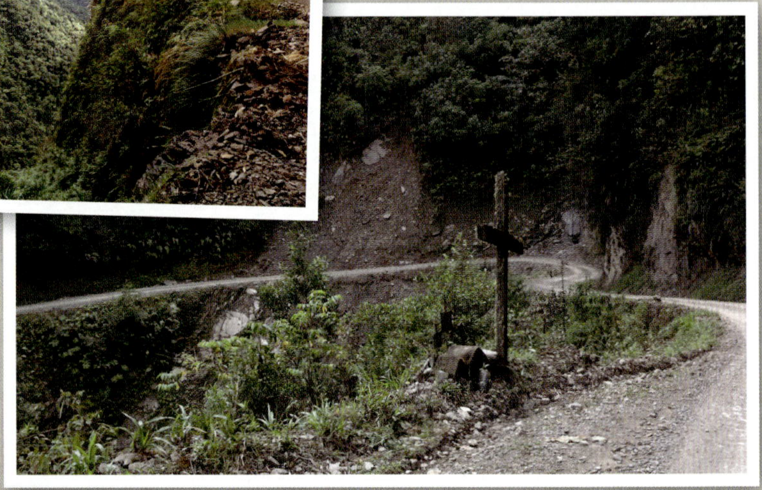

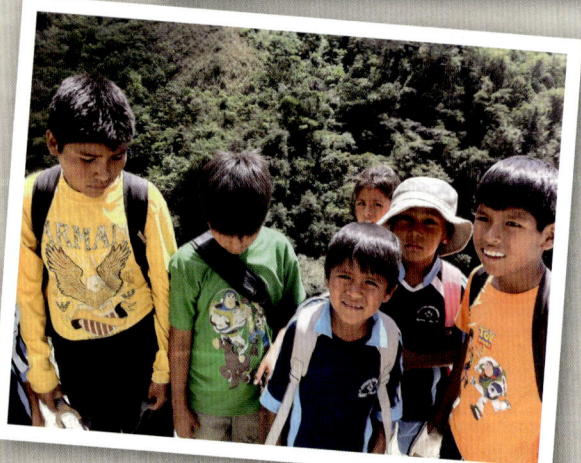

Kreuze erinnern daran, dass viele den Weg ins Yungatal mit dem Leben bezahlten

Wie wird ihre Zukunft aussehen?

Südpazifik

Nach dem Gottesdienst
in Tahiti

Geschichte Nr. 76

Aufstieg zu den gezackten Bergen

Silhouette von Moorea im Abendhimmel

Ein Willkommenskranz
für meine Frau

Der erste Spaziergang

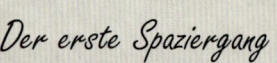

Südseeparadies Aitutaki

Geschichte Nr. 75

Die Inselkirche

An der Great Ocean Road

Spektakuläre Küste

Nordmeer

Ein Höhepunkt auf der Kreuzfahrt

Heißes Bad im
Vulkangestein

Ausfahrt im Eisfjord

Grönland in Sicht

Eine Kirche auf den
Färöer Inseln

Geschichte Nr. 71

Godafoss – ein berühmter
Wasserfall in Island

Beruf und Berufung

Unterwegs zu Business-Vorträgen

Geschichte Nr. 33

Mit dem Genie und seinem Sohn im Gespräch

Als Motivator und Berater bei der WM in Südafrika ...

... und bei der Fußball-WM 2018 in Russland

Was ich liebe: die Schulung und Ausbildung von Menschen, die in ihren Regionen wirken

Alex-Dias Ribeiro, Brasilien

Der Vollgaspilot

Einige meiner Influencer

Grace + Paul Moses, Indien

Luis Gutierrez, Venezuela

Thuan Duong, Vietnam

„Solo" Siteny Thierry Randrianasoloniaiko

Yazi Adamou, Niger

Njoki Zare, Kenia

LATEINAMERIKA UND KARIBIK

59
Vollgas

Mein Freund Alex Ribeiro war schon immer in allem mit Vollgas unterwegs. Früher fuhr er in der Formel 1, auch auf dem Nürburgring, und seine Fahrerkarriere endete jäh, als seinem Sponsor das Geld ausging. Mitten in der Saison musste er sein Auto umlackieren, aber aus sportlichen Gründen die Saison noch zu Ende fahren. Als überzeugter Christ schrieb er einfach drauf: «Jesus Saves.» Jesus rettet, das war für ihn die wichtigste Botschaft an den Rest der Welt.

Er sei sich nicht sicher, ob dies die beste Art sei, seinen Glauben weiterzusagen, meinte er, aber mit Sicherheit die schnellste ...

Später gründete er in Brasilien «Atletas de Cristo» – und manch einer mag sich an die Fernsehbilder erinnern, als nach dem Gewinn der Fußball-Weltmeisterschaft 1994 einige Spieler des brasilianischen Nationalteams niederknieten und Gott dankten. Sie sagten später darüber, sie wollten Gott die Ehre geben und sich nicht selbst als Götter feiern lassen – wie das dann bei ihrer Heimkehr in Rio geschah.

Alex, ein kleiner glatzköpfiger Kerl, hätte auch Jockey werden können, jedenfalls von der Figur her. Wenn man ihn fragte, welchen Sport er noch lieber ausgeübt hätte, sagte er schmunzelnd: «Basketball ...»

Aber in dem kleinen Kerl steckte Dynamit. Später fuhr er in der Formel 1 das Medical Car, das in der Runde nach dem Start in einem getunten Mercedes dem Feld hinterherrast, nur für den Fall, dass ein Unfall passiert. Auf dem Beifahrersitz war der Chefarzt der Rennleitung, der sofort Erste Hilfe leisten konnte; nach eigener Aussage ein bekennender Atheist. Häufig stritt er sich mit Alex, den er aber als Fahrer voll respektierte. Man muss ja schon extrem fahren mit dem Medical Car, um nicht vom Feld der Formel-1-Boliden vor der Boxenausfahrt eingeholt zu werden, und das Auto ist mit fast einer Tonne an medizinischem Gerät vollgestopft. Über Alex sagte der Arzt, er habe so ein sonniges Gemüt und sei als Mensch voller Güte, aber hinter dem Lenkrad würde er zum Teufel. In seiner Denkwelt war das ein Kompliment.

Dann passierte etwas, bei dem es um Leben und Tod ging. Auch das Medical Car trainiert auf jeder Rennstrecke am Tag vor dem Rennen, einschließlich Arzt, der sich auf die hohe Querbelastung in den Kurven und auf das Fahren im Grenzbereich einstellen muss. Plötzlich kam – während einer schnellen Trainingsrunde – ein Transportarbeiter mit einem Gabelstapler aus einer unübersichtlichen Einfahrt, und da Alex bei dieser Geschwindigkeit die Ideallinie auf der Straße brauchte, war es absolut verheerend, dass er extrem ausweichen musste, um nicht voll in die langen Gabeln des Staplers zu rasen. Irgendwie gelang es Alex, den tödlichen Crash zu vermeiden, aber das Fahrzeug überschlug sich mehrfach und lag völlig zerstört neben der Strecke.

Nach einem kurzen Schreckmoment sagte der Arzt: «Alex, um ein Haar wärst du jetzt im Himmel». Und Alex antwortete: «Und du in der Hölle.»

Wie erfrischend ist es doch, wenn Menschen, die sich gegenseitig schätzen, auch bei unterschiedlicher Überzeugung ehrlich zueinander sein können, ohne dass dies ihre Beziehung zerstört. Im Rennsport ist die Lebensgefahr immer gegenwärtig, und Alex war bereit, auch die Grenzbereiche des Lebens voll auszuloten.

Eine andere Episode aus seinem Leben: Als er in Silverstone auf einer schnellen Trainingsrunde war, setzte plötzlich starker Regen ein, und ihm wurde klar, dass er bei der geringeren Straßenhaftung seiner Reifen keine Chance hatte, heil durch die nächste Kurve zu kommen. Er bremste schon ab, als ein anderer Fahrer, der die Gefahr noch nicht bemerkt hatte, überholte und ihn dann so schnitt, dass er voll in ihn hineinkrachte.

Das Auto von Alex zerbrach in zwei Teile. Das vordere Teil mit dem Lenkrad, das er gerade noch umklammert hatte, wirbelte vor ihm durch die Luft, und er selbst war festgeschnallt in der hinteren Hälfte und raste auf eine Mauer zu.

Alex wurde ohne größere Verletzungen aus den Trümmern geborgen. Aber er hat solche Erlebnisse immer sauber reflektiert und Lebensweisheit daraus geschöpft. Sein Fazit: «Du glaubst gar nicht, wie schnell man vom Fahrer zum Passagier werden kann. Gerade noch hattest du dein Leben fest in der Hand, und Sekunden später gibt es nichts mehr, wodurch du zu deiner Rettung beitragen kannst.»

So lebt er auch heute sein Leben. «Nutze die Gelegenheit, solange du handeln kannst. Wenn dir etwas klar geworden ist, das du eigentlich tun solltest, dann mach es gleich.» Das sagt er mit seinem verschmitzten Lächeln, hinter dem so viel Herz und Lebensfreude steckt.

60
Blitzstart

Aufbruch zu einer Reise in die Spanisch sprechende Hemisphäre, als Botschafter der Hoffnung, wie ich mich auch als Geschäftsreisender immer verstand. Bei Paulus sprach man von Missionsreisen, und so denke ich an ihn, als ich mein Gepäck die steinernen Treppen unseres kleinen Regionalbahnhofs hinaufwuchte. Paulus kannte auch keine Rolltreppen, denke ich. Und keine modernen stahl- und glasglänzenden Flughäfen. Es ist prickelnde Euphorie in mir angesichts der Reise, die ich vor mir habe – und wie sie angefangen hat!

Natürlich hatten wir dafür gebetet, dass ich unterwegs Menschen begegnen würde, denen ich etwas über meinen mir so wertvollen Glauben weitersagen könnte – in Kuba, Panama, Haiti, Venezuela, Puerto Rico und in der Dominikanischen Republik. Aber was dann geschah, hat mich aus den Schuhen gehauen.

Diesmal wollte ich per Zug nach Frankfurt, um von dort über Madrid nach Havanna zu fliegen. Dazu musste ich zuerst mal nach Stuttgart – etwa 25 Minuten mit der S-Bahn. Beim ersten Halt stieg er ein: ein recht junggebliebener, aber doch älterer Mann, offensichtlich leicht behindert. Bevor er sich setzte, wünschte er mir einen guten Appetit zu meinem Brötchen, hielt die «Bild»-Zeitung hoch und zeigte mir die Schlagzeile. Man hatte Marcos Mörder gefasst – ein Familienvater! «Ein Mann, der eine Frau und drei Kinder hat?», fragte er mich ungläubig. «Leben wir in einer Zeit, in der alles immer schlimmer wird und das Böse die Oberhand gewinnt?»

Was für ein Aufschlag für einen kurzen Smalltalk im Vorortszug! Augenblicklich war ich hellwach. Hinter dieser Frage schien ernsthafte Betroffenheit zu stecken – deshalb antwortete ich nicht mit einer oberflächlichen Bemerkung, sondern sagte leise und deutlich über den schmalen Gang zwischen uns hinweg: «Wissen Sie, ich bin Christ. Nach meiner Überzeugung wird das Böse immer schlimmere Blüten treiben, aber am Ende wird es das Gute nicht besiegen können.»

Mein Gegenüber zeigte sich irritiert. Damit habe er ein Problem – seinen Eltern sei böse mitgespielt worden, und kurz nach dem Krieg hätten sie dann ein behindertes Kind gekriegt, nämlich ihn. «Wo soll da ein Gott des Guten sein?!» – die Frage stand unausgesprochen im Raum.

Ich sagte ihm, dass Gott selbst sehr betroffen und voll Schmerz sei angesichts der Tatsache, dass wir mit dem Bösen leben müssen – und das so sehr, dass er das Liebste opferte, was er hat, seinen Sohn, um uns von dem Bösen zu erlösen.

Um uns waren die Gespräche verstummt. Es war mir etwas peinlich, dass viele im Zugabteil unser intimes Gespräch mithörten. Aber er sprach in voller Lautstärke weiter. Er wohne hier in der Gegend, die Woche über habe er Arbeit in einer Behindertenwerkstatt, aber die Wochenenden seien schon sehr einsam. Wer wolle schon gern mit einem Behinderten zusammen sein?

Ich spürte die Sehnsucht in seinen Augen, als ich weitersprach. Ich ging in die Vollen. «Glauben Sie, das ist Zufall, dass Sie gerade durch diese Tür eingestiegen sind? Vielleicht hat Gott ihre Einsamkeit gesehen und will Ihnen gerade eine Freude machen. Heute könnte Ihr Leben anders werden. Hadern Sie nicht mit Gott, sondern danken Sie ihm für jedes kleine Glück. Die Luft, die Sonne, die Blumen – jedes Lächeln, das Sie kriegen oder schenken können.»

«Oh ja», sagte er, «auch ein Behinderter hängt an seinem Leben. Manchmal genieße ich es auch.»

Und dann musste ich es einfach aussprechen. «Wenn Sie Ihr Leben Gott anvertrauen, haben Sie das Allerbeste noch vor sich. Jetzt schon vielleicht, aber allerspätestens, wenn Sie in Ewigkeit bei Gott sind. Dort kommen Sie in eine Welt, in der es kein Leiden mehr gibt, keine Schmerzen, keine Krankheit, keinen Tod, weder Neid noch Missgunst – und das Größte ist: Gott selbst wird alle Tränen abwischen von unseren Augen.»

«Kann ich das haben?», fragten seine Augen.

Der Zug bremste bereits im Hauptbahnhof. So riss ich meinen Koffer auf, gab ihm mein einziges Büchlein «Sport life», das ich für diese Reise mitgenommen hatte. Aber wie man sieht: Es schaffte es kaum bis Stuttgart! Ich hatte es für meine Sportkameraden geschrieben, eine Liebeserklärung an unseren Schöpfer und Erlöser. Am Ende mündet es in den Abschnitt: «Starten – aber wie?» Danach noch ein Gebet, wie man sein Leben Gott anvertrauen kann.

«Wenn Sie das Gebet am Ende des Büchleins bewusst sprechen», zeigte ich ihm, «dann treffen wir uns im Himmel wieder.»

Sprachlos und glücklich nahm er das Buch. «Ist Ihre Adresse drin?» Ich überprüfte das kurz und sagte: «Ja, die Daten stimmen noch, auch wenn das vor zwanzig Jahren geschrieben wurde.»

Auch er stieg aus. «Wie heißen Sie?», fragte ich noch. «Ich möchte nämlich für Sie beten.» Dann trennten sich unsere Blicke und Wege. Fast hätte ich ihn in den Arm genommen – so beeindruckt war ich.

Jetzt schnell hoch zu den Ferngleisen und in den Intercity nach Frankfurt steigen – auf in die spanische Karibik. Dort wollte ich Menschen von Jesus erzählen. Und ich war ja kaum aus dem Haus, da ging es schon los. Ich war überzeugt: Wenn ich mich jetzt umgedreht hätte und mit inneren Augen sehend wäre, hätte Gott dagestanden, fröhlich schmunzelnd und vielleicht mit Augenzwinkern. «Sei getrost auf deiner Reise, mein kleiner Bote», hätte er gesagt. «Wie findest du das, was ich gerade getan habe?»

61

Apokalypse Now

Port-au-Prince – es muss der Prinz der Hölle sein. Die Hauptstadt Haitis – unerreichbar wegen dem vorhergegangenen Erdbeben, die Straße endet derzeit in Pétionville. Krisengeschüttelt war das Land seit Jahrzehnten, aber jetzt noch 316.000 Tote durch diese Naturkatastrophe. Große Teile der ohnehin armen Bevölkerung obdachlos. Und als wäre das nicht genug: Ausbruch der Cholera. *Haiti* – das klingt wie ein Traum der Karibik. Und ist ein Alptraum.

Wo, wenn überhaupt, müsste jede Botschaft der Hoffnung so willkommen sein wie hier? Schon in der Planung dieser Reise hatte ich Sorge, dass meine Familie die Websites sieht, in denen dringend vor Reisen nach Haiti gewarnt wird. Nicht nur Zerstörung und Epidemie drohen, sondern auch Bürgerkrieg und Überfälle auf Autos am helllichten Tag.

Dies alles geht mir durch den Kopf, als ich im Bus von Santo Domingo nach Pétionville sitze – ausgestattet mit Medikamenten, Wasser und Essen für drei Tage. Nur eine Nacht will ich dortbleiben, aber wer weiß? Am nächsten Tag sind auch noch Wahlen, und das kann bedeuten, so die Mitarbeiterin eines Reisebüros, dass kurzfristig die Grenzen geschlossen werden.

Das Frontfenster des Busses ziert eine riesige Spinne von Rissen, die sich quer über die Scheibe ziehen. Die herrliche Flora und Fauna stehen im krassen Gegensatz zu Schmutz und Verwahrlosung der Dörfer. Mehr als eine Million Menschen leben notgedrungen im Freien. Azurblauer Himmel über dem Gericht Gottes – oder ist es nur Ausdruck menschlicher Misswirtschaft und Korruption?

«Que Dieu te bénisse» steht als Graffiti an einem Haus – «Möge Gott dich segnen». Ob Gott dieses Land vergessen hat? Aber woher kommen dann diese wunderbaren Bananenstauden?

Es sind zerrissene Gefühle, die mich beschäftigen. Mehr noch der vor mir liegende Auftrag. Frieden stiften in zerrütteten Verhältnissen auch unter Mitarbeitern in einer Hilfsorganisation – dass nicht einmal solche Verhältnisse Menschen zusammenschweißen, die sich als Christen geoutet haben? «Daran wird die Welt sehen, dass ihr meine Jünger seid, wenn ihr Liebe untereinander habt ...»

Was sieht die Welt, wenn sie uns sieht?

Dann wird die Zerstörung durch das Erdbeben in seiner ganzen Schärfe sichtbar. UN-Fahrzeuge und Panzer der Friedenstruppen bewachen den Wiederaufbau. Endlose Zeltstädte beherbergen Obdachlose. «Centre d'Enregistrement Choléra» steht an jeder Ecke. Menschenschlangen mit Eimern an den Tanklastern mit frischem Wasser. Es ist schon ein komisches Gefühl, wenn man nicht mal einen Kaffee trinken kann aus Sorge, sich zu infizieren.

An Essen ist nicht zu denken. Zwar werden in den Märkten am Straßenrand auch frische Früchte und jeder Gebrauchsgegenstand angeboten, aber der Anblick verrottender Nahrung gibt mir den Rest. Faulendes Fleisch mit Fliegen und Maden, notdürftig auf dem Papier alter Zeitungsreste im Schlamm am Straßenrand drapiert – da legen die Magenwände den Rückwärtsgang ein.

Die Menschen selbst wirken bedrückt, resigniert viele, trotz der politischen und christlichen Parolen überall. Ob sie etwas nützen, diese Appelle, sich nicht unterkriegen zu lassen? Oder hilft hier nur die lebendige Hoffnung auf ein besseres Leben?

Ich erledige meinen Auftrag und nehme viele tiefe Eindrücke mit. Wie lechzt dieses Volk nach «Erlösung» – beim Anblick der Gesichter packt einen grenzenloses Erbarmen. Stimmt es, dass hier zehn Prozent aller Kinder versklavt sind und jederzeit missbraucht oder weiterverkauft werden können? Warum darf ich jetzt einfach wegfahren und die Einheimischen hier sind wie Gefangene im eigenen Land? Ich war immer noch etwas unruhig, bis die stundenlange Grenzkontrolle in die Dominikanische Republik hinter mir lag.

Bin ich in der Hölle gewesen? Nein, die Hölle muss anders sein. Dort gibt es keine Blumen, keine rot und violett blühenden Bäume, kein strahlendes Licht und keine frische Luft. Schon gar nicht so schöne Menschen – und vor allem: kein «que Dieu te bénisse». Und es gibt keine Vergebung und keine Versöhnung, wie ich es unter den Mitarbeitern gerade erlebt habe.

Auch wenn die Hoffnung sich für viele verborgen zu haben scheint in Haiti – sie ist da, sie lebt.

62
Mal ehrlich: *Was* schmuggeln Sie?

Sechs Tage hatte ich Zeit für Central America – meine geschäftliche Verpflichtung ließ kein längeres Zeitfenster zu. Von Nord nach Süd liegen dort südlich von Mexico die Länder Belize (früher British Honduras), Guatemala, El Salvador, Honduras, Nicaragua, Costa Rica und Panama. Und weil ich zum ersten Mal in diese Weltregion kam, wollte ich gleich überall ein Feuer anzünden, Kontakte knüpfen zu Menschen, die Sport und Jesus lieben. Und so plante ich den Anflug nach Costa Rica, den Sprung nach El Salvador, die Autofahrt nach Guatemala, den Tagesflug nach Belize und die Rückfahrt mit dem TICA-Bus durch Honduras und Nicaragua nach San Jose.

Dank jjj – so der Beginn der E-Mail-Adresse des Sportpastors Julio Valencia – war dies eine glänzend vorbereitete Reise. «Vision Casting» nannten wir solche Veranstaltungen: Er hatte in jedem Land die richtigen Leute eingeladen, und ich konnte die Methodik der «wertebasierten Trainings für Schüler und Jugendliche» vorstellen. Da in diesen Ländern die Kriminalität sehr hoch und das Bandenwesen unter Jugendlichen weit verbreitet ist, bekommen die Kirchen dort sogar Rückendeckung von der Regierung.

In Costa Rica traf ich die Fußball-Legende Ricardo Salazar. Er hatte als Verteidiger seiner Nationalmannschaft gegen Jürgen Klinsmann gespielt und dabei nach eigener Aussage «schlecht ausgesehen». Obwohl hochpopulär im eigenen Land, ließ er sich von keiner der politischen Parteien vor den Karren spannen. Stattdessen wurde er Pastor und gründete die Kirche «Vida Abundante», die damals schon 5000 Mitglieder hatte.

In Belize, Honduras und Guatemala traf ich hoch motivierte Christen mit exzellenten Beziehungen zum Leistungssport, in El Salvador wie an vielen Orten wohlvorbereitete Veranstaltungen, in der mir die Bühne praktisch bereitet war. Die Zahlen waren unterschiedlich und spielten keine Rolle – es ging schon durch Mark und Bein, wenn 35 Gäste nach der ins Spanische übersetzten Präsentation in Tränen ausbrachen und auf die Knie gingen. «Mein Gott», klagten sie, «was haben wir bisher alles versäumt, um die Jugend unseres Landes zu erreichen!»

War es das, wofür sie jahrelang gebetet hatten – eine Erweckung über die Brücke des Sports? War dies ein «Highway for the Gospel» – wie in der Urkirche das Evangelium durch die Christenverfolgung in alle Nischen des Landes getragen wurde? War es möglich, dass durch so praktisches Arbeiten mit Jugendlichen das weit verbreitete Bandenwesen ernsthaft angeknackst werden konnte durch eine Form des Glaubens, bei der das Wissen ins Herz und in die Hände ging? Irgendwo hatte ich gelesen, die 30 cm zwischen dem Gehirn und dem Herzen eines Menschen seien die längste Strecke der Welt. Und dann könne es nochmals eine Ewigkeit dauern, bis die 50 cm überwunden werden vom Herzen zu den Händen – zur Tat.

Was sich aus zeitlicher Entfernung ganz einfach anhört – sieben Länder in sechs Tagen, das war dann doch eine körperliche Zerreißprobe. Nicht nur, weil ich die Hitze schlecht vertrage – auch die fragile Sicherheitssituation darf man nicht unterschätzen. Und so verbrachte ich lieber zwei Nächte in der Hauptstadt San Salvador, von wo aus ich in die nördlich davon gelegenen Länder vordrang.

Die ganze Nacht diskutierte ich mit meinem neu gewonnenen Freund und Reiseleiter Julio. Ich konnte erleben, wie er Feuer fing, wie er zu denken und zu planen begann. Drei Jahre später berichtete er mir, wie sie mit «Kids Games» überall im Land Kirchen gründeten und wie allein der Fußball die Kinder scharenweise in die Kirchen führte. 180 Fußballmannschaften aller Altersstufen in einer einzigen Kirche – ist das denn die Möglichkeit? «Bei Gott», strahlt mich Julio an, «ist doch nichts unmöglich …»

Nach Guatemala gab mir Julio einen Leibwächter mit. Nördlich von Nicaragua sei die Kriminalität im Verhältnis 10:1 höher als in Ländern wie Costa Rica und Panama, vor allem, was Gewaltverbrechen betrifft. Und da war er also, mein «Fahrer» – ein Stier von einem Mann, klein und untersetzt, aber mit einem Oberkörper, der wie bei einem Brustschwimmer trapezförmig nach oben breiter wurde, und mit einem Nacken, der direkt aus den Schultern in den Kopf überging. «Mit dem kann dir nicht viel passieren», sagte man mir, «er war vorher beim Sondereinsatzkommando für die Bewachung des Präsidenten zuständig und beherrscht alle Waffen- und Nahkampftechniken aus dem Effeff.»

Witzig an der Situation war nur, dass mein Fahrer und Bodyguard Pedro, mit dem ich stundenlang im Auto unterwegs war, kein Wort Englisch sprach und ich so gut wie kein Spanisch. Aber er war so ein fröhlicher Mensch und überspielte jede Peinlichkeit mit einem strahlenden Lächeln, so dass ich mich auf Anhieb wohl und geborgen fühlte. Nur wenn wir anhielten oder aussteigen mussten, straffte er sich, schaute 360 Grad in alle Richtungen, stand immer leicht hinter mir, und wehe, es hätte sich mir jemand auch nur auf Griffweite genähert. Wie ein Bollwerk baute er sich hinter mir auf – und sein Blick schien Blitze zu schleudern.

Kaum waren wir wieder allein, wechselte sein Gemüt übergangslos zu dem eines Schweizer Sennenhundes, und seine treuen Augen sahen mich mit Liebe und Zuneigung an, den Zeigefinger immer wieder nach oben gereckt. «Dios es bueno», Gott ist gut. Das war der Satz, den er ständig wiederholte und bei dem er vor Freude laut lachte, wenn ich versuchte, das auf Spanisch nachzusprechen.

Warum er aus dem Staatsdienst ausgetreten sei und jetzt die Kirche bewache – frage ich ihn nach der heilen Rückkehr mit Hilfe eines Übersetzers.

«Der Job war mir zu brutal, und nachdem ich Christ geworden war, wollte ich alles in den Dienst Gottes stellen. Aber die Frage war: Was kann ich – ein ‹Krieger› – für Gott tun?»

Und so bekam diese Kirche in San Salvador einen der bestausgebildeten Sicherheitsleute als Hausmeister und Sicherheitchef. Dass das mit der Sicherheit nicht nur aufgesetzt war, erfuhr ich übrigens bei jeder Ankunft mit dem Auto. Der Fahrer hupte schon hundert Meter vor dem Haus, zwei Sicherheitsleute entriegelten die stark gesicherte Tür von innen, brachten eine Holzrampe, um die 25 cm hohe Gehsteigkante zu überwinden, und wir fuhren direkt durch die zweiflügelige Tür mitten in den Vorraum der Kirche. Erst nachdem das Tor hinter uns verriegelt war, durfte ich aussteigen.

An einem Tag während dieser kompakten Woche hatte ich es sogar geschafft, innerhalb von dreißig Stunden dreimal die Immigration in dasselbe Land zu passieren. Das erste Mal von Costa Rica kommend, dann bei der Rückkehr aus Guatemala, und später nach einem Kurztrip von Belize her am Flughafen von San Salvador. Im Pass häuften sich die Stempel untereinander. Bei der dritten Einreise nahmen mich die Zollbeamten auf die Seite. «Senor – jetzt mal ehrlich, *was* schmuggeln Sie?»

Ich brauchte einen Moment, um zu begreifen. Ich schaute sie stirnrunzelnd an und machte mich etwas wichtig dabei. «Ich schmuggle das Wertvollste, das es auf dieser Welt gibt. Es ist mit Gold nicht aufzuwiegen und wirksamer als jede Droge. Und in Ihrem freien Land ist es sogar erlaubt, es rein und raus zu bringen, so oft man will ...»

Dann ließ ich sie meinen Trolley öffnen – ich wusste ja, was obenauf lag. «Una Biblia», riefen sie erstaunt!

«Ja», sagte ich, «ich bin ein Schmuggler dieser wunderbaren Wahrheit, die Menschen freimacht und nicht versklavt.» Sie sahen mich mit großen Augen an. Ob es sie neugierig gemacht hat, auch mal wieder eine Bibel aufzuschlagen? Gerne wüsste ich, wie sich das in ihrem Leben ausgewirkt hat.

63
Pescado parillero und der feuerspeiende Arenal

Mein Spanisch ist lächerlich schwach. Trotzdem wagte ich mich auch in Gefilde, in denen diese Sprache so sehr dominiert, dass kein Mensch Englisch spricht. Das gilt für Honduras' Hauptstadt Tegucigalpa ebenso wie für Nicaragua, in dessen Hauptstadt Managua ich die Fahrt mit dem TICA-Bus für 24 Stunden unterbrach. Mit einem Mietwagen wollte ich die tausend Höhenmeter hinuntertuckern in die tropische Hitze der Pazifikküste. Diesen langgehegten Traum wollte ich mir bei meiner Blitztour durch Mittelamerika erfüllen.

Es waren kaum noch Autos zu sehen, dafür immer mehr Männer in stolzen Uniformen – locker mit oder ohne Sattel auf spritzigen Pferden. Wie stolz diese Menschen sind, dachte ich, im krisengeschüttelten Nicaragua.

Da es keine Wegzeiger gab, orientierte ich mich an der immer tiefer sinkenden Nachmittagssonne. Wenn ich weiter westlich fuhr, musste ich früher oder später das Meer erreichen. Ein Hotel gäbe es da, hatte ich gehört, wiederholt übrigens, denn aus Erfahrung frage ich immer mehrfach nach. Eine Häufung gleichartiger Antworten deutet schon auf die Wahrscheinlichkeit ihrer Richtigkeit hin …

Keine Straße mehr, die nicht nach Norden oder Süden abbog. Also auf unbefestigte Ackerwege, immer tiefer in die fast undurchdringliche Vegetation. So stellte ich mir den Regenwald vor, es war schwül und drückend heiß. Die Klimaanlage meines Kleinwagens hatte längst aufgegeben.

Dann funkelte irgendwann Wasser durch die Zweige – was für ein Traum! In der sengenden Sonne stand ein altes Gehöft, und ein winziges Schild verriet, dass ich richtig war. Ich wurde mit viel Wärme willkommen geheißen. «Buenas tardes», stammelte ich – was einen begeisterten spanischen Redeschwall auslöste.

Natürlich war ich der einzige Gast. Ich kriegte das beste Zimmer – oder war es das einzige? Jedenfalls war es hübsch eingerichtet mit Bett und Stuhl, typisch portugiesischen Kacheln an der Wand und farbenfrohen Vorhängen am Fenster. Und dann diese Stahltür – mit einem Riegel verschlossen. Wo's da wohl hinging? Der Wirt hatte inzwischen gerafft, dass ich kein Wort Spanisch verstand, deshalb griff er in den schon offenen Koffer und hielt mir die Badehose hin.

Eindeutig – ich sollte sie anziehen, bevor ich die Stahltür öffne. Und dann sah ich es: Es ging keineswegs an den Strand, sondern direkt ins Meer, dessen Wellen dreißig Zentimeter unter der Türschwelle an die Mauer schlugen. Für die Augen undurchdringlich die schäumende Flut. Was darin wohl so wimmelte? Aber diese Chance würde so nie wiederkommen. Also rein in den Pazifik – kurz genießen, und dann schnell wieder die kleine Eisenleiter hoch und raus.

Das Highlight aber kam noch. Es gäbe auch Abendessen, aber nicht à la carte, sondern mitessen mit der Familie, was es eben gibt. Und ich könne beim Kochen helfen! Das habe ich zum Glück getan. Ein Fisch lag da, für fünf Personen, mindestens. Von beiden Seiten wurde er so geritzt, dass die Haut beim Grillen rautenförmig aufsprang und wunderbar knusprig wurde. Leider gibt es die verschiedenen Ölsorten und Gewürze bei uns nicht, die «Mamas» Werk zum besten Fisch machte, den ich je gegessen habe.

Beglückt über mein Erlebnis ging es morgens ans Zahlen. Umgerechnet 6 Euro wollte man haben, für Übernachtung und Abendessen. Ich gab das Doppelte und ließ eine überglückliche «Hoteliers»-Familie zurück. Ich müsse unbedingt wiederkommen. Ich versprach es – und es ist mein Traum, es zu halten. Auch wenn ich weiß, dass man dieses zauberhafte Flair beim zweiten Mal nicht wieder erleben kann …

Die weitere Fahrt mit dem TICA-Bus war ein grenzwertiges Erlebnis. Man bleibt mehrere Tage und Nächte drin, wenn man die wie eine Perlenschnur aufgereihten Länder Mittelamerikas passiert. Außer einer schwedischen Aussteigerin war ich der einzige Europäer, an den Grenzübergängen wurde nach illegal Flüchtenden gefahndet, und ich habe es sicher nicht nur im Halbschlaf geträumt, wie sich erwischte Mädels mit den Grenzern einließen.

Für mich brachte Costa Rica eine märchenhafte Nacht am Arenal, einem der lebhaftesten Vulkane von Mittelamerika. Im Observatorium – hoch oben wie ein Adlerhorst am gegenüberliegenden Berg haftend – gab es ein Zimmer, das man Monate vorher buchen musste. Als ich gerade erfahren hatte, dass für Spontan-Reisende keine Chance zur Übernachtung bestand, wurde bei der Dame, die mich bediente, die schönste Suite per Telefon storniert. Ich griff sofort zu und lag nur Stunden später etwas verloren in dem riesigen Doppelbett, dessen Fußende direkt auf eine raumbreite Glasscheibe gerichtet war, vor der sich das Schauspiel des feuerspeienden Vulkans die ganze Nacht über abspielte.

Natürlich tat ich kein Auge zu. Wie die roten Lavaströme die Flanken dieses kegelförmigen Bilderbuchbergs herunterschossen und dann irgendwo zum Stehen kamen – bedrohlich und wunderschön zugleich.

Am nächsten Tag riss ich mir vier der fünf Sehnen meiner rechten Schulter. Ich konnte es nicht lassen, auf einer der längsten Zip-Line-Strecken der Welt mit insgesamt sieben hintereinander gestaffelten Seilrutschen über dem Dschungel ins Tal zu stürzen. Wie ein Affe klammert man sich an den kleinen Schlitten, dessen Rollen die Tragseile mit bis zu 120 km/h hinuntersausen, teilweise bis zu 760 Meter lang in einem Stück und 200 Meter über dem Abgrund. Adrenalin pur.

«Ja nicht bremsen», schärfte man mir ein, «sonst kommst du auf der anderen Seite des durchhängenden Seils nicht hoch zum Zielpunkt und hängst eine halbe Stunde, bis man dich irgendwie geborgen hat.»

Ich bremste nicht, und da Leute meines Körpergewichts so was wohl eher *nicht* machen, rauschte ich viel zu schnell in die an einem massiven Baum befestigte Matratze; die Feder an der Auffangvorrichtung war völlig überfordert, und in meiner Schulter krachte es hörbar.

An der Umsteigestation zum nächsten Seil war natürlich niemand, der die Schwere meiner Verletzung beurteilen konnte. Der rechte Arm hing schlaff nach unten, nur mit der Linken konnte ich ihn bis zur Hälfte nach oben heben.

Mit Entsetzen dachte ich daran, mich so ans nächste Seil zu hängen. Also fragte ich nach einem Fußweg – aber das ging überhaupt nicht. Eine Schranke mit einem Totenkopf blockierte den Ausgang zum Pfad. Man verbot mir den Abstieg auf dem steilen Dschungelpfad, weil es gefährliche Giftschlangen gäbe und man nicht mit einem Horrorunfall in die Schlagzeilen kommen wollte. So konnte ich mich tatsächlich vier Seilrutschen lang nur mit einem Arm festkrallen – na ja, man überlebt manches, wenn es nicht anders geht.

Wie man bei sechs Tagen Zentralamerika noch Zeit für traumhaftes Genießen findet? Irgendwie kann ich das, auch wenn man emotional den Knusperkarpfen in Nicaragua nicht gegen den feuerspeienden Arenal in Costa Rica aufrechnen kann. Und wenn ich eins von beiden versäumt hätte, würde etwas in meinem Leben fehlen.

64
Schmerz und Wonne in karibischer Sonne

Schmerzverzerrt kauere ich auf einem Bürosessel und werde zu einem Physiotherapeuten die Treppe hochgetragen – mit den Knien auf dem Sitz und den Armen auf der Lehne zur Entlastung des verkrümmten Rückens. Diesmal hat mein Körper gestreikt, allerdings erst nach Abschluss der Reise; die 27 Flugsegmente innerhalb von gut zwei Wochen waren wohl einfach zu viel. Mit dem klaren Ziel, in jedem Land wenigstens *eine* dauerhafte Beziehung zu knüpfen, hatte ich mir verschiedene Inseln der Karibik vorgenommen, dazu die touristisch kaum erschlossenen Staaten Guyana, Suriname und French-Guyana an der Nordflanke Südamerikas – zwischen Venezuela im Westen und Brasilien im Südosten.

Das lebensfeindliche Klima dort mit tropischer Hitze und hundert Prozent Luftfeuchtigkeit hat mir alles abverlangt. Und ich bin glücklich und zufrieden darüber, dass ich alles einigermaßen gut überstanden habe.

Erste Station war – mit Direktflug von Chicago – die geteilte Insel mit dem holländisch geprägten Sint Maarten und dem französischsprachigen Teil Saint-Martin. Es gibt keine markierte Grenze, wenn man das Eiland in circa vier Stunden mit dem offenen Mietwagen umrundet, und doch könnten die kulturellen Gegensätze nicht markanter sein. Wie im Traum tauche ich ein ins pulsierende Leben, genieße das karibische Flair und die Leichtigkeit des Seins. Nur latent zu erahnen ist die Bedrohung durch die stürmische See und die ausgesetzte Lage im Atlantik. 2017 sollte der Hurrikan Irma 95 Prozent der gesamten Infrastruktur zerstören.

Wo sonst auf diesem Planeten treten Schönheit und üppige Lebenslust so geballt auf wie auf den «Inseln über und unter dem Winde», also den Windward Islands und den Leeward Islands? Dominica, Santa Lucia, Guadeloupe, Martinique – wie Edelsteine glänzen sie beim Anflug mit den abenteuerlichen Kleinflugzeugen, die fast wie Busse verkehren, nur nicht so zuverlässig. Durch kleine, oft mit technischen Störungen begründete Verzögerungen würde nach Fahrplan der Anschlussflug schon abheben, bevor die eigene Maschine gelandet ist – nichts für schwache Nerven. Aber den Augenblick aufzusaugen und zu genießen ist nirgends leichter als hier – und selbst eine halbe Nacht im Freien unter einem glühenden Sternenhimmel prägt sich tief in die Seele ein.

Im britisch geprägten Barbados wollte ich unbedingt an der gemäß «Marco Polo»-Führer schönsten Bucht übernachten – leider war sie von der Hauptstadt Bridgetown aus auf der entgegengesetzten Seite der Insel gelegen. Mein Mietwagen schaffte die mit felsigen Steinen übersäten Hohlwege im Bergland ebenso wie die Spitzkehren in der jähen Abfahrt Richtung Küste – und ich fuhr zum ersten Mal nur auf einen kleinen Punkt in meinem GPS-Handydisplay zu; mehr als die Koordinaten in Breiten- und Längengrad hatte ich nicht.

Jemand hatte eine private Hütte für Selbstversorger ins Netz gestellt – Schlüssel unter einer genau beschriebenen Felsplatte, Geld in bar auf den Tisch legen. Um hier «high» zu sein, brauchte man keinen Joint – die Euphorie war einfach da. Dreieinhalb Stunden hatte ich gebraucht, viel zu lange. Also Gepäck ausladen, kurz duschen, trockenes Hemd und frische Hose anziehen – und jetzt ganz schnell zurück zu dem «Erlebnisseminar» in der Hauptstadt, das ein einheimischer Student für mich angezettelt hatte, Absolvent der Akademie in Südafrika.

Selten erlebte ich so viel Interesse und Bereitschaft wie bei den etwa dreißig Teilnehmern, die aus verschiedenen Regionen der Insel gekommen waren. Bunt gemischt nach Sportarten und Funktion, mehrheitlich aktive Sportler, aber auch Trainer und einige Funktionäre, verstanden sie das Potenzial des Sports besonders für die vielen Straßenkinder. «We are on fire», beteuerten sie, «wir werden diese Vision in unserem Land umsetzen, aber du musst das auch unserem Freund in Grenada erzählen, der Sozialarbeiterin in St. Kitts und Nevis, dann in St. Vincent, Anguilla und St. Croix …»

Und so baute ich ein paar weitere Loopings in meine Reise ein – und überall wartete jemand auf mich, schon heiß gemacht durch meine neuen Freunde. Jeder erklärte mir, nirgends anders in der Welt leben zu wollen als hier, obwohl einige noch kaum ihre Insel verlassen hatten. Aber auch die weitgereiste Kunsthistorik-Professorin aus Martinique wollte mir gerne beweisen, dass ihre Insel die schönste und anmutigste von allen sei.

In der Nacht musste ich aber noch zurück an meinen Traumstrand im Nordwesten von Barbados, und diesmal fiel das Navi aus; kein Netz, das Handy war tot. Mehrfach verfranzte ich mich in den einsamen Schluchten und Abzweigungen, und ich hätte wohl aufgegeben, wenn nicht mein Gepäck dort gewesen wäre. Nach vielen Stunden Irrfahrt hatte ich es gegen 4 Uhr morgens geschafft. Den nächsten Morgen verbrachte ich im Paradies.

Trinidad und Tobago sind ein Hotspot für Sprinter und andere Leichtathleten, aber die Nationalsportart ist – Kricket. Ich traf den legendären Kapitän der Mannschaft, die für die West Indies die Kricketweltmeisterschaft 1975 und 1979 gewonnen hatte, und in Guyana den berühmtesten Fußballer des Landes – er hatte beim einzigen Sieg über die USA das Siegtor zum 1:0 geschossen. Er war so glücklich über meinen Besuch, dass er gleich den Präsidenten des Landes anrief, der gerne mit uns das Abendessen genießen wollte in einem zauberhaften Hotel aus der Kolonialzeit. Leider kam seiner Frau etwas dazwischen, aber das dann ohne ihn eingenommene Festdiner erwies sich als «bezahlt».

Ich nahm Kurs auf Kourou, den europäischen Weltraumbahnhof, von dem aus die Ariane-Raketen starten. French-Guyana ist französisches Staatsgebiet – wie kommt man da hin? Es gab nur zwei Flüge pro Woche, dienstags und freitags. Also musste alles generalstabsmäßig geplant sein, dann könnte es zeitlich genau klappen.

Da ich beruflich mit dem Bau der Ariane 5 zu tun hatte, wollte ich einige Ingenieure und Planungsleiter dort treffen, hatte aber auch die 4-stündige Tour auf dem weitläufigen Gelände mit den Startrampen und dem Kontrollzentrum gebucht. Mein Flugzeug landete in der Nacht von Dienstag auf Mittwoch morgens um 02:30 Uhr. Zu diesem Zeitpunkt sei der Flughafen geschlossen, aber ich wurde tatsächlich abgeholt.

Mein Hotel erwies sich als so neu, dass der Aufzug noch nicht funktionierte, und man gab mir die schönste Suite im 5. Stock mit Blick über den Hafen. Auf keinen Fall konnte ich das Gepäck im unbewachten Mietwagen lassen, und so war ich beim dritten Aufstieg morgens um vier so erschöpft, dass ich nicht bemerkte, wie sich mein Laptop aus dem schlecht verschlossenen Rucksack löste und polternd die mit Kunstmarmor ausgelegte Treppe hinter mir hinunterstürzte. Ich konnte ihn zwar noch einschalten und booten, aber das Display war teilweise zerbrochen, der Rest sah aus wie eine Spinne.

Wenigstens hatte die Vorbestellung eines Mietwagens durchs Hotel geklappt, und so verließ ich nach zwei Stunden Schlaf Cayenne in Richtung Kourou. In meinem Nacken spürte ich furchtbare Schmerzen, in der Hitze hatte ich wohl die Klimaanlage im Flugzeug zu extrem eingestellt, irgendwo bei den sechs Flugsegmenten in den letzten zwei Tagen. Steif wie ein Roboter bewunderte ich die Vorbereitung der Abschussrampe, die «meine» Rakete spätestens Anfang 2022 benutzen sollte.

Mein Nacken brauchte Hilfe. Wo es noch eine Apotheke gäbe? Nur in der Mall, erfuhr ich und sah gerade noch, wie Punkt 14 Uhr der Stahl-Rollladen zur Mittagspause runterging. Über mein verzweifeltes Hämmern am Tor erbarmte sich ein sehr fähiger Apotheker, der in astreinem Französisch mein Leiden analysierte und mir neben Schmerzmitteln noch eine Massage verpasste.

Die Rückfahrt von Kourou nach Cayenne auf der schlaglochübersäten Straße war eine Tortur und sehr gefährlich, eigentlich unverantwortlich. Nur durch komplettes Drehen des Oberkörpers konnte ich nach rechts sehen, und die Schmerzmittel taugten nicht viel. Jedes Schlagloch gab mir einen Messerstich auf Schmerzskala 10 –

und so stand ich mehr in meinem Sitz, als dass ich saß, den Kopf an die Innendecke des Autos gepresst. Drei Stunden Tortur mit tränenden Augen angesichts der rasenden Schmerzen.

Ein Abendessen in einem französisch geprägten Land entschädigt für vieles, aber danach sah mich im Zimmer mein Laptop traurig an. Wenigstens wollte ich am nächsten Tag eine durchsichtige Klebefolie kaufen, damit «die Spinne» nicht weiter zersplitterte. Und dann erfuhr ich beim Frühstück: Heute war ein Nationalfeiertag, an dem alle Geschäfte geschlossen sind. Keine Chance. Vielleicht doch, es gäbe hier einen Chinesen, der habe sicher offen. «In seinem wie eine Rumpelkammer wirkenden Kellerverließ findet sich alles», versprach mir mein Wirt, und er behielt recht.

Leider war auch der Flughafen wegen des Feiertags geschlossen. Wie bitte? In dieser Nacht um 03:00 Uhr sollte doch der einzige Rückflug innerhalb der nächsten drei Tage starten, oder?! Diese Woche etwa nicht?

Kein Mensch war nachts im Flughafen anzutreffen – aber alle Türen standen offen. Ich kam problemlos an der nicht besetzten Passkontrolle vorbei, durch die nicht besetzte Security Area – bis fast aufs Flugfeld, wo aber eine geschlossene Glasschiebetür im Weg war. Auf dem Flugfeld war alles dunkel, nur in der Abflughalle brannte Licht. Und dann sah ich, dass ich nicht der einzige Passagier war. Eine junge Brasilianerin irrte verzweifelt herum. Ihr Ticket hatte dieselbe Flugnummer wie meines; ein Hoffnungsschimmer, notdürftig ermutigten wir uns gegenseitig.

Als die Abflugzeit um über eine Stunde überschritten und immer noch keine Menschenseele zu sehen war, bot ich meiner Leidensgenossin an, sie mit zurück in die Stadt zu nehmen, mein Mietwagen stand noch mit steckendem Autoschlüssel am Parkplatz von Hertz. Da sahen wir Lichter am Nachthimmel: Eine Propellermaschine schwebte ein, zwei Passagiere stiegen aus und gingen über das Rollfeld. Zu unserem Entsetzen wurde der Ausstieg sofort wieder hochgezogen, die Propeller liefen, und wir konnten nichts tun.

Aber dann doch noch das «Wunder»: Ein Beamter begleitete die aussteigenden Passagiere zu unserer verschlossenen Schiebetür, und als er uns sah, rief er sofort im Flugzeug an. Die Einstiegstreppe kam wieder runter, und wir durften in den Flieger steigen.

Paramaribo, die Hauptstadt des holländisch geprägten Suriname, empfing mich mit einem tropischen Regensturm. Der große internationale Airport quoll über von Menschenmengen – oder kam es mir nach dem einsamen Cayenne nur so vor?

Mit Schmerzen in Genick und Rücken stand ich in einer der beiden Warteschlangen bei der Immigration, da auch einige Großflugzeuge aus Europa gelandet waren. Als ich nach fast zwei Stunden vorne war und meinen Pass zeigte, schüttelte der Beamte den Kopf. «Tut mir leid, Sie müssen zuerst ein Visum holen.» Das bekomme man als Europäer doch bei der Einreise, wusste ich. «Genau», sagte er, «aber Sie müssen es für 60 Dollar kaufen, da gibt es ein extra Office dafür.» Dieses aber war geschlossen. Wie das sein könne? Tja, die Beamten kämen aus der 45 Kilometer entfernten Hauptstadt, aber heute seien die Straßen wegen Überschwemmungen unpassierbar.

Weitere neunzig Minuten später hatte ich mein Visum. «Sorry, wir sind im Schlamm stecken geblieben», hieß es, dafür eskortierte man mich direkt an die Spitze der Schlange, und ich war «drin».

Leider war der Schalter von Europcar verwaist, wo ich diesmal gebucht hatte. Nach einer Stunde Warten gab ich auf und wollte an einem anderen Schalter buchen, als eine Dame herangestürzt kam. Auch sie war unterwegs steckengeblieben; ich sei heute ihr einziger Kunde, und sie sei extra aus der Stadt gekommen. Sie verzichtete auf alle Formalitäten und gab mir einen Autoschlüssel, nicht ohne zu bemerken, dass ich an diesem Abend wohl nicht mehr in die Stadt kommen könne. Die Polizei lasse keinen auf die verschlammte und teilweise blockierte Straße.

Ich lag schon zwei Stunden hinter der vereinbarten Zeit, zu der ich zu einem Abendessen im Hotel erwartet wurde. An der angegebenen Handynummer eines lokalen Bekannten meldete sich niemand. Und am nächsten Tag ging schon mein Flug nach Curacao! «Ob es wenigstens eine lokale Straßenkarte gibt?», wollte ich wissen.

Immerhin hatte Paramaribo doch 300.000 Einwohner. – Nein, leider nicht.

Was dann kam, erwies sich hinterher als glückliche Fügung. Ich fragte die Dame, ob ich sie denn in die Stadt mitnehmen könne, was sie vehement ablehnte. Sie wisse zwar noch nicht, wie sie zurückkomme, aber Mitfahren bei einem Mieter sei strikt verboten, sie könne ihren Job verlieren.

Ich versprach, sie diskret in der Stadt auszusetzen, und so saßen wir, die Scheibenwischer auf Höchststufe, in einem Kleinwagen und konnten nicht mal die Straße vor uns sehen, geschweige denn ein Verkehrsschild. Mehrfach umfuhr sie mit mir die Staus auf der blockierten Straße, und wir erreichten, inzwischen sechs Stunden hinter Plan, das Hotel, das nur einen Fußweg von ihrer Bleibe weg war.

Ein so nobles Hotel hatte ich hier nicht vermutet. Man empfing mich sofort als VIP-Gast und kannte meinen Namen, aber das Treffen, weshalb ich überhaupt gekommen war, war wohl schon vorbei – oder nicht? Da die ganze Stadt überschwemmt und im Aufruhr war, hatten die lokalen Freunde umdisponiert. «Nein. Wir wussten ja, dass du morgen weiterfliegen musst, also haben wir uns alle auf Abruf verabredet. Einer von uns besitzt ein chinesisches Lokal, das natürlich längst geschlossen hätte, aber er kocht uns was – sorry, dass wir nur chinesische Küche anbieten können.»

So saß ich von 2 bis 5 Uhr nachts mit acht ausgewählten und wissensdurstigen jungen Leuten bei gerösteter Ente und Chop Suey; eine denkwürdige Begegnung, bei der ein weiterer Student für unsere Akademie in Südafrika ausgewählt wurde.

Körperlich erschöpft und weiterhin von Schmerzen geplagt, musste ich auf meinen Whirlpool im Zimmer verzichten und das wunderbar weiche Daunenbett unbenutzt lassen. Mit Mühe fand ich bei Tageslicht zurück zum Flughafen, saß wieder eingeklemmt an einem Fensterplatz in einem Kleinflugzeug, wo meine Schulter am gebogenen Dach kein aufrechtes Sitzen erlaubte.

Was war das für ein Parforce-Ritt gewesen in den letzten Tagen! Wie schön, dass wenigstens ein touristischer Traum in Erfüllung gegangen war, den ich seit langem gehegt hatte – ein Ausflug zum Kaieteur in Guyana, den in meiner Erinnerung schönsten Wasserfall der Welt. Wie hatte mich der Roman aus der Gründerzeit fasziniert, als man noch drei Wochen mit dem Kanu durch die Sümpfe musste, um das Naturwunder zu erreichen, wo es den kleinsten Frosch der Welt gibt, der auf einem Fingernagel Platz hat. Noch solle es fünfzig Exemplare geben – und wenn man Glück habe, könne man einen finden.

Genau da wollte ich hin.

Vierzig Minuten im Leichtflugzeug, ein Marsch von einer Stunde, und dann waren wir an der über hundert Meter senkrecht abfallenden Felskante, von der man die beste Aussicht hatte. Ungesichert – wer sich umbringen will, kann ja springen. Obwohl sonst schwindelfrei, näherte ich mich der Kante nur auf dem Bauch – und vergaß fast zu atmen. Wieder war das Adrenalin stärker als die Müdigkeit, und die Zeit schien beim atemberaubenden Lärm der stürzenden Wasser stehen zu bleiben.

Ob es den berühmten Goldfrosch noch gäbe, fragte ich den Guide. Er wiegte den Kopf. «Da muss man großes Glück haben. Sie leben nur hier am Kaieteur und brauchen die Gischt, die ständig in der Luft hängt.» Er zeigte mir etwas abseits einen Busch mit sehr großen, ineinander gefalteten Blättern. Vorsichtig löste er eines behutsam vom andern – und mein Traum ging in Erfüllung. Kaum zu sehen, auch in der Vergrößerung der Kamera, aber er blickte mich über zehn Sekunden lang mit seinen Glotzaugen an, bevor er blitzartig in den Blättern verschwand.

Wie schön, dass der Mensch so veranlagt ist, dass man die Schmerzen und Hindernisse schnell vergisst und die wunderbaren Erinnerungen bleiben. Später, in der trockenen Gluthitze von Curaçao auf dem Weg zu einem Baseball-Training meines Sohnes in Caracas, wurden meine Schmerzen bereits etwas erträglicher, aber sie verfolgten mich noch volle zwei Jahre.

Sehnsucht und etwas Wehmut bleiben, an einige jener Plätze zurückzukehren, dann aber mit mehr Zeit. Ob die Urtümlichkeit der unberührten Natur noch lange erhalten bleibt? Von meinen Goldfröschen scheint es jetzt schon immer weniger zu geben. Wer sie sehen will, sollte schnellstens hin.

65
Taufe im Ozean

Durch fast dschungelartige Vegetation geht es Richtung Küste. Die Straßen schreien zum Himmel, aber niemand hört sie. Ob Gott hier auch mal vorbeikommt, in diese Randlage der Zivilisation?

Leider gibt es auch Länder, in denen es schon verboten ist, eine Bibel zum eigenen Gebrauch mitzuführen, viel mehr noch, einen Gottesdienst zu feiern oder zu taufen. Deshalb möchte ich den genauen Ort und den Ozean nicht nennen, wo sich das Folgende abgespielt hat. Vor allem möchte ich die lieben Leute nicht gefährden, die ich in den nächsten Stunden treffe. Rangeduckt an die Hügel liegen die kargen Hütten, in denen erstaunliche Menschen das Beste aus ihrer Lage machen.

Es ist Sonntagmorgen – der Tag des Herrn. Der Himmel hat sich wunderbar herausgeputzt, ein gleißendes Licht liegt über der Szene. Immer wieder huschen Menschen herein: Alte, Familien, Jugendliche, das ganze Spektrum ist vertreten. Auch wenn sie sich immer wieder vorsichtig umsehen, herrscht eindeutig Festtagsstimmung. Sauber und bunt gekleidet sind sie alle – und sie können singen! Sogar ein kleiner Chor und Instrumente leiten den Gottesdienst ein. Ich lasse mir übersetzen und erfahre, dass gleich eine Taufe stattfindet, die übrigens *ich* vornehmen soll.

Ich?!?

Dass ich kein Pfarrer bin, interessiert hier keinen. Der mich begleitende Sportmissionar hat mich als seinen «Chef» vorgestellt, da werde ich auch taufen können. Draußen im Ozean – mit Rückwärts-Untertauchen im Meer. Nun bin ich auch kein Baptist, aber dass wir taufen sollen, steht auch in meiner Bibel, und so gehe ich unter Gebet ans Werk. Ich soll einfach nur das machen, was der einheimische Bruder an meiner Seite tut – das andere mache der Heilige Geist.

Es ist ein überwältigendes Erlebnis. Neun Menschen lassen sich an diesem Tag taufen, darunter zwei Ehepaare. Unter Gottes Sonne, in den Wellen seines Meeres, beim Konzert seiner Vögel und unter dem Schutz seiner Engel vollziehen wir im Glauben, was Jesus uns gelehrt hat. Ihre Lebensberichte kann ich zwar nicht verstehen, aber ich sehe den Glanz in ihren Augen, die Hingabe an den gemeinsamen Herrn. Einige jauchzen, andere weinen und preisen Gott dabei. Nichts erinnert in diesem Moment an die Gefahr, dass wir jederzeit entdeckt und verhaftet werden könnten.

Da ich in meiner Sprache beten und segnen darf, versteht vielleicht nur Gott die innigen Worte, mit denen ich die Fülle seiner Gaben auf diese Menschen herabbitte. Ich spüre, wie mich eine tiefe Liebe zu ihnen durchflutet, und kriege die Gewissheit, dass sich der Allmächtige ihrer erbarmen wird. Um die brauchen *wir* uns keine Sorgen zu machen, wird mir klar. Gott ist ihnen näher als das Wasser, in dem wir bis über die Hüfte stehen …

… und mit dem ich gleich noch näher Bekanntschaft machen werde. Im Überschwang ihrer Gefühle stürzen sich die Täuflinge nach Abschluss der Zeremonie auf die «Täufer», um sie ebenfalls unter Wasser zu drücken. Sorry, das sei bei ihnen so üblich, sagt mir der Missionar, und schließlich sei das Untertauchen auch ein Symbol für die Reinigung von unseren Sünden. Und, so denke ich, wer hätte dies nötiger als ich?

66

Juan 316

Wer Kuba betritt, wird mit Baseball überschüttet. Das Gepäck am Flughafen kann nicht langsam genug kommen – die Leute haben nur Augen für das Livespiel an den Bildschirmen. Selbst wenn Fußball-Deutschland bei einer WM spielt, geht es nicht so ab!

Mein Sohn Simon ist natürlich in seinem Element. Derzeit ist er Kapitän der deutschen Baseball-Nationalmannschaft, das treibt den Kubanern Tränen in die Augen. «Was, du hast gegen unsere Nationalspieler gespielt? Beim Olympic-Qualifier in Taiwan?»

Als wir an jenem Abend in Havanna landeten, wurden wir in einem wunderschönen Oldtimer abgeholt. Erst später erfuhren wir, dass es außer Mietwagen fast keine Privatautos gab. Seit fünfzig Jahren war es praktisch ausgeschlossen, Neuwagen zu kaufen, und so entwickelten die Kubaner viel Talent beim ständigen Restaurieren und Pflegen ihrer alten Schlitten. Dass sie bis zu dreißig Liter pro 100 km verschlangen, war nicht so schlimm, Sprit ist billig und bis jetzt für jeden, der Devisen hat, leicht erschwinglich.

«Seid vorsichtig damit, öffentlich etwas über euren Glauben zu erzählen», wurden wir gewarnt. «Hinter manchem Interesse steckt ein Spitzel des Systems, und dann kriegen besonders eure Gastgeber das zu spüren. Sprecht lieber über Sport und die schöne Landschaft, da hat keiner was dagegen.»

Im Hotel gab es einen Fernseher, und auch hier lief auf fast allen Kanälen Baseball. Nur einige Sender brachten Reden des Staatschefs, die teilweise über sechs Stunden dauerten. Mann, hatte der eine Ausdauer.

Dann machten wir uns auf den Weg – in einem roten Kastenwagen mit orangefarbenen Kennzeichen. Von denen gab es nur wenige im ganzen Land, und sie gehörten alle der katholischen Kirche. Es war ein nie geändertes Privileg aus den ersten Jahren nach der Revolution, wo man es mit der seinerzeit starken römischen Kirche nicht komplett verderben wollte. Das Besondere war, dass Bibeln und mitgeführte christliche Literatur nicht beschlagnahmt werden durften – in jedem anderen Fahrzeug wäre dies der Fall gewesen. Dass das Baseball-Team ein Fahrzeug mit solchen Kennzeichen hatte, war ein unschätzbarer Gewinn.

Viele Stunden von der Hauptstadt entfernt sahen wir dann das christliche Baseball-Team in Aktion. Die Spieler trugen «Baseball Uniforms» – Jerseys, Hosen, Schuhe, Socken, Caps und Handschuhe

– mit ihrem Namen auf dem Rücken. Oder etwa nicht? Fast musste ich mir die Augen reiben angesichts dessen, was ich da lesen konnte. Einer hieß «Juan 316», der nächste «Salmos 23», die weiteren «Génesis 1.1», «Apocalipsis 10», «Efesios 2» und so weiter… Sie spielten gegen die beste Mannschaft der Stadt, Hunderte von Zuschauern säumten den Spielfeldrand. Es gab ein Kinderprogramm mit Clowns und Bastelgruppen, während die Väter sich die Bälle um die Ohren schlugen.

Bevor mein Sohn Simon auf der Seite des christlichen Teams eingewechselt wurde, lästerte der gegnerische Pitcher: «Was, ein Deutscher?! Wird dort überhaupt Baseball gespielt?» – «Du bist verrückt», rügte ihn sein Mannschaftskamerad, «der hat bei der Olympiaqualifikation schon gegen unsere Nationalmannschaft gespielt!»

Weil das Ganze sehr lautstark ausgetragen wurde, bekamen es alle mit.

Es lag knisternde Spannung über dem Platz, als Simon in sengender Hitze zum ersten Mal als Schlagmann in Position ging. Pitcher und Schlagmann stehen sich ja Auge in Auge gegenüber. Und dann kam die Szene, die Simon jede Aufmerksamkeit sicherte für seine kurze Ansprache nach dem dritten Inning: Auf den allerersten Pitch des Großmauls schlug er einen Homerun!

Das dankbare Abklatschen durch die Mannschaftskameraden nach dem Umlaufen der Bases ist überall ein Ritual, aber hier hatte es fast einen salbungsvollen Charakter. Kein Zweifel, Simon war als Sportler angekommen. Die Herzen der fachkundigen Kubaner eroberte er im Flug.

Für mich als Vater war es das erste Mal, meinen Sohn als Verkündiger in Aktion zu sehen. Immer hatte *ich* bei solchen Gelegenheiten im Zentrum gestanden, als Handballtorwart im Team Christlicher Handballer von SRS – immer hatte ich die Halbzeitansprachen gehalten, und jetzt stand ich inkognito hinten am Zaun, und alle lasen Simon die Worte von den Lippen ab. Übrigens übersetzt von einem Dolmetscher, von dem wir wussten, dass er eigentlich als Spitzel gekommen war.

«Da gibt es eine Geschichte in der Bibel», hörte ich Simon sagen, «von einem Kaufmann, der beim Handeln eine so wertvolle Perle entdeckte, dass er sofort alles, was er hatte, eintauschte, um sie erwerben und besitzen zu können. So ging es mir, als ich Jesus kennenlernte. Du kannst als berühmter Sportler alles kriegen, was du dir als Jugendlicher erträumt hast – einen lukrativen Vertrag, ein Vermögen, Ruhm, Ehre, Einfluss, Berühmtheit. Aber du würdest es alles sofort eintauschen, wenn du ahnen würdest, was dir Jesus schenken kann.»

Als er dann noch ein Hingabegebet sprach, wurde das Satz für Satz ins Spanische übersetzt, und ich konnte sehen, wie sich viele Lippen bewegten.

Ich war selten so ergriffen wie an diesem Tag, als mir dämmerte, dass ich wohl irgendwann in Frieden abtreten kann, auch weil sich das Erbe in der jungen Generation fortsetzt – und nicht nur in der eigenen Familie.

Später in Panama und Venezuela wurde das noch gesteigert. Hunderte junger Sportler erlebten einen Trainingstag in Caracas, bei dem außer Spitzentraining im Nationalsport Baseball das Evangelium im Angebot war. Selbst die 8- bis 12-jährigen Nachwuchstalente Venezuelas hatten schon Trikots mit ihren Namen drauf. In die glänzenden Augen der Kinder zu schauen, wenn sie ihre Autogramme und Urkunden abholten, machte einfach Mut. Was kann aus so einem jungen Menschen werden, wenn das ganze Leben einen neuen Kompass bekommt?

67
Dem Himmel am nächsten

Mit Ausnahme vielleicht von Nepal oder Bhutan und Tibet ist man nirgendwo dem Himmel so nahe wie in Bolivien. Der Flughafen El Alto liegt auf dem südwestlichen Plateau, von dem aus das Taxi den Weg nach La Paz wie ein Abfahrtsläufer am Skihang antritt. Atemberaubende Blicke auf das wie aus Streichholzschachteln zusammengesetzte Häusermeer – im Hintergrund der mächtige Nevado Mururata mit seiner Rampe aus gleißendem Eis und Schnee.

Obwohl ich vorher fünf Tage in Bogota war, der Hauptstadt Kolumbiens mit immerhin 2300 Metern über dem Meeresspiegel, fällt die Anpassung an die Höhe nicht leicht. Abgesehen von der Kurzatmigkeit nach wenigen Schritten hält sich konstant ein «Beinahe-Schwindelgefühl», wie wenn gleich der Kreislauf zusammenbrechen würde. Ständig hat man das Gefühl, als würde man das Bewusstsein verlieren. Glücklicherweise ist dieser Zustand stabil, und man kann durch ein paar tiefe Atemzüge die Sauerstoffnot überwinden.

Jetzt sitze ich mit Blick auf den Titicaca-See, dem höchstgelegenen schiffbaren Gewässer der Welt. Obwohl ringsum noch Berge aufragen, liegt die kristallklar schimmernde Wasserfläche fast 4000 Meter über dem Meeresspiegel, wie in einem Meer der vollkommenen Stille, das nur selten vom Zirpen und Summen von Insekten oder von fremdartig klingendem Vogelschlag unterbrochen wird. Höre ich tatsächlich ein Plätschern am Ufer, oder ist es das Echo des Bootes, wo ein einsamer Fischer seine Leine auswirft?

Fast zwei Stunden sitze ich gebannt mit meiner aufgeschlagenen Bibel – ich möchte immer den Atem Gottes spüren, auch in dieser bizarren, fast überirdisch wirkenden Natur. So weit weg bin ich von Beruf und Alltag, dass das Klingeln des Mobiltelefons wie Sirenenklang wirkt. Ein Anruf aus Indien: Das von mir beratene Unternehmen konnte die Mehrheit an einem bisherigen Wettbewerber übernehmen, der allein keine Zukunftschancen mehr hatte. Ich überschlage im Kopf, was ich daran verdiene.

Ist gerade geschehen, was Jesus im Blick auf den Bauern sagt, der zwischen Saat und Ernte ausharren darf im Bewusstsein, dass seine Frucht auch wächst, während er schläft? Ich muss ja auch vieles leisten in meinem Beruf, aber wie viel härter muss diese Fischerfamilie ihr Brot verdienen, die seit fast zwei Stunden ihre Netze abrudert und sich alle halbe Stunde über einen winzigen Fisch freut!

Ich selbst spüre in mir, wie sich «Leben» anfühlt, wenn wir innehalten können: eine Atmosphäre der Ruhe und Schönheit, wie ich sie selten gefunden habe. Aufwachen bei plus zwei Grad Celsius, von der Sonne angewärmt zu werden, dann am Seeufer spazieren, auf dem Stein sitzen und beten – was für ein Kontrastprogramm.

Später im Städtchen – so weit im Hinterland, dass sich kaum ein Tourist hierher verirrt – versuche ich einzutauchen in die Welt dieser einfachen Menschen. Sie haben es mir auf Anhieb angetan, wie sie in ihren bunten Kleidern einfachen Besorgungen nachgehen und dabei mit ihrer bronzefarbenen Haut Kälte und Hitze gleichermaßen trotzen.

Wie bin ich hierhergekommen? Was war das gestern für ein Tag! Eigentlich wollte ich am Flughafen einen Mietwagen übernehmen, aber der Flughafen war von Streikenden blockiert. Der Taxifahrer, der mich stattdessen zum Hotel in der Unterstadt von La Paz brachte, sagte mir, dass er wegen eines Generalstreiks von Landfrauen im Abstand von zehn Blocks vom Hotel umkehren müsse. Das war nochmals ein Fußmarsch mit dem Koffer in sengender Hitze und sauerstoffarmer Luft.

In Hotelnähe hatte das Militär alles im Griff. Dutzende von schwerbewaffneten Soldaten hielten die strategischen Punkte unter Kontrolle. Leider gab es nur weit entfernt einen Außenposten des Mietwagen-Verleihs, und so vergingen wertvolle vier Stunden, bis ich endlich hinter dem Steuer eines geländegängigen «Toyota Land Cruisers» saß.

Noch hatte ich keine Panik, die Strecke nach Copacabana an der Grenze zu Peru war mit drei Stunden Fahrzeit angegeben. Ich steckte aber schon eineinhalb Stunden im Stadtverkehr fest. Die wie Fliegenschwärme auftretenden Minibusse hielten im 30-Sekunden-Takt, um Fahrgäste zu- und aussteigen zu lassen, und blockierten so zusammen mit den fürchterlich stinkenden Lastwagen den Verkehr. Was da an Dieselrauchfontänen bei jedem Anfahren in die Luft geblasen wird, würde dem Feinstaub von ganz Stuttgart für mehrere Wochen entsprechen.

Da es auch keine Hinweisschilder und schon gar keine Straßenkarten gab, folgte ich meinem Richtungssinn, der mir aber auch sagte, dass ich wohl zu weit südlich kam. Also zehn Kilometer zurück und mit Hilfe eines Taxifahrers auf die richtige Ausfallstraße aus der

Stadt. Immer noch guter Dinge sang ich laut vor mich hin – bis sich plötzlich der Verkehr verdichtete und gleich darauf ganz zum Erliegen kam. Über fünfzig Minibusse entledigten sich ihrer Passagiere und versuchten zu wenden. Die zurückkommenden Fahrer machten eindeutige Handzeichen: Kein Durchkommen. Zurückfahren nach La Paz.

Nun hatte ich ein ernstes Problem. Ich hatte gut hundert Kilometer weiter am Rande des Titicaca-Sees eine Lodge gebucht, die wenigen Tage zum Ausspannen und Besinnen drohten jetzt zu platzen. Und weil Umkehren ohnehin nicht meine Sache ist, suchte ich einen Weg, um irgendwie durchzukommen.

Ganz vorne angekommen, sah ich eine Sitzblockade von Landfrauen an einer strategisch idealen Stelle – mit ihrer Aktion sperrten sie an einer langen Brücke die einzige Straße in eine ganze Provinz. Sie saßen da in ihren bunten Gewändern mit ausgemergelten Gesichtern und dieser wettergegerbten Lederhaut; viele von einem harten Leben gezeichnet. Manche hatten Kinder im Arm oder neben sich, die Verzweiflung sprach aus ihren Augen.

Mir wurde klar, dass hier nichts gehen konnte. Diese Frauen hatten jahrelang lebensunwürdige Umstände erduldet – und gerade heute war *ihr* Tag. Da konnten meine Probleme keine Rolle spielen.

Ich gab aber noch nicht auf. Mit einer Mischung aus Französisch und Italienisch versuchte ich meine mangelnden Spanisch-Kenntnisse zu überspielen. Tausende Kilometer war ich angereist, um die Montagna dei Re und ihren wunderschönen See zu sehen. Und nun musste ich umkehren – nie würde ich meiner Frau und meinen Kindern die Fotos ihrer Königsberge zeigen können.

Und die Frauen zeigten tatsächlich Herz, beratschlagten immerhin zwanzig Minuten, um dann durch ihre Sprecherin, eine noch junge Mutter, ihr Ergebnis mitzuteilen. Es tue ihnen wirklich leid, aber ihre Probleme seien so groß – sie wünschten sich manchmal, lieber zu sterben als zu leben.

Dann meinten sie noch, mit einem einheimischen Führer könne ich die Stadt vielleicht auf einer nördlichen Umfahrung erreichen – aber eine Straße gäbe es nicht. Zuerst zehn Kilometer durch das Bett des ausgetrockneten Flusses und dann irgendwie westlich und wieder zurück, aber sie wüssten, dass da noch andere streiken, und ich solle doch besser nächstes Jahr wiederkommen.

Ich hörte von einem Minibus-Fahrer, wo es diese Flussquerung gäbe, und fand tatsächlich eine Trasse über Stock und Stein, die mich auf der anderen Seite zurück auf ein Stück Straße brachte. Dort allerdings war Endstation. «Auf über fünf Kilometer Länge ist alles blockiert», sagte ein Einheimischer, «und manche sind auch aggressiv und werden vielleicht dein Auto anzünden.»

Dem allgemeinen Rat folgend, machte ich mich schnell aus dem Staub. Was man eigentlich so nicht sagen kann angesichts der zentimeterdicken Erdschicht, die alles bedeckte. Zurück am Ausgangspunkt beobachtete ich einen aufgeregten Einheimischen, der aus einem Taxi heraus gestikulierte. Jemand stieg zu, und er fuhr links von der Straße ins Flussbett hinab. Ich hinterher – und dann tauchte auf einmal ein kleiner Konvoi von der Gegenseite auf. Irgendwie bekam ich mit, dass man durchkomme – allerdings nicht, wie.

Leider war mein Führungsfahrzeug kurz darauf an seinem Ziel. Ich tastete mich weiter vor, immer bemüht, die angegebenen 25 km abzuschätzen, die ich wohl südlich fahren sollte. Mehrmals musste ich zurück und eine neue Trasse versuchen, steckte fest und kam wieder frei. Ich wollte alles versuchen, und noch kam ich ja irgendwie vorwärts.

Der Staub der ausgedörrten Landschaft drang in alle Poren. Ob das Fahrzeug je wieder sauber werden würde? Mit Schrecken dachte ich an die Rückgabe; jeder dumpfe Schlag an Karosserie und Unterboden verstärkte mein schlechtes Gewissen. War es Wahnsinn, was ich hier versuchte?

Innerlich schrie ich zu Gott, ich wollte einfach nicht aufgeben. Irgendwann schlug ich die westliche Richtung ein, und dann kam wie durch ein Wunder die heiß ersehnte Tankstelle – sogar eine, die nicht nur an Regierungsfahrzeuge Sprit abgab. In glänzendem Spanisch erklärte mir der Tankwart, dass ich gerade richtig angehalten hatte – genau hier gehe es nach Norden, aber den Weg könne ich nicht ohne Hilfe finden.

Immerhin kamen dann Fahrzeuge von der Gegenseite – ich stellte mich jedem in den Weg, um ein paar Tipps zu kriegen. Es entwickelte sich eine seltsame Verbundenheit unter den Wenigen, die das Unmögliche versuchten.

Endlich kamen drei Minibusse in meiner Richtung, die mich in hohem Tempo überholten und denen ich mich mit neuem Mut anschloss. Leider war die Staubwolke so dicht, dass ich das vorausfahrende Fahrzeug nicht sehen konnte. Was war größer: die Angst, sie zu verlieren, oder im nächsten Moment auf sie draufzuknallen? Ich begann zu schwitzen, merkte im letzten Moment, dass ich durchs Wasser fuhr, und hatte gerade genug Schwung für die Böschung auf der anderen Seite.

Wenig später, nach lächerlichen vier Stunden Umweg, waren wir zurück auf der Hauptstraße – auf der anderen Seite der Stadt.

Jetzt war es Zeit, mit dem Singen fortzufahren. Wie wurde ich für die Strapazen belohnt! Eine traumhafte Landschaft in goldener Sonne – ich genoss die zügige Fahrt auf freier Straße.

Dann erlebte ich eine weitere Überraschung. Mir war gar nicht klar gewesen, dass vierzig Kilometer vor meinem Ziel ein Seearm zu überqueren war, der mehrere Kilometer breit war. Die Straße endete abrupt auf einem Feldweg, der zum Ufer mit einfach aus Brettern zusammengenagelten Holzflößen führte. So einem zusammengeknoteten Stück Bretterboden sollte ich meinen teuren «Land Cruiser» anvertrauen?

Aber dann war ich doch froh, dass einige Fährleute auf Kundschaft gewartet hatten, obwohl die sinkende Nacht schon über der Bucht lag. Einer von ihnen machte das Rennen und durfte mich hinüberbringen – trotz seinem Jammern über die harte Konkurrenz kam er an diesem Tag durch mich vermutlich zu einem Monatsverdienst.

Dann auf der anderen Seite die Auffahrt zum Pass; das Schauspiel, dass die Sonne plötzlich oben wieder da war und ein zweites Mal an diesem Tag unterging. Und der geradezu liebevolle Empfang durch die Lodge-Besitzer; sie hatten nicht ernsthaft damit gerechnet, dass angesichts des Frauenstreiks einer durchkommen würde – und trotzdem gewartet.

Als ich dies alles am nächsten Morgen aufschreibe, fällt mein Blick wieder über den funkelnden See. Gott, was für eine Erde hast du gemacht, welche Schönheit und Anmut hast du geschaffen; und wie passt das alles zu der Verzweiflung der Frauen? Was haben wir aus deiner Schöpfung gemacht?

Ich beginne wieder zu beten. Noch immer steht mir das markante Gesicht der jungen Frau vor Augen, die sich so für mich eingesetzt hat. Warum nur schaffen wir es nicht, dass auch solche Menschen eine Perspektive für ein erträgliches Leben bekommen? Und wer bringt ihnen das Evangelium?

68
Die Straße des Todes

Wer «die gefährlichste Straße der Welt» googelt, wird nach Bolivien geführt. Sie führt über 4800 Meter Höhe auf 1160 Meter hinunter und wieder hinauf nach Choroico, der «Hauptstadt» der bolivianischen Provinzen Los Yungas.

Ich weiß nicht genau, was mich treibt – aber diese Straße muss ich fahren. Also stehe ich an meinem letzten Tag in Bolivien um vier Uhr morgens auf und mache mich auf den Weg. Diesmal verlasse ich La Paz in der richtigen Richtung – ich merke es am ständigen Bergauf, und das schon in der Stadt mit ihrem übermütig bunten Treiben, dann auf blankem Fels oder in staubigen Steppen. Ganz oben wird es wieder grün, und Wolken treiben plötzlich nach oben – gerade war es noch sonnenklar.

Dann verstehe ich, wie schwierig es sein wird, den Einstieg in die Straße überhaupt zu finden. Beim Tanken schwärmt mir der Tankwart von der neuen asphaltierten Straße vor, die zwar nicht kürzer ist, aber weit weniger gefährlich. «El Camino de la Muerte» sei nicht mehr im Betrieb, niemand fahre sie mehr, sie sei viel zu gefährlich. Nur noch ein paar verrückte Mountainbiker rasten die «Todesstraße» hinunter, um ihre Räder dann von Einheimischen zurückkarren zu lassen.

Ich verberge meine Absicht aus Sorge, er könnte es mir ausreden. Stattdessen frage ich jemand anderen nach einem kleinen Ort, von dem ich ermittelt hatte, dass er an der alten Straße lag. Tatsächlich finde ich den Abzweig, aber ist das möglich? Ein enger Schotterweg stürzt sich in einen Abhang, dessen Tiefe ich wegen der Wolken nur ahnen kann.

Natürlich zögere ich keinen Moment. Mit einem weiteren Schuss Adrenalin lenke ich den «Land Cruiser» vorsichtig in den Abhang hinein.

Vor mir liegen, so weiß ich in dem Moment, 42 Kilometer. Wenn das bis vor kurzem die einzige Verbindung nach Choroico war, musste sie fahrbar sein.

Es geht ständig bergab. Einmal reißen die Wolken auf, und ich sehe, wie die Straße hinter der nächsten Kehre waagrecht in einem extrem steilen Berghang verläuft, ungesichert an einem senkrechten Sturz von 800 Meter Tiefe. Danke, Gott, dass du die Wolken weggerissen hast – so kann ich wenigstens kurz ein Foto machen. Das alles in einem feuchtkühlen Klima, in dem eine wunderbare Vegetation herrscht. Wie ein Urwald im Gebirge, mit Bäumen und Stauden, die gelb und rot blühen, auch in einem fast enzianartigen Blau.

Etwas unwohl ist mir, weil ich hier völlig allein bin. Bin ich der einzige Verrückte? Sonst wimmelt es doch immer von Touristen, nicht? Vorsichtig und mit voller Konzentration pirsche ich mich am Hang entlang – möglichst nahe auf der Bergseite, aber die Schotterstraße ist höchstens einen Meter breiter als nötig. Wenn jetzt einer entgegenkäme? In unübersichtlichen Außenkurven betätige ich vorsichtshalber die Hupe, aber es fährt mir auf der ganzen Strecke niemand entgegen.

Dann plötzlich doch Menschen. Es sind Mountainbiker auf der Talfahrt, gefolgt von einem Jeep mit der Aufschrift «Canyon Trekking». Meine etwas aufgehellte Stimmung verdüstert sich angesichts der Gedenktafeln am Straßenrand, einige sind mit Kreuzen versehen. Spanisch sprechende Völker haben ja wunderbar klangvolle Namen, aber wenn sie auf einer Totengedenktafel stehen?

Und doch bin ich jeden Moment glücklich, hierher gekommen zu sein. Was den Menschen antreibt, so eine extreme Trasse zu bauen – sich einfach nicht damit abzufinden, dass Choroico von der Hauptstadt aus nicht zu erreichen war?

Und so komme ich ins Philosophieren. Spürt man das Leben nicht erst richtig, wenn man die «Comfort Zone» verlassen hat? Wird Schönheit potenziert, wenn sie sonst keiner sieht? Stimuliert Gefahr in uns einen Grad von Wachheit, der uns in Euphorie versetzt?

Leben am Abgrund – im wahren Sinne des Wortes «unheimlich schön».

Die Frage des Todes aber, die lässt sich jetzt nicht verdrängen. Was wäre, wenn?

An ausgesetzter Stelle steige ich aus, versuche zu fotografieren – unmöglich, einfangen lässt sich das nicht. Und so saufen die Augen den bizarren Wahnwitz dieses Abgrunds in sich auf und versenken ihn in der Erinnerung. Gut, dass dieser Anblick den Lieben zuhause erspart bleibt. Sie würden mich nie wieder fortlassen …

69
Die Mitte der Welt

Angesichts meines Befundes auf der Waage staunte ich nicht schlecht, als man mir den wichtigsten Grund nannte, nach Ecuador zu reisen, diesem mittelamerikanischen Land, dessen Name auf Spanisch einfach «Äquator» bedeutet. Die Einheimischen sind überzeugt, nicht nur an der Schnittstelle der Erdhalbkugeln zu leben, sondern sogar den Mittelpunkt der Welt zu besitzen, «la Mitad del Mundo». Etwa zwanzig Kilometer nördlich von Quito gibt es dieses Monument, wo man mit einem Schritt von der Nord- auf die Südhalbkugel treten kann. Für ein paar Münzen kann man hier sein Gewicht auf einer geeichten Waage überprüfen und stellt dann fest, dass der Mensch wegen der Fliehkraft der Erde am Äquator bis zu vier Prozent weniger wiegt als am Nord- oder am Südpol. Was für ein erhebendes Gefühl!

Der Flughafen dieses Landes mitten in der Hauptstadt Quito auf 3000 m Höhe ist ein fliegerischer Alptraum. Der Pilot muss sich zwischen den bis zu 6000 m hohen Anden-Gipfeln nach unten stürzen und dann die Schneise zwischen den Hochhäusern treffen – das ist nur bei Sichtflug möglich. Bei Wolken oder Unwetter kreist das Flugzeug so lange, bis die Spritreserve in den kritischen Bereich kommt, und dann weicht man aus an die Küste in das sieben Busstunden entfernte Guayaquil. Nach einstündigem Kreisen war mein Flug in Quito um Mitternacht gelandet, allerdings fehlten dann meine Koffer. Sie würden vielleicht morgen kommen, falls man dann landen könne – aber ich war da, das war das Wichtigste: Die Konferenz konnte pünktlich beginnen.

Wie viel Freude, Aufbruchsstimmung und Hingabe las ich in den Gesichtern meiner Studenten, die sich zur Schulung und Planung in einer Regionalkonferenz in den Räumen der «Kirche des Nazareners» trafen. Und was für Kerle waren da gekommen. Juan, der «Kids Games» veranstaltet hatte im Nordwesten Kolumbiens; jener Region, die wegen des Drogenkriegs als paramilitärische Sperrzone gilt! Er war der einzige Missionar, den ich kennengelernt habe, der mit einer Schusswaffe unterwegs sein musste. Am Kontrollpunkt zur Einfahrt in das Krisengebiet ließ man niemand unbewaffnet hinein. Er würde sie niemals benutzen, lieber würde er sterben, sagte er mir, aber er war gezwungen, sie jederzeit sichtbar bei sich zu tragen.

Und es gab noch andere Originale hier. Hector, der kraftstrotzende Baseballer aus Venezuela, der sich wie ein Kind über das Flugticket freute, das ich ihm fürs Nachreisen nach Caracas geschickt hatte. Noch heute sehe ich diese aufmerksamen Augen aus seinem «Bison-Schädel» blitzen. 14 Tage musste er auf einen Rückflug warten, nur wenige Fluggesellschaften wagten sich ja in dieses Land, aber er konnte über seinen Traum berichten, in seinem Land eine Schule zur Ausbildung von Sozialarbeitern zu gründen.

Ja, wie gesagt, der Alptraum des Fliegens – und des Landens auf einem der gefährlichsten Flughäfen der Welt! Jeden Abend machte ich mich hoffnungsvoll auf den Weg zum Flughafen, um gegen Mitternacht auf mein Gepäck zu warten. Jedes Mal musste ich erleben, wie das Flugzeug der «American Airlines» lange kreiste und dann doch nicht landete. So probierte ich mal wieder aus, wie lange man es in denselben verschwitzten Klamotten aushalten kann. In diesem Fall waren es vier Tage, dann hatte auch mein Koffer den Anflug auf Quito geschafft.

Schließlich entschädigte mich dieses wunderbare Land mit seinen Steilhängen mitten in der Stadt durch einige Nächte in einem der schönsten Hotels, die ich je betreten habe. Mitten im Weltkulturerbe der Altstadt liegt dieses Juwel hinter einer schmucklosen Fassade; nur Insidern ist bekannt, was sich hinter dieser kahlen Mauer verbirgt. Immerhin war es ein erstklassiger Tipp des «Marco Polo»-Reiseführers unter seinen «Top 10», und es hielt alles, was man sich erträumen konnte. Die im maurischen Stil gehaltenen individuellen Zimmer strahlten Wärme und Behaglichkeit aus, ein säulenumrahmtes Atrium bot Sonnen- und Schattenspiele mit ganz uriger Anmut und Kunst. Die Küche offerierte einem kulinarischen Entdecker zahlreiche Überraschungen, und der Besitzer präsentierte seinem internationalen Besucher eigene Weine aus seinem privaten Weingut, in dem die ersten Qualitätsweine Ecuadors kultiviert wurden.

Besonders genoss ich die Stadtführung von Carlos und seinen Mitarbeitern im abendlichen Regen, die uns auch einen Fußballstar des Landes vorstellten. Diesen luden wir später zur Fußball-Weltmeisterschaft nach Deutschland ein – als Seelsorger für sein Nationalteam. Wie wunderbar war die Stimmung in den steilen Gassen mit Patios und Gärten hinter schmiedeeisernen Zäunen, im Licht prächtiger Gaslaternen vor individuellen Bauten, alles überstrahlt von der riesigen Kathedrale, an der man 170 Jahre gebaut hatte. Generationen waren davon überzeugt gewesen, dass Jesus wiederkommen würde, sobald sie fertig wäre. Jetzt steht sie schon einige Hundert Jahre da – oder ist sie vielleicht immer noch nicht ganz fertig?

Auch wenn ich es nicht auf die Galapagos-Inseln schaffte, nahm ich tiefste Eindrücke mit auf die weitere Weltreise. Wie immer trieb mich mein Entdeckerdrang zu einem Trip, von dem mir alle Einheimischen abrieten. Mit einem Mietwagen allein in den unerschlossenen Süden des Landes fahren, ohne Guide und Sicherheitsbegleiter? «Unmöglich», hieß es wieder einmal, was mich bekanntlich immer besonders herausfordert.

Deswegen startete ich bei Nacht und Nebel und ohne die «Erlaubnis» meiner Gastgeber und machte mich auf die Fahrt durch die «Allee der Vulkane» – 16 mehr oder weniger aktive Kegelberge auf einer Strecke von 150 km. Ich konnte nochmals volltanken vor dem Abstieg in die obskuren Halbschatten des Urwalds mit Richtung zu den Quellflüssen des Amazonas, von denen einer noch diesseits der brasilianischen Grenze entsprang.

Es war schon ein bedrückendes Gefühl, fast 3000 Höhenmeter immer bergab zu fahren durch alle Vegetationsstufen – und dann wurde es schwarze Nacht, und ein furchtbarer Tropensturm brach los. Zum Glück bewies mein billiger Mietwagen ordentliche Fahr- und Schwimm-Eigenschaften. Und das Beste: Das Dach erwies sich als dicht. Der Scheibenwischer war abgebrochen, aber durch die Sturzbäche hindurch blieb ein Umriss der Straße sichtbar.

Erst ein Blick auf die Nadel an der Tankanzeige brachte mich schließlich zur Umkehr. Was hätte ich gegeben für einen Reservekanister Benzin! Mitten in der schrecklichen Orkannacht musste ich wenden, noch bevor ich in der so beschriebenen «Hölle des Amazonasbeckens» die Talsohle erreicht hatte.

Als es Morgen wurde, war der Himmel wie geputzt. Ich döste noch etwas an einer geschlossenen Tankstelle, bis ich Sprit bekam, und es begann die «Himmelfahrt».

70
Ohne Pass in Rio

Es war ein Topmeeting gewesen in Buenos Aires, der prächtigen Metropole Argentiniens. Die lateinamerikanischen Leiter der Sportmission hatten sich getroffen, um ihre Planungen abzustimmen und neue Allianzen zu gründen. Zum Beispiel wollten die Länder Venezuela, Ecuador, Kolumbien, Bolivien und Peru zusammenarbeiten. Nach unserem Treffen führte mich die Reise über Sao Paulo nach Rio de Janeiro, wo Brasiliens Fußballnationalspieler Jorginho mich für ein paar Tage erwartete, der in der legendären Weltmeistermannschaft von 1994 dabei gewesen war.

In bester Zuversicht schnallte ich mich zum Landeanflug an, als der Gedanke an meinen Pass ein ungutes Gefühl in mir auslöste. Hier in der Brusttasche der Jacke? Nein. Im schwarzen Täschchen? Nein. Aus Versehen kopflos ins Handgepäck gestopft? Auch die Suche in den Ritzen des Sitzes und im Gepäckfach ergaben *nichts*. Immer unwahrscheinlicher wurde die Chance auf das erleichternde «Aha – da ist er doch.»

Schließlich begann ich dem Unvermeidlichen ins Auge zu schauen: Wenn er hier nicht war, mein Pass, dann konnte er nur noch in Argentinien sein – bei der Zwischenlandung in Sao Paulo war ich ja gar nicht ausgestiegen. Gedankenfetzen schoben sich durch mein Gehirn: der letzte Kaffee gegenüber des Gates, ein letzter Blick auf den Pass in meiner Hand, dann der überraschende Aufruf, sofort einzusteigen, die Kellnerin nicht da zum Zahlen, der Sprint zu ihr am anderen Ende des Restaurants, dann die Tasche geschnappt und ... den Pass auf dem Tisch liegen gelassen? Warum haben die beim Einsteigen ins Flugzeug nur nicht danach gefragt!

Zerknirscht winkte ich eine Flugbegleiterin herbei. Was macht man, wenn man ohne Pass landet – irgendeine Chance, durch die Immigration zu kommen? Vielleicht mit einem Ersatzpass? Oder die Botschaft anrufen? Die Flugbegleiterin ging sogar für mich zum Flugkapitän. Man hatte großes Verständnis, bedauerte mich, aber als sich das Flugzeug entleerte, musste ich sitzen bleiben – erst mal, wie man mir tröstend zuraunte.

Dann die Ernüchterung: Aussteigen verweigert – sitzen bleiben und zurückfliegen. Keine Chance, in Brasilien einzureisen. Sehnsüchtig dachte ich an die mich erwartenden Freunde in Rio und versuchte es heimlich mit dem Handy. Wenigstens einem Anrufbeantworter konnte ich mein Missgeschick erklären.

In Sao Paulo musste ich dann das Flugzeug wechseln und wurde zum Gate Richtung Buenos Aires eskortiert. Ohne Pass ist man ein Illegaler – ein Niemand, ein Krimineller fast. Gemessen an dem Aufgebot an Polizei hatte ich wohl eine gewisse Prominenz erlangt in meiner Not. Was wohl aus dem in Rio ausgeladenen Koffer geworden war? Alle Bitten, diesen zu orten, wurden zwar freundlich notiert – aber auch mit einem vielsagenden Kopfschütteln quittiert.

Inzwischen rief ich Julio in Buenos Aires an. Ob er für mich mitten in der Nacht zum Flughafen fahren könnte, um nach meinem Pass zu fahnden? Sicher war er doch gefunden worden!

Die gebuchten Passagiere zogen an mir vorbei ins Flugzeug nach Argentinien, und plötzlich hieß es «Boarding completed» – und ich war noch draußen. Ausgebucht. Ob das gut war oder schlecht für mich?

Konnte die deutsche Botschaft helfen? Ich hätte jeden Preis für ein einfaches Hotelzimmer bezahlt, aber da gab es ein Problem: Ich musste im internationalen Bereich des Flughafens bleiben. Nicht allein natürlich, schließlich war ich ein äußerst gefährliches und suspektes Subjekt – ein illegaler Niemand eben. Und so bekam ich einen Wachmann mit Pistole, der alle zwei Stunden abgelöst wurde, und verbrachte eine frostige Nacht im verlassenen Airport Guarulhos, in dem nach 23 Uhr nichts mehr funktionierte außer der extrem eingestellten Klimaanlage.

Etwas Abwechslung gab es bei der nächsten Ablösung. Ein kaum zwanzigjähriges Mädchen in Polizeiuniform wurde mit meiner Bewachung betraut. Ob man mit ihr reden konnte? Englisch? Französisch? Italienisch? Spanisch? «Português», sagte sie, die Hand an der Waffe und genügend weit weg, damit ich sie nicht etwa anspringen konnte.

Mühsam unterdrückte ich den Drang zur Toilette, aber sie hatte vier Stunden Dienst. Als ich dann mit erklärenden Handzeichen langsam losging, kam sie mit. Vor der Tür wurde es peinlich. «Sie können da nicht allein rein», verstand ich in portugiesischem English. Als ich abwechselnd auf die Tür zur Damen- und Männertoilette zeigte und fragte, was ihr lieber sei, kam endlich ein Lächeln in ihre Gesichtszüge. Sie drehte sich einfach um und machte eine

Handbewegung. Drin war ich, bei angelehnter Tür. Und als ich tatsächlich wieder raus kam, waren wir beide «erleichtert».

Dann klingelte das Handy: Julio in Argentinien hatte meinen Pass gefunden. Und die vorher so sturen brasilianischen Zöllner erlaubten mir sogar zu warten, bis mein Pass mit dem nächsten Flieger aus Buenos Aires kam. Anscheinend hatte jemand den von mir als meine Identität vorgegebenen Namen bestätigt – und obwohl ich wohl doch kein Alien war, musste ich weitere neun Stunden neben wechselnden Polizisten sitzen und warten. Dann aber ging alles ganz schnell. Ich war wieder ein normaler Mensch und durfte den Flughafen verlassen. Allerdings war ich in Sao Paulo und nicht in Rio wie geplant.

Inzwischen bemühte sich die Lufthansa rührend um meinen Koffer. Erfolglos. Selbst einem «Senator Member» konnte man nichts aushändigen, was einfach verschwunden war. So blieb mir nur die Freude, meinen alten Freund Gerson di Castro Mendes wieder zu sehen, der in Idar-Oberstein Edelsteinkunde studiert hatte und zeitweise wie ein Sohn zu unserem Haushalt in Deutschland gehört hatte. Auch Handball hatten wir zusammen gespielt – er im Angriff, und ich im Tor.

Mit seinem kleinen PKW brachte er mich zu Alex Ribeiro, dem Leiter von «Atletas de Cristo», und seiner Frau. Früher war dieser im Formel-1-Auto um den Nürburgring gerast. «Jesus saves», stand statt einem Sponsorenschriftzug auf seinem Rennauto. «Ich weiß nicht, ob es die beste Art ist, die gute Botschaft auszudrücken», sagte er, «aber mit Sicherheit die schnellste.»

Sogar den Fußballer Jorginho konnte ich noch am Flughafen in Sao Paulo treffen, aber mein Hemd blieb fünf Tage am Leib, bis ich mir die wichtigsten Sachen zum Wechseln kaufen konnte. Tägliche Expeditionen zum Airport auf der Suche nach meinem Koffer und stundenlanges Geschnüffle in den Katakomben der Gepäckhallen brachten nichts außer ein paar Freundschaften mit Angestellten der Fluglinien – alle wollten mir helfen und waren total hilflos.

Und doch endet die Geschichte mit dem Koffer nicht im Nichts. Am selben Tag der Ankunft in Deutschland war ich direkt von

Frankfurt weitergeflogen nach Ho Chi Minh in Vietnam, dem früheren Saigon, und eine weitere Woche später hatte ich gerade eingecheckt Richtung Vientiane, der Hauptstadt von Laos, als das Handy klingelte. In schlechtem English fragte mich jemand, ob ich Autor sei und gelbe Bücher verfasse. Mir war sofort klar, dass jemand mein Büchlein «Sport Life» gefunden hatte. Natürlich dachte ich an den soeben eingecheckten Koffer, und nur langsam drang ein Wort an mein Ohr: Rio.

Rio?! Etwa Rio de Janeiro? Das gelbe Büchlein in einem Koffer? Nach 26 Tagen hatte man in Brasilien meinen Koffer gefunden – mit meiner Handynummer außen drauf. Und nach meiner Rückkehr aus Nepal, der letzten Station dieser Asien-Reise, wartete er zu Hause auf mich, prall gefüllt mit allem, was mal drin gewesen war. Danke Lufthansa. Obwohl ich diesen Flug nicht mit ihnen gemacht hatte, hatten sie nicht aufgehört, für mich zu suchen. Danke noch mal.

71

Landratten auf Kreuzfahrt im nordischen Meer

Meine Frau hatte ja schon geunkt: Es gäbe wohl keine Weltregion, die sie mit mir noch «original» entdecken könnte, ohne dass ich schon längst dort gewesen war.

Romantisch sollte es werden, denn vor vierzig Jahren waren wir uns zum ersten Mal begegnet. Wir waren beide zu einer Veranstaltung der SMD (Studentenmission Deutschland) in Worms eingeladen, sie kam aus Düsseldorf, ich aus Stuttgart. Mir imponierte die frische Leichtathletin von der Uni Köln, als sie zur Gitarre ein Lied vortrug und dann erzählte, sie habe eine gläubige Oma und immer gedacht: «Wenn ich mal so alt bin, wäre ich auch gerne Christ.» Mein Sport war Handball, für eine Leichtathletin eher uninteressant, weil eher eine «Fremdsprache». Was sie aber tatsächlich über mich gedacht hat, weiß ich bis heute nicht so genau.

Dann, im Frühjahr 2015, drehten wir einen Globus mehrfach um seine Achse und fanden schließlich ... Grönland! Darauf hatte auch ich richtig Lust, und weil ein Schiff gemütlicher ist als ein Flugzeug, buchten wir zur Feier unseres kleinen Jubiläums eine Kreuzfahrt. Nicht nur direkt nach Grönland natürlich, sondern ruhig und easy mit ein paar kleinen Stopps, zum Beispiel in Edinburgh, auf den Shetland- und den Färöer-Inseln und in Island natürlich – schon die Reiseplanung ließ mein Herz höherschlagen.

«Greenland» sollte eigentlich besser «Iceland» heißen, so lernte ich, denn selbst im Sommer sind 82 Prozent der Gesamtfläche von einem dicken Eispanzer überzogen, und Island, das auf Englisch «Iceland» heißt, ist dagegen fast überall grün.

Weil man ohnehin das Schiff brauchte, schien eine Kreuzfahrt vielleicht genau das Richtige. Die «Carnival Dream» wirkte zuverlässig auf mich, 44.000 KW Maschinenleistung – das interessiert natürlich nur den Ingenieur, und ich wollte unbedingt mal in den Maschinenraum. 1361 Besatzungsmitglieder für über 4000 Passagiere, also ganz allein würden wir ja nicht sein, aber wir wollten es uns so schön wie möglich machen.

Als es dann losging, fühlten wir uns zuerst nicht so wohl unter den Superreichen, die den Löwenanteil unter den Passagieren zu stellen schienen. Irgendwie musste fast jeder damit prahlen, was man sich leisten konnte. Verglichen mit den meisten sind wir nicht wirklich vermögend, obwohl ich in meinem Leben schon viel Geld verdient habe. Aber wir geben es lieber aus; es gibt zu viel Not auf der Welt, und deshalb haben wir einen eher bescheidenen Lebensstil gewählt.

Die Landausflüge sind natürlich das Salz in der Suppe, so der Tagesausflug zum Scalloway Castle auf den Shetland Islands. Wirklich gruselig die leider wahre Geschichte dieser gut erhaltenen Ruine mit grauschwarzen Steinmauern, die die gnadenlose Misshandlung und Unterdrückung und grausame Folterung der Inselbevölkerung gesehen hatten. Der Earl of Orkney mit Namen Patrick Stewart, auch bekannt als der «Schwarze Pate», wurde dann 1615 selbst wegen Hochverrats hingerichtet.

Island lernten wir zuerst von Norden her kennen. Von Akureyri zum Godafoss, den spektakulären «Wasserfällen der nordischen Götter» – und weiter zur Blue Lagoon, wo man bei Mitternachtssonne im dampfenden türkisblauen Wasser in der Lava-Formation schwitzen konnte. Dort, wo die eurasische und die nordamerikanische Erdplatte zusammenstoßen und man die stetig wachsende Spalte entlangwandern kann, fühlt man bei aufgerissener Erdkruste den vulkanartigen, sich ständig verändernden Untergrund. Dazu ein Abstecher zum sagenumwobenen Höfði-Haus, in dem sich von 10. bis 12. Oktober 1986 Ronald Reagan und Michael Gorbatschow zu Geheimverhandlungen trafen, was zum vorläufigen Ende des «Kalten Krieges» führte.

Wirklich gespannt waren wir aber natürlich auf Grönland, wo ich zuvor noch nie gewesen war. Große Enttäuschung, als die zweitägige Einfahrt in die weltgrößte Eisfjordlandschaft wegen zu hohem Eisgang abgesagt werden musste. Der russische Kapitän bestellte alle Passagiere zu einem zusätzlichen «Captain's Dinner», um die traurige Nachricht zu verkünden. Stattdessen sollten wir um ganz Grönland herumdampfen und den eisfreien Hafen der Hauptstadt Nuuk – früher Godthab – ansteuern.

Bereits in der Nacht und bei dichtem Nebel waren wir in ein Eisbergfeld geraten. Natürlich waren alle an Deck, und es war geradezu gespenstisch, wie die Maschinen vibrierten und brummten und das Schiff im vorsichtigen Rückwärtsgang aus der Gefahrenzone entwich. Ein Hauch von «Titanic»? Der Kapitän sprach mit sehr ernstem Gesicht darüber, dass angesichts der Masse der Eisberge unter Wasser auch bei modernster Technik Unglücke passieren könnten.

Nuuk empfing uns bei strahlendem Sonnenschein, im kurzen Sommer taut das verschlafene Städtchen für wenige Monate auf. Aber warum stehen die Häuser alle auf Stelzen? Weil man die Felsbrocken darunter nicht wegkriegt, um eine ebene Fläche zu planieren, und weil man im Winter sowieso das Haus nur im ersten oder zweiten Stock verlassen kann.

Wichtigstes Fahrzeug ist ein Schnee-Bob, einigermaßen normales Leben ist nur in den Sommermonaten möglich. Farbenfrohe Häuser geben eine malerische Kulisse, und wir machten einen Ausflug zur Sømandshjemmet Nuuk, wo wir sogar einen dänischen Coach trafen, der Sportfreizeiten mit Bibel und einheimischen Sportarten anbot.

Die Fahrt mit einem kleinen Motorboot durch die Fjorde gehört zum Schönsten, was ich landschaftlich in meinem Leben gesehen habe. Ein Postkartenmotiv löste das andere ab, die akrobatisch begabte Tochter des Kapitäns «pflückte» für jeden Gast ein Steinchen aus der Felswand, das von den ältesten auf der Erde zu findenden Basaltformation geklopft wurde, und dazwischen ein «Engelwurz» genanntes Kraut, das nach Überzeugung der Inuit die Manneskraft stärken soll.

Die Zeichnungen an Wolken und Himmel machten auch die Rückreise Richtung Island zu einem Erlebnis, bei dem man aus dem Staunen einfach nicht herauskam. Nicht nur das Nordlicht brachte besonders die japanischen Mitreisenden in Extase, sondern auch das seltene «Silver Lining», bei dem die hinter einer Haufenwolke verborgene Sonne eine silberne Umrahmung erzeugt, die wie eine

Risskante erscheint und gleißendes Licht verbreitet. Was hier an Farben, Formen und Stimmungen an den Himmel gezeichnet wurde, hätte kein Künstler gewagt, in dieser Form darzustellen; nein, man hätte ihm maßlose Übertreibung vorgeworfen. Nichts in dieser Landschaft ist größer als die Realität.

Das Problem ist aber wohl überall der Mensch. Großer Aufruhr mitten in der Nacht, als wegen eines «Notfalls» alle Passagiere über Lautsprecher geweckt wurden. Trotz über 5000 Menschen an Bord war es wohl aufgefallen, dass eine Person fehlte und bei zunächst diskreter Suche durch die Besatzung nicht zu finden war. Um die Persönlichkeitsrechte dieser Person zu wahren, gab es zunächst nur den Aufruf an alle, sofort die eigene Kabine aufzusuchen und dort zu warten, bis die Anwesenheit vom zuständigen Concierge überprüft werden konnte.

Offensichtlich blieb dies ohne Erfolg – irgendwo war ein Bett immer noch leer geblieben. Mann über Bord? Oder Frau? Oder Kind? Ein Unglück, ein Verbrechen gar? Langsam wurde klar, dass das kein Traum war mitten in der Nacht, sondern bestürzende Realität. So etwas live zu erleben, war zumindest ein Nervenkitzel, aber mit einem sehr faden Geschmack auf der Zunge. Würde gleich bekannt gegeben werden, dass jemand sein Leben verloren hatte und ein Gesicht fehlte, das man vielleicht am vergangenen Abend noch freundlich gegrüßt hatte?

Die Lage sei leider ernst, die Kriminalpolizei sei bereits eingeschaltet, es solle sich ja keiner einen Scherz erlauben, das würde sehr teuer.

Wieder kein Erfolg.

Nach einer weiteren Stunde dann die Information, jede einzelne Kabine an Bord müsse durchsucht werden. Man müsse dableiben und bei angelehnter Tür warten, die Stewards seien gehalten, sich selbst ein Bild zu machen, indem sie in und unter jedes Bett schauten, in jeden Schrank, in jede Dusche oder Badewanne – eine gewisse Verletzung der Intimsphäre sei leider unvermeidlich. Auch auf unserem Gang näherten sich die uniformierten Angestellten, die immer zu zweit ein Team bildeten. Kurz bevor sie unsere Kabine erreichten, ein langgezogener Ton der Schiffssirene – «Entwarnung», sagte ein Steward, der gerade Kurs auf unsere Tür genommen hatte. Dann der Kapitän: «Wir bitten sehr, die Störung zu entschuldigen. Die Suche hat sich erledigt, bitte versuchen Sie, noch etwas zu schlafen. Und bitte haben Sie Verständnis. In Sicherheitsfragen darf es keine Kompromisse geben, und wenn Sie selbst betroffen gewesen wären, hätten Sie sich genau dieses konsequente Vorgehen gewünscht.»

Eine offizielle Information gab es danach nicht. Aber aus «gewöhnlich gut unterrichteter Quelle» sickerte durch, dass eine Dame wohl nicht in ihrer eigenen Kabine war, als der erste Aufruf erfolgte. Es war ihr wohl etwas peinlich, und sie hatte gehofft, das aussitzen zu können, und sich dann erst gemeldet, als es wirklich brenzlig wurde …

Weitere Stopps gab es in Belfast und in Dublin. Eine Bustour zur Grenze bei Londonderry legte die Wunden offen, die durch jahrelangen Terror gerissen waren. Wie früher in Berlin lag die Grenze manchmal auf der Mitte einer Straße, und trotz angeblicher Befriedung gab es überall Polizei von beiden Seiten, die den «Frieden» überwachte. Viele hatten sich nach der Aussöhnung gesehnt, aber bei anderen war die Atmosphäre immer noch hassgeschwängert, was aus dem Gejohle einzelner Gruppen hervorging.

Ausgerechnet im Namen der Religion wurde hier jahrzehntelang gebombt und mit dem Feuer gespielt. Ob der Brexit hier neue Wunden aufreißen oder Jahrhunderte alte Verletzungen heilen wird? Ich befürchte das Erstere, denn die ungelösten Spannungen waren auch noch 2015 atmosphärisch fast allgegenwärtig, obwohl es eine Friedensvereinbarung gab.

In Belfast staunte ich über die Trockendocks der Reederei «Harland & Wolff», deren Chefs den Mut zum Bau der «Titanic» gehabt hatten. Die Riesenkräne «David und Goliath» zeugen vom Mut der Ingenieure, alles bisher Dagewesene zu übertreffen. Ist das Gigantomanie? Oder einfach nur Ausdruck des menschlichen Wesens, dessen stets vorwärtsstrebende Art ihn auch auf den Mond brachte und vielleicht zum Mars bringen wird?

Kaum zu atmen wagte man beim Besuch des «White Star»-Gebäudes in Liverpool, wo sich die Verwandten und Angehörigen der Reisenden gedrängt hatten, als eines Morgens Stück um Stück die Nachricht von der verheerenden «Titanic»-Katastrophe durchdrang. Und hinter allem die Frage, ob die Menschheit dieser übermütigen Gesellschaft gleicht, die in Hochstimmung in eine Katastrophe hineingleitet – unaufhaltsam und ohne Plan B. Aber keine Angst, wir haben doch «alles im Griff auf dem sinkenden Schiff!»

Ich war gerade stundenlang zu Fuß unterwegs auf den Spuren der Beatles, als mich in der Matthew Road eine Nachricht meiner Frau erreichte, die wegen ihrer Knieprobleme an Bord geblieben war. «Sofort zurückkommen, wir legen einen Tag früher ab als geplant.»

Konnte das wahr sein? Die «Queen Mary II» sei im Anmarsch, und sie brauche die ganze Länge des Kais. Wir dampften hinaus in die Nacht und begegneten diesem majestätischen Schiff – wunderbar beleuchtet und in strahlendem Glanz. Eine Demonstration von Größe, aber auch von Ästhetik, und diesmal war die Pracht menschengemacht.

An Bord waren, so wussten wir, auch liebe Freunde aus Hamburg. Sie wussten von uns und wir von ihnen, aber bei der Vorbeifahrt konnten wir nicht kommunizieren. Es ist doch schön, überall auf der Welt Freunde zu haben, und ein beseelender Gedanke: «Da draußen denkt gerade jemand an mich.»

SÜDPAZIFIK

Philippinensee

MIKRONESIEN

Equator (0°)   0°

PAPUA-NEUGUINEA

OR-LESTE   Arfurasee   Port Moresby   Torres Strait   Honiara   SALOMONEN

ee

Golf von Carpentaria

Korallenmeer

Great Barrier Reef

VANUATU   FIJI

Suva

TAHITI

COOKINSELN

NEUKALEDONIEN

STRALIEN

SÜDPAZIFIK

30° S

Grosse ustralische Bucht

berra

Tasmanische See

Wellington

NEUSEELAND

60° S

72

Brodelnde Erde

Auf der Nordinsel Neuseelands in der Region Rotorua ist die Erdkruste so dünn, dass man sich die Entstehung unserer Landschaften vorstellen kann. Bis in die Neuzeit hat sich das Gesicht der Erde immer wieder dramatisch verändert. Die «Pink and White Terraces» waren noch im 19. Jahrhundert weltberühmte Touristenattraktionen, heute sieht man sie nur noch auf Bildern. Um 3 Uhr nachts brachen am 10. Juni 1886 gleichzeitig 22 Krater aus, die ca. 150 Einwohner im Umkreis von zwanzig Kilometern wurden über hundert Meter tief verschüttet. Heute kann man auf dem «Bratpfannensee» eine Bootsfahrt machen, alles fühlt sich ganz ruhig und friedlich an. Und doch weiß jeder, dass diese Stille trügerisch sein könnte.

2016 habe ich dieses Gebiet mit meiner Frau bereist, und uns fehlte genau ein Tag, um in der Bay of Plenty einen Ausflug zum White Island zu machen – der spektakulären Vulkaninsel, deren Hauptkrater in der Maori-Sprache «der dramatische Vulkan» heißt. Dass er diesen Namen verdient, zeigt ein völlig unkalkulierbarer Vulkanausbruch im Dezember 2019, als eine 400 Meter hohe Aschewolke über der Insel stand. Rettungstrupps versuchten die Insel anzufliegen, um nach Überlebenden zu suchen, aber mindestens 13 Touristen bleiben dauerhaft vermisst. Sie müssen verbrannt oder unter Asche und Steinbrocken verschüttet sein.

Im «Wai-O-Tapu Thermal Wonderland» südlich von Rotorua hängt ein Duft von Schwefel und dampfenden Mineralien in der Luft, während man auf teilweise heißem Boden zwischen den kleinen Seen und Kratern herumklettert. Giftgrüne und schwefelgelbe Teiche glitzern in der Sonne, andere changieren in Farben zwischen rubinrot und pink. Einige tragen klingende Namen wie «Devil's Bath» oder «Champagne Pool». Und «Lady Knox» gilt als der pünktlichste Geysir der Welt, wobei ich beobachtet habe, dass für die tägliche Show um 10:30 Uhr mit etwas Waschpulver nachgeholfen wird. Schon zehn Jahre früher war ich allein im Waimangu Valley gewesen, wo man für zwei bis drei Stunden in eine märchenhafte Traumwelt eintauchen kann. Auf dem «Hazard Trail» geht es über steile Pfade an türkisschimmernden Seen vorbei zu immer neuen Bachläufen, in denen grellfarbene Algen wachsen; Bäche, die bis zu 55 Grad warm sind.

Ausgerechnet in dieser Wildnis hatte ich meine Brille verloren, was ich aber erst nach dem Verlassen des Parks bemerkt hatte. Beim Einsteigen ins Auto wollte ich auf der Straßenkarte etwas nachschauen, aber lesen kann ich ohne meine Brille fast nichts. Wie und wo konnte das passiert sein? Eigentlich hätte ich nochmals Eintritt zahlen müssen, aber die Kasse war schon geschlossen, und einer der Ranger hatte Erbarmen. Ich hatte aber maximal 45 Minuten Zeit, um das Unmögliche zu versuchen, danach wäre am Parkausgang niemand mehr da. Die vorher dreistündige Tour nochmal komplett durchzurennen schien aussichtslos, und die Hoffnung war minimal, dann nichts zu übersehen; meine Brille zum Beispiel, die ja überall liegen konnte.

Nur die Not trieb mich noch weiter, als ich schon nach zwanzig Minuten völlig außer Atem war. Dummerweise hatte ich vergessen, auf diese Weltreise eine Ersatzbrille mitzunehmen, und ich würde bis zur geplanten Rückkehr noch zwanzig Tage unterwegs sein. Autofahren konnte ich schon, aber lesen konnte ich nichts. Außerdem bekam ich Kopfweh, sobald ich etwas aus der Nähe betrachten wollte.

Irgendwann wurde mir trotzdem die Sinnlosigkeit meiner Suche klar, und außerdem musste ich rechtzeitig am Parkausgang zurück sein, denn in dem großen eisernen Tor hatte ich keinen Notauslass gesehen.

Ich verabschiedete mich also innerlich von meiner schönen Brille und war mehr als betrübt, dass meine Reise so einen unerwünschten Einschnitt erfahren musste.

Dann sah ich etwas rechts vom Weg; ein kleines Bachbett, direkt gegenüber dem in der Abenddämmerung liegenden «Cathedral Rock», von dessen verwitterter Felsstruktur wegen der aufsteigenden Rauchschwaden immer wieder ein anderes Stück seiner Flanke zu sehen war. War ich nicht hier bis zur Mündung vorgeklettert, wo das sprudelnde Wasser in einen größeren See mündete?

Wegen der dampfenden Rauchschwaden und der fehlenden Brille sah ich nur undeutlich, was sich am Grunde des Baches bewegte. Winzige Kiesel, Schnecken, Holzstücke, Gräser – und dabei durchzuckte mich sofort der Gedanke, dass ich mich einige Stunden vorher genau hier gebückt hatte, um ein paar Nahaufnahmen vom Moos und der Vegetation am Boden zu machen. Hatte ich nicht meine Brille vorne ins Hemd gesteckt, weil sie in der feuchten dampfenden Luft angelaufen war?

Ich folgte dem Bachbett bis zum See – und da lag sie! Ich musste mich beeilen, denn sie konnte fast jeden Moment vom pulsierenden Wasser in den See gespült werden. Nur ein paar kleine Zweige und Grashalme hielten sie noch, und so ignorierte ich den Schmerz des fast kochenden Wassers und das Brennen an der Fußsohle, den die schwefeldampfenden kleinen Krater unter meinen Füßen erzeugten. Irgendwie bekam ich die Brille rechtzeitig zu fassen, konnte sie aber gar nicht gleich aufsetzen, so heiß und beschlagen, wie sie war.

Ich kam zu spät zurück zum Ausgang, aber der Ranger wartete noch auf mich. Ungläubig schüttelte er den Kopf. Dass ich das überhaupt probiert hatte – in dieser Wildnis, und dann noch mit Erfolg?! Er hätte übrigens gar nicht weggehen dürfen, solange ich noch drin war: Die Zahl der Besucher würde vollständig erfasst und mit der Zahl derer verglichen, die das Reservat abends wieder verlassen hatten. Falls jemand fehlte, würde sogar ein Suchtrupp losgeschickt, da man nicht verantworten könne, einen unerfahrenen Touristen in der Nacht in dieser Umgebung auszusetzen, die doch auch ihre tückischen Seiten hat …

Als ich nach Jahren diese Stelle meiner Frau zeigte und von dem Wunder erzählte, für das sie damals 20.000 Kilometer entfernt gebetet hatte, sah die Bachmündung ganz anders aus und war kaum wiederzuerkennen. Hier lebte die Erdformation, hier war stetige Veränderung, und wir fuhren weiter nach Süden, wo das Klima – umgekehrt wie auf der Nordhalbkugel der Erde – immer rauher und stürmischer wurde. Beeindruckend waren die endlosen Weiten, in denen es damals zehnmal so viele Schafe gab wie Einwohner; ein Verhältnis, das sich allerdings heute zu Lasten der Schafe verändert hat, da man neuerdings mehr auf Kühe setzt.

Auf dem Weg über Wanaka nach Te Anau gab es noch manches Naturschauspiel, zum Beispiel am Franz-Josef-Gletscher, wo wir uns nach vierstündiger Wanderung bis zur Gletscherzunge im badwarmen Wasser aalten. Völlig durchnässt und trotz Schutzkleidung schlotternd vor Kälte waren wir in die dampfenden Becken des dortigen Spa geflohen, an deren Rändern noch der Schnee lag vom eben vorübergezogenen Gewittersturm. Zwei «Work and Travel»-Mädchen aus Sigmaringen, Sprach- und Kulturaustauschende der entsprechenden Community, unterhielten sich auf Deutsch, und schon aus Anstand outeten wir uns als sprachverwandte Zuhörer ihrer vertraulichen Unterhaltung. Mut hatten diese lebenslustigen Teenager schon: Einfach losziehen ohne Geld, hart arbeiten am Ende der Welt und dabei das Leben genießen, das ist schon speziell. Und dass man mit so jemandem ohne Anlauf über den Sinn des Lebens reden kann, das hat schon etwas vom Hauch des Ewigen.

Das Gespräch in Badehose und Bikini schien völlig deplatziert, ließ aber die Umgebung und die Umstände vergessen. «Wie denken Sie über den Tod?», wurde ich gefragt, und es war ein ernsthaftes Verlangen zu spüren, die Meinung eines Wildfremden darüber zu hören. Eine gemeinsame Freundin hatte sich in Deutschland das Leben genommen, noch vor Tagen hatten sie mit ihr gechattet und über ausgefallene Mode geflachst.

Der nächste Morgen ist mir schockartig in Erinnerung. Wir hatten einen Geheimtipp bekommen über eine bestbewertete Jugendherberge, die an der schönsten Stelle einer traumhaften Bucht lag. Tatsächlich war das Meerwasser zum letzten Mal auf dieser Reise hier gerade noch warm genug, dass wir uns mit etwas Überwindung hineinwagen konnten. Zurück im Zimmer tat die Sonne ein Übriges, indem sie die traumhafte Aussicht in goldenes Licht tauchte. Gegenüber den Rücksacktouristen waren wir den Eigentümern als etwas zahlungskräftiger erschienen, so boten sie uns, für ein paar Neuseeland-Dollar mehr, ihr besonderes Kleinod an. Wie eine Spitze mit ungeradem Winkel nach vorne gereckt thronte diese Hausecke über dem Wasser, und zwei der Zimmerflanken waren mit metallumrandeten Fenstern bestückt, wie in einem alten Schloss oder einer Burg aus früheren Zeiten.

Wir schwelgten so sehr in unserem Glück, dass wir, gegen unsere sonstige Gewohnheit, die Handys komplett ausgeschaltet hatten. Irgendwie hatte ich keine Lust, in dieser Idylle bei zwölf Stunden Zeitverschiebung von einem ungeduldigen Kunden in der Heimat geweckt zu werden, nur weil dem vielleicht ein Hydraulikschlauch an irgendeiner Maschine geplatzt war.

Morgens dann ein erster Blick auf die Handys – und wir sahen eine lange Reihe von verzweifelten Nachrichten unserer Kinder. Auf allen Kanälen hatten sie versucht, uns zu erreichen, und machten sich schon allergrößte Sorgen. In Deutschland war ein Erdbeben in Neuseeland gemeldet worden mit erheblichen Schäden und angeblich auch Toten – begleitet von einer unübersichtlichen Nachrichtenlage. Wie glücklich waren sie, als sie erfuhren, dass wir in Sicherheit waren und die auch hier zu spürenden Erdstöße einfach verschlafen hatten.

Dann hörten wir, dass unser weiterer Reiseverlauf in Frage gestellt war. Ließ man uns überhaupt auf die Südinsel, die es am stärksten getroffen hatte? Der Fährbetrieb wurde zunächst eingestellt. Die Nachrichten überschlugen sich. Fünfzig Kilometer Küstenlinie hatten sich um mehrere Meter angehoben, die wichtigste lokale Industrie, die Hummerfarmen im Flachwasser an der Ostküste, waren verwüstet und für Jahrzehnte verloren. Einige Straßen waren komplett gesperrt, Brücken und Bergpässe nicht mehr befahrbar.

Unsere Planung war dahin, aber wir verweilten für ein paar Tage an einer wunderbaren Stelle – in den «Marlborough Sounds», und jeder, der dort schon mal war, wird jetzt sehnsüchtig daran denken. Es ist ganz sicher eines der malerischsten Naturreservate der Welt. Die smaragdgrünen Wälder in tiefblauen Fjorden, die gewundenen Straßen ohne Belag und teilweise wegen der erdbebenbedingten Abrisse unpassierbar, waren ein Eldorado für jeden Jäger mit der Kamera. Manche Farbaufnahme wäre eine Postkarte wert gewesen.

Jenseits von Te Anau erlebten wir die bekannten touristischen Highlights, deretwegen viele die Reise auf die andere Seite der Welt in Kauf nehmen. «Doubtful» und «Milford Sound», «Mirror Lakes» und verwunschener Wald: Es ist eine wunderbare Weltreise, auch wenn wir wegen des Zeitverlusts auf Tasmanien verzichten mussten. Bilderbuchwetter am Mount Arthur, wo die neuseeländische Kletterlegende Edmund Hillary für die Erstbesteigung des Mount Everest trainiert hatte. Und dann das erdbebengepeinigte Christchurch – mit der letzten Stadtrundfahrt in einer altertümlichen Straßenbahn, der «Christchurch Tramway», deren Trasse wegen der Erdbebenschäden hätte völlig neu gebaut werden müssen. Der letzte Fahrer – ein Mann, der uns mit seinen rührenden Geschichten wunderbar unterhielt und die Dampfpfeife und die elektrischen Fahrhebel routiniert bediente – ging genau nach unserer Fahrt in den Ruhestand! Und hier, in dieser britisch geprägten Stadt, die in weiten Teilen zerstört war, würde 2018 auch noch der schreckliche Amoklauf mit 51 Toten passieren. Was ist das für eine Welt?

Brodelnde Erde. Schwebt dieses Bild wie ein Menetekel über unserer modernen Welt? Leben wir, ohne es konkret zu ahnen, auf einem Pulverfass? Oder haben wir alles im Griff? Und falls die Bedrohung real ist: Droht die größte Gefahr von den Naturgewalten oder von den Viren? Oder etwa von der Bestie Mensch?

73
Down Under

Australien und Neuseeland trennen nicht nur 2000 Kilometer Pazifik, sondern auch eine tiefsitzende Abneigung. Oder besser: eine Rivalität. Nichts Ernstes eigentlich, aber es ist so ähnlich wie Deutschland mit Holland im Fußball oder die Hassliebe zwischen Brasilien mit seinen Sprachverwandten in Portugal. Neuseeland als das kleinere Land muss sich ständig gegen die angeblich eingebildeten Australier behaupten, und da kursieren dann bitterböse Witze. Wie zum Beispiel, dass sich der durchschnittliche Intelligenzquotient auf beiden Seiten erhöht, wenn ein Engländer von Neuseeland nach Australien auswandert. Verstanden? Das muss man kurz durchrechnen, aber dann macht es Sinn. Die Australier kennen den Gag übrigens auch – nur erzählen sie ihn andersherum.

Wer jemals in Sydney war, denkt an die Harbour Bridge und das berühmte Opernhaus, dessen Architektur mit sich scheinbar öffnenden Austern zu den Wahrzeichen der Metropole gehört. Direkt unter einem der imposanten Brückenpfeiler hatte ich einen Jongleur gesehen, der mit einem Apfel, einer brennenden Fackel und einer laufenden Motorsäge jonglierte – und dabei den Apfel aufaß ... Wie sagte er noch beim schmatzenden Kauen und Verschlingen des Apfels? «Die Kunst besteht darin, in den richtigen Gegenstand zu beißen ...»

In der Denkfabrik eines Freundes tauchte ich in eine Märchenwelt ein, in der dieser kreative Kinderfreund alle Register zog, um interaktives Material für gute und lehrreiche Unterhaltung zu produzieren. Wie der Reliquienkeller eines Theaters sah es in seinem Lager aus, die Regale vollgestopft mit Puppen und Figuren, die er für seine Filmaufnahmen brauchte. Er stellte mir einen Mitarbeiter mit Disney-Erfahrung vor – «er ist ein Master Puppeteer», erklärte er mir. Er stellt Puppen her für die Kinder der Welt – man kenne das von E.T., dem Außerirdischen, oder anderen «Charakteren». Früher wurde das noch echt gefilmt, und die Puppen waren technische Wunderwerke mit vielen kleinen eingebauten Stellmotoren. Man konnte sie auf Befehl lachen, weinen, blinzeln oder nicken lassen – und das alles authentisch und immer wiedererkennbar, wie der fachmännische Serienbetrachter es erwartet.

Dann gingen wir zum Bildschirm, und er zeigte mir, wie heute alles anders geworden war in ihrer Branche. Er lud seinen neuesten «Charakter» herunter, eine Fantasiefigur, in die sich wohl Generationen von Kindern verlieben werden. Dieses Gesicht konnte er per Software strahlen oder weinen lassen – zwischen Glück und Verzweiflung des Gesichtsausdrucks lagen nur noch ein paar Bits und Bites.

Beeindruckt machte ich mich auf den Rückweg in die Wirklichkeit

– und wäre fast noch von der Schlange Kaa gebissen worden, die in Originalgröße aus dem obersten Regal herunterhing. «Bei mir sieht Arbeiten anders aus», sagte ich zu meinem Freund, «ich glaube, du bist immer ein Kind geblieben.» – «Warum nicht?», strahlte er mich an, und doch erkannte ich die hohe Professionalität, mit der hier gearbeitet wurde.

Die Zahl meiner Reisen in diese Weltregion lässt sich an zwei Händen abzählen, aber wenn ich schon mal da war, dann meistens für etwas länger. Die zwei größten Städte Australiens haben auch ihre Rivalität, nur deshalb wohl hat man sich auf Canberra als Hauptstadt geeinigt. Sydney und Melbourne haben in unterschiedlichen Bereichen die Nase vorne, und mir gefiel es immer dort am besten, wo ich gerade war.

Mein erster Eindruck von Melbourne war, dass die Frauen ja ganz schön verrückt sein müssen. Jede trug einen bizarren und völlig überdimensionierten Hut. Am nächsten Tag war aber alles wieder normal – ich war an einem Feiertag gelandet, an dem dies wohl zur Tradition gehört. Gewöhnen muss man sich auch ans Wetter, wozu man allerdings nicht viel Geduld braucht. «Dir gefällt das Wetter nicht?», lautet eine Redensart, «dann warte eine halbe Stunde.»

Natürlich waren wir auch wegen der Sportler hier, Schwimmen und Tennis stehen hier ganz hoch im Kurs. Bei uns kaum bekannt, aber hier sehr populär ist der Australian Football, eine Vollkontakt-Sportart auf einem elliptischen Feld, wobei bis zu 18 Spieler pro Team den eiförmigen Ball in Richtung der gegnerischen Torstangen treiben. Die Gehälter einiger Profispieler sind so hoch, dass sich mancher Bundesligaprofi darüber freuen würde. Wie eigentlich alle Sportarten eignet sich auch diese dafür, soziale Kontakte zu knüpfen und die Freude an der Bewegung auszuleben. Unsere Art Fußball gilt in Australien eher als Frauensport – man gehe viel zu vorsichtig miteinander um.

Nahe dem «Albert Park Cicuit», Australiens Formel-1-Strecke auf Phillip Island, gibt es abends die spektakuläre Zwergpinguin-Parade. Man sitzt mucksmäuschenstill auf einfachen Holztribünen in den Dünen mit Blick auf den Strand, und dann bewegt sich auf einmal ein Heer von kleinen Pinguinen aus dem Wasser zu ihren Schlafplätzen, nachdem sie im Meer satt geworden sind. Jedes Pärchen geht immer an denselben Platz, und zum Erstaunen der Zoologen sind sie partnertreu. Weil es Hunderte sind, kommt es zu Szenen wie an einer Großstadtkreuzung während der Rush Hour – gibt's vorne einen Stau, laufen die Hinteren auf, und alle purzeln übereinander. Hoffentlich bleibt dieses natürliche Schauspiel noch lange erhalten und wird nicht von der Zivilisation irgendwann weggedrückt ...

Und dann nahmen wir uns noch Zeit für die «Great Ocean Road». Wer immer in Australien ein bis zwei Wochen Zeit mitbringt, dem empfehle ich, diese grandiose Strecke zu fahren, am besten mit einem Campmobil. Es gibt unzählige herrliche Stellen, an denen man verweilen will, und am besten, man hat überhaupt keinen Zeitplan. Meine Frau und ich haben es genau so gemacht, und als die Zeit um war, sind wir umgekehrt und einfach zurückgefahren.

Besonders beeindruckend waren die «Zwölf Apostel», steil aufragende Felstürme unweit der Küste, deren Zahl aber nicht mehr stimmt, weil einige von ihnen der ständig anstürmenden See zum Opfer fielen. Und dann natürlich die Vegetation und die Tierwelt Australiens mit einigen Spezialitäten, die man bei uns nur im Zoo bewundern kann.

Nach einem eindrucksvollen Skywalk über dem Blätterdach der Bäume kamen wir im «Great Otway Nationalpark» ins Paradies der Farne, die sich fächerförmig in Kreisen mit mehreren Metern Durchmesser mit unglaublicher Symmetrie nach oben recken. Hier hatten wir uns etwas zu viel Zeit gelassen und kamen abends in Bedrängnis, denn wild zu campen ist verboten, und der nächste offizielle Stellplatz war zu weit entfernt.

Ein Farmer half uns aus der Klemme und lud uns ein auf eine große Wiese unter verstreuten Eukalyptus-Bäumen, von denen es in Australien und Indonesien etwa 600 Arten geben soll. Zum Glück kam diesmal ein Handyanruf im Morgengrauen, denn beim Blick aus dem Fenster fanden wir uns von einer größeren Herde Kängurus umringt. Friedlich äsend genossen sie den Tagesanbruch – immer auf der Hut aber, denn immer wieder richtete sich eins auf, reckte den Hals und spitzte die Ohren nach allen Seiten.

Einige der Känguru-Beutel waren bewohnt – es ist einfach ungemein putzig zu sehen, wie die Kleinen je nach Alter ihre Köpfe rausstrecken und keck in diese noch unbekannte Welt gucken. Als wir nach relativ langem Warten irgendwann vorsichtig die Wohnwagentür öffneten, bekamen wir noch eine kleine Show geboten – irgendetwas zwischen Springen und Fliegen. Dabei steuerten sie in der Luft geschickt ihre Richtung mit dem starken Schwanz.

Wie hatte unser Betriebswirtschaftsprofessor während meines Studiums erklärt, was man unter «Management à la Känguru» versteht? «Mit nichts im Beutel große Sprünge machen ...»

Ein Reise-Souvenir aber schmückt heute noch mein Büro: eine Weltkarte, die auf dem Kopf steht. Australien und Neuseeland in der Mitte oben, darunter der Pazifik. Links Amerika, rechts unten – wie eine Nebensache – Europa und Asien. Es ist eben alles eine Frage der Perspektive ...

74
Sternschnuppe in Mikronesien

Schon wieder bin ich sieben Stunden nach Westen geflogen. Von Chicago nach Honolulu waren es 9 Stunden und 9 Minuten – zwei Tage später nach Guam 7 Stunden und 7 Minuten. Der Sekretärin teile ich mit, sie könne an ihrem nach Süden gerichteten Schreibtisch in Deutschland jetzt mal nach links gucken, ob ich da am Horizont schon auftauche, obwohl ich nach rechts (gegen Osten) verschwunden war ...

Natürlich denkt man bei Mikronesien an ein Südseeparadies, Sonne, Strand und Palmen. Aber dann wird das Flugzeug von stürmischen Böen durchgeschüttelt und bricht durch dicke Wolken zum Flugfeld hinunter, das von sturzbachartigen Regenfällen überschwemmt ist. Nach dem Bremsvorgang bleiben wir einfach stehen.

Wir müssten erst mal abwarten, sagt der Kapitän, bis das Schlimmste vorüber sei. Blitze fackeln über das Rollfeld, den Donner hört man im Flugzeug kaum, dafür im Flughafengebäude, das wir nach etwa einer halben Stunde endlich erreichen.

Wenigstens klappt meine Abholung. Die Dame mit meinem Namensschild ist völlig durchnässt – umso glücklicher, dass ich als einer der Ersten durch die Immigration komme. Sie rennt los, um das Auto so nahe wie möglich heranzuholen, ich warte mit meinem Koffer unter einem Schutzdach, fast betäubt von der beklemmenden Schönheit des Unwetters. Schließlich parkt sie nur zehn Meter weg, und ich sprinte los. Vergeblich, nach wenigen Sekunden bin ich bis auf die Haut nass. Und so blieb es den ganzen Abend, Pool wegen der Blitze gesperrt, das Spa wegen Renovierung geschlossen, an Strandgang nicht zu denken. Ob so ein Taifun aussieht? Statt Inselparadies ein meteorologisches Inferno.

Weil ich am nächsten Morgen schon weiter muss nach Manila, stelle ich den Wecker auf 3 Uhr – und tatsächlich, der Regen hatte aufgehört, und es herrschte eine geradezu himmlische Ruhe. Schnell ziehe ich die Badehose und mein Strandhemd an und schleiche mich durch den Hinterausgang Richtung Pool, der allerdings noch gesperrt ist. Ich versuche, an den Strand zu gelangen, aber da ist ein Zaun und ein Tor mit einer riesigen Kette. Glücklicherweise finde ich den Trampelpfad durchs Gebüsch, wo man über den niedergedrückten Zaun steigen kann.

Da bin ich, mitten in der Nacht. Allein an einem paradiesischen Sandstrand, das Wasser glatt wie ein Spiegel. Durch den Vollmond sehe ich genug, um vorsichtig ins unbekannte Wasser zu gehen. Es ist ganz seicht und fast warm, alle paar Sekunden beobachte ich Fische, die sich blitzschnell in Bewegung setzen und leicht aus dem Wasser springen. Weil das Wasser kaum tiefer wird, setze ich mich schließlich hin – ein Sitzbad im Pazifik? – und beobachte den Himmel. Was für ein Kontrast: gestern der Sturm und heute am frühen Morgen diese Ruhe.

Dann sehe eine Sternschnuppe – und wieder eine. Ist das Leben schön! Aber wie war das: Darf man sich da nicht was wünschen?

Während mir die Gedanken durch den Kopf kreisen, was ich mir denn wünschen könnte, wird mir klar, welches Glück ich habe, dass ich zu Gott beten kann. Ich darf mir nämlich immer was wünschen. Und so fange ich an, mit ihm zu reden – in dem Bewusstsein, dass er jetzt gerade auf mich runterguckt und mich da sitzen sieht, ganz allein am Ende der Welt und ihm doch so nah.

Was ich ihm gesagt habe, weiß ich nicht mehr. Aber das Gefühl ist mir noch bewusst, dass ich nicht viel reden muss, weil er mich kennt, mich sieht, nicht nur hört, was ich sage, sondern mit einem Blick alles überschaut, was für mich wichtig ist, und er erhört aus Liebe. Ich bin überwältigt von seiner Größe und Nähe an diesem Morgen – und würde dieses Empfinden gerne nie wieder loslassen.

75
Kirchengesänge auf Aitutaki

Wer von paradiesischen Stränden der Südsee träumt, denkt an Moorea oder Bora Bora, Rarotonga oder … Aitutaki. Dieses Stückchen Paradies gehört zu den «Cook Islands», die ihren Namen nachweislich *nicht* der Tatsache verdanken, dass die ersten Seefahrer von den Einheimischen in den Kochtopf gesteckt wurden …

Da es einerseits keine Privatautos gab und andrerseits die Insel doch etwas zu groß war, um sie zu Fuß zu erforschen, mietete ich ein geländegängiges Motorrad: eine Enduro-Maschine mit einigen PS, vor allem aber grobstolligen Reifen. Einmal rund um die Insel und dann quer durch über den Berg – das war ein einziger Genuss unter Kokospalmen und den leuchtenden Blüten der Schmarotzerpflanzen.

Diesmal war meine Frau dabei und saß auf dem Rücksitz. Dass ich sie an diesem Tag fast umgebracht hätte, steckt mir heute noch in den Knochen. Weil der Urwaldweg fast zugewuchert war und ich nie gerne umdrehe, solange noch irgendwas geht, fuhr ich ein Stück bei Ebbe auf dem Sandstrand entlang. Ich sah wohl vor mir die tiefen Bambusäste, die quer zum Ufer über dem Strand hingen, vergaß aber einen Moment, dass meine hinter mir kauernde Frau wegen meines Helms nicht nach vorne sehen konnte. Als ich mich dann bei voller Fahrt kurz duckte, hätte es sie fast vom Motorrad gefegt. Glücklicherweise trug auch sie einen Helm, aber es hätte ihr fast den Kopf abgerissen. Verdutzt krabbelte sie aus dem Sand – das hatte sie mir niemals zugetraut! Außer dem Schreck war nicht viel passiert, aber es hätte auch schlimm enden können. Wieder einmal hatte ich in meiner Euphorie fast die Realität vergessen – und das ausgerechnet auf Kosten meiner geliebten Frau.

Als die Dämmerung einsetzte, war dann plötzlich alles übersät mit handtellergroßen Riesenkrabben, die zu Hunderten seitwärts eilend zwischen Unterholz und Meeresufer hin und her hasteten. Wo die alle plötzlich herkamen? Erst jetzt fielen mir die kleinen Maulwurfhügel auf mit großen Löchern darunter, die dicht an dicht den staubigen Boden bedeckten. Und leider hatten sie Feinde – eine Horde junger Burschen aus dem Dorf, die sie mit Prügeln traktierten und lebend in mitgebrachte Papiersäcke stopften.

Wer je auf Aitutaki war, so schwärmte der «Marco Polo»-Reiseführer, der kennt den Traum der Südsee und wird ihn nie wieder vergessen. Und als absolutes Highlight empfahl er, hm, was? Am Sonntag in den Gottesdienst zu gehen. An der altehrwürdigen Inselkirche war ich schon vorbeigefahren. Ich würde zwar nichts verstehen, dachte ich, aber die Menschen zu treffen war sicher auch ganz schön. Und als der Sonntagmorgen anbrach, gab es nur eins: Rauf aufs Motorrad und hin.

Glücklicherweise waren wir eine halbe Stunde früher da – und wir erlebten ein Schauspiel wie bei einer Modenschau. Viel zu klein wirkende Männer transportierten auf Mopeds oder Fahrrädern ihre Frauen heran, jede von ihnen eine Schönheit, aufwändig in Trachten gekleidet und mit Riesenhüten ausgestattet, die auch nach Mailand, Paris oder Ascot gepasst hätten. «Man zeigt, was man hat», schoss es mir durch den Kopf – jede Art von Schmuck und Charme, auch wenn bei einigen Damen die bunten Kleider etwas ausgebeult schienen. Na ja, was soll ich sagen? Auch ich trage dreißig Jahre nach Abschluss meiner Handball-Karriere die Hemden nicht mehr «slim fit» …

Das Beste kam aber *in* der Kirche. Männer und Frauen saßen getrennt, und die Sonne spielte durch die bemalten Glasfenster. Der Pfarrer bestieg die Kanzel in der Mitte des Kirchenschiffes und begrüßte alle auf Englisch, um dann für den Rest des Gottesdienstes in die Landessprache überzuwechseln. Während der Predigt erhob sich dann auf der Frauenseite zunächst ein Summen, in das immer mehr einstimmten und das in einen vielstimmigen A-capella-Gesang einmündete. Der Pfarrer hatte längst aufgehört zu sprechen, die «Matronen» beanspruchten die Aufmerksamkeit allein.

Der Gesang erreichte inzwischen Disco-Lautstärke, ein Kind hielt sich spontan die Ohren zu. Wie ein Tsunami rauschte die bizarre Mischung aus Choral und Südsee-Rhythmen durch das Kirchenschiff. Man meinte sich fast festhalten zu müssen auf den Sitzen. Dann, wie auf ein unsichtbares Kommando, wurde der Gesang behutsamer und fast schon wieder schön, bis er schließlich leise versiegte.

Der Pfarrer fühlte sich ermutigt, an dieser Stelle weiterzupredigen, nur um nach jeweils fünf Minuten weitere Male musikalisch interpretiert und untermalt zu werden.

Irgendwann kniff ich mir in die Ohren, um den Traum zu beenden. Aber hey, das hier war live. Unfassbar. Hatte ich das tatsächlich erlebt?

Im Anschluss an die Kirche gab es im Nebenhaus Kaffee und Tee, und ich lernte sogar Leute kennen, die an Sportmission interessiert waren. Einiges erfuhr ich jetzt über Geschichte und Traditionen: Man liebe es eben, so zu leben wie in der Zeit vor der Kolonialisierung. So werden auf Aitutaki noch heute liebe Verwandte eher hinten im Garten beerdigt als auf dem Friedhof. Das sei zwar verboten, aber die Regierung auf der Hauptinsel Rarotonga sei eine Flugstunde entfernt, und die Leute wieder auszugraben, wenn's dann passiert war, hätte noch keiner von denen verlangt …

Schließlich fand ich noch heraus, dass der Delegierte der «Cook Islands» im Olympischen Komitee ein «Bruder» war. Wir besuchten diesen Tiki und seine Frau vor der Rückreise nach Neuseeland. Er strahlte Würde und Autorität aus, schließlich zählt die Stimme seines Inselstaates gleich viel wie die von China oder den USA, wenn der nächste Präsident oder der nächste Austragungsort der Olympischen Spiele gewählt wird. Große Freude lösten wir mit unserem Gastgeschenk aus: einer in mehr als dreißig Sprachen abspielbaren DVD mit dem Titel «Struggle and Triumph», in der Spitzensportler aus fünf Kontinenten über ihre Glaubenserfahrungen berichten.

Tief bewegt reisten wir weiter auf unserer Reise rund um die Welt. Danke, Tiki, für die schönen Stunden auf Eurer pflanzenüberwucherten Veranda. Und danke an den «Marco Polo»-Reiseführer, der unter den Highlights der Südsee zu unserer großen Überraschung einen Kirchgang auf Aitutaki empfahl …

76
Moorea – oder: Schönheit pur

Immer wieder werde ich gefragt, wo es mir auf meinen vielen Reisen am besten gefallen hat. Tatsächlich gibt es kaum eine Weltregion, deren Schönheit ich noch nicht persönlich gesehen habe. Ich fühle mich aber außerstande, eine klare Wertung vorzunehmen.

Wer will die Schönheit von Tahiti mit der von Kapstadt oder Grönland vergleichen? Hongkong bzw. der Hafen von Aberdeen an der Rückseite von Hongkong Island sind ebenso Kandidaten wie Rio mit seinem Zuckerhut und der Copacabana. Vancouver mit Victoria Island, Madagaskar mit der verschlafenen Idylle von Toliara, Virgin Gorda in der Karibik oder die Götterinsel Bali – ich kann mich einfach nicht entscheiden. Was ich aber immer mit betörender Einzigartigkeit verbinden werde, ist die Insel Moorea, in der sich die Vielseitigkeit seiner zackigen Berge, der traumhaften Strände und der versteckten Buchten zu bezaubernder Schönheit verdichtet. Allerdings, so muss ich hinzufügen, lässt sich das wohl kaum in einem Reisekatalog buchen, was man mit Hilfe einheimischer Freunde findet, die eben mal den Chef einer Ananas-Rum-Distille herausklingeln oder ein Fischerboot zu einer unbekannten Bucht heranwinken.

Französisch-Polynesien erstreckt sich flächenmäßig etwa so weit wie die Europäische Union, hat aber insgesamt nur so viele Einwohner wie Augsburg oder Mannheim. Also wenig Land mit sehr viel Wasser dazwischen. Wer möglichst direkt dorthin fliegt, hat den Vorteil, die Uhr nicht verstellen zu müssen: Die Zeitverschiebung liegt bei exakt zwölf Stunden. Im Blick auf den Jetlag bedeutete dies, dass der Körper nicht weiß, ob er zwölf Stunden voraus oder hinterher ist. Es gilt die gleiche Uhrzeit wie zuhause, nur die entgegengesetzte Tageszeit.

Etwas tückisch ist es an der Datumsgrenze, weil nicht weit entfernt ein anderes Datum gilt. Mittag ist eben Mittag. Wer sich von Cook Islands aus in Tonga für Dienstag zum Mittagessen verabredet, muss seinen Partner für Montag bestellen. Ich bin einmal Dienstagabend in Rarotonga auf den Cook Islands losgeflogen, ein paar Stunden später am Montagabend in der Republik Fidschi zwischengelandet und am nächsten Morgen in Hawaii angekommen, wo allerdings schon Mittwoch war. Da ich mehrere Schulungskonferenzen in dieser Region plante, war mir diese Problematik sehr bewusst.

Auf Tahiti war unter meinen Studenten ein Surfer, der mehrere Rekorde im Riesenwellen-Surfen hielt und diesen Sport professionell betrieb. Er lebte je ein halbes Jahr in Hawaii und auf Tahiti und war in beiden Sprachen und Kulturen zuhause. Seinen Glauben an Gott verbreitete er auch über seinen Blog. Aus seinem Munde klangen seine Erlebnisse sehr natürlich, die er in Grenzbereichen zwischen Leben und Tod durchgestanden hatte.

Mein Gastgeber Yves sprach zwar kein Englisch, kannte aber dafür an jeder Ecke jemanden persönlich. Er war ein höherer Beamter bei der Polizei gewesen und wegen einer beruflich bedingten Verletzung frühpensioniert. So konnte er uns begleiten, als wir mit dem Postboot nach Moorea übersetzten. Dort «charterte» er ein Gefährt, das uns zunächst sehr eigenartig anmutete. Wir saßen auf einer Art Pritschenwagen – auf mit Teppichen belegten Holzkisten. Der Wa-

gen wurde von einem hochrädrigen Traktor mit Vierradantrieb gezogen.

Als dieser Traktor die Küstenbereiche verließ und die bizarren
Felszacken der Zentralberge anpeilte, wurde uns der Grund für diese
Auswahl klar. Zuerst hörte die asphaltierte Straße auf, dann der steinige Weg. Dieser war immer enger geworden, bis sich die steile Spur
zu einem kaum erkennbaren Trail verlor. Immer höher ging es hinaus, die schroffen Steilklippen um uns herum waren atemberau-
bend. Nie wären wir ohne die private Führung da hingekommen.
Als ich vorsichtig fragte, ob dies eigentlich erlaubt sei, schmunzelte
der Fahrer: «Dein Freund vertritt hier das Gesetz.»

Zu essen gab es nicht viel, nur ein paar mitgebrachte Sandwiches.
Uns wäre aber ohnehin nicht danach gewesen; in der trockenen
Hitze und unter praller Sonne versuchten wir uns mit Hüten und
Decken zu schützen. Erfrischt wurden wir durch mitgebrachte Ge-
tränke aus einer einfachen Truhe mit Eiswasser und mit jeder Art
von tropischem Obst.

Man konnte auf diese Art die ganze Insel umrunden, und wir waren müde und etwas ausgelaugt, als wir gegen Abend in einer film-
reifen Bucht ankamen. Ja, sagte Yves, hier fanden die Dreharbeiten
für «Die Meuterei auf der Bounty» statt, einem Hollywood-Klassiker,
der auf geschichtliche Quellen zurückging. Weil der unmenschliche
Kapitän Bligh ein Sadist war, kam es zur Meuterei, der Überlebens-
wille der von Seuchen und Stürmen geschundenen Besatzung
brachte wenigstens einige nach Hause.

Hier von einem Grillenkonzert umgeben unter dem Nachthimmel
zu sitzen und – da kein künstliches Licht mehr in der Nähe war – in
den schließlich in gleißendem Glanz erstrahlenden Sternenhimmel
zu schauen, war gefühlt so etwas wie das Paradies.

Und weil mein Gastgeber wusste, dass mein Herz für den Hand-
ballsport schlägt, lud er den Chef des Handball-Verbandes zum
Abendessen ein. Er überreichte mir ein Originaltrikot der Nationalmannschaft von Französisch-Polynesien; in allen französisch geprägten ehemaligen Kolonien wird ja recht hochklassig Handball gespielt. Ob ich die Nationalmannschaft Tahitis mal nach Deutschland

einladen könnte? Dies ist bisher an den enormen Reisekosten gescheitert. Aber wenn sich ein zahlungskräftiger Sponsor finden würde, der sich auf eine Gegeneinladung nach Moorea freut? ...

Tief befriedigt habe ich damals die lange Rückreise von Moorea angetreten. Sicher hat mein überwältigender Eindruck von dieser Insel auch damit zu tun, von einem Insider geführt worden zu sein. Ich habe auch schon das Gegenteil erlebt: Du bist mutterseelenallein in einem fremden Land. Es wird Nacht, und du hast kein Quartier – und im Auto bleiben ist zu gefährlich.

Was macht den Unterschied? Wenn ich dann eine Telefonnummer habe von jemandem, den ich anrufen kann. Wahrscheinlich hat ein amerikanischer Freund recht, der einmal zu mir sagte: «It is not so important *what* you know, but *whom* you know.» Ist es tatsächlich wichtiger, *wen* man kennt, als *was* man so alles weiß? Fürs Reisen gilt das ganz bestimmt – vielleicht aber auch fürs ganze Leben. Darüber ließe es sich mal nachdenken.

Wie dankbar bin ich, den Schöpfer kennengelernt zu haben, den ich jederzeit und überall «anrufen» kann.

77
Neuf heures et demie

Von jeher liegen mir die französischsprachigen Länder der Erde besonders am Herzen, wenn es um die Ausbreitung des Evangeliums geht. Die Engländer haben ja überall ihren christlichen Glauben mitgebracht – die Franzosen ihre hervorragende Küche. Wie in Frankreich selbst spielt die Frage des Glaubens im kulturellen Leben eine untergeordnete Rolle.

So war ich Feuer und Flamme, in Neukaledonien im Südpazifik eine Konferenz zur Gründung christlicher Sportgruppen einzuleiten. Die Witwe des ehemaligen Direktors einer Kupfermine, der einem Sabotageakt zum Opfer gefallen war, hatte diese Maßnahme unterstützt und gesponsert. Mit großer Hochachtung denke ich an diese beeindruckende Frau, die für viele Jüngere ein Vorbild und eine Herausforderung war. Sport in Kombination mit einem Wertesystem, welches das Zusammenleben in der Gesellschaft erleichtert? «Lasst uns das machen! Genau das braucht die nachwachsende Generation in Neukaledonien», sagte diese Frau. «Wir laden einfach ein und sehen, was passiert!»

250 Gäste wurden erwartet im modernen Boxstadion. Und so fanden wir uns in den nächsten Tagen in einem Boxring wieder, von dem aus ich, unterstützt von Freunden aus Fidschi und Neuseeland, den Besuchern auf der Tribüne die Vision des wertebasierten Trainings im Sportbetrieb präsentierte.

Doch bis es so weit war – das war eine andere Geschichte. Die lokalen Mitarbeiter wohnten in einem Camp ohne Klimaanlage, dafür mit Moskitos und sonstigem Kleingetier. Das sei für mich einfach nicht zumutbar, meinten sie. Und obwohl ich normalerweise jede Vorzugsbehandlung ablehne, packte man mich in ein 5-Sterne-Hotel. «Wir holen dich ab» – so das Versprechen – «die Konferenz beginnt um 9 Uhr 30, und wir werden rechtzeitig bei dir sein.»

Schon vor 9 Uhr war ich bereit, aber es wurde 9:30 Uhr, dann 10 Uhr – langsam wurde ich unruhig. Schließlich war ich für die Eröffnung und die einleitende Ansprache vorgesehen. Die Uhr zeigte 10:30 Uhr, bald schon 11 Uhr – von meinen Freunden war nichts zu sehen.

Dann kam einer von ihnen in bester Laune um die Ecke und eröffnete mir, wir müssten uns nur noch in der Stadt einen Projektor ausleihen, dann könnte die Konferenz beginnen. Meinen erschreckten Hinweis auf die Zeit quittierte er mit einem verständnislosen Lächeln. «Pas de problème» – meinte er. Und das schien sein Lieblingssatz zu sein.

Als wir in der Boxhalle eintrafen, waren etwa zehn Leute da und warteten geduldig. Wir bauten erst mal den Boxring um, stellten eine vier Meter hohe Leinwand auf und installierten die Technik. Gegen 12 Uhr waren fünfzig Leute da, um 13 Uhr waren es dann 200.

«Siehst du», sagte man mir, «es klappt doch alles.»

Zum Ende der Veranstaltung gingen dann die örtlichen Leiter «in den Ring», um für pünktliches Erscheinen am nächsten Tag zu werben. «Neuf heures et demie», riefen sie – 9:30 Uhr, morgen früh. Zu allem Überfluss ließen sie die Uhrzeit «im Chor» wiederholen. «Neuf heures et demie», brüllte daraufhin die ganze Halle, und nach dem dritten Mal verabschiedete man sich bis zum nächsten Tag.

Nach einem schönen Abend mit den Gastgebern arbeitete ich noch spät an meinen Vorträgen. Zwar spreche ich gut Französisch – aber mehr im Business-Bereich. Das christliche Vokabular ist mir weniger geläufig. Einmal hatte ich fast das englische «blessing» mit dem französischen «blesser» übersetzt – hatte ich gerade gebetet, dass Gott sie verletzen möge?

Morgens der Wecker, dann duschen und Frühstück. Warten auf den Fahrer. 10 Uhr, 10:30 Uhr – mit Schaudern dachte ich an das feierliche Gelöbnis am Abend zuvor, dass doch diesmal alle pünktlich sein wollten. Schließlich war ich wieder gleich zu Beginn der Veranstaltung dran!

Diesmal kam der Fahrer um halb zwölf – wir müssten ja, so meinte er, nichts mehr abholen. In der Halle waren wir dann unter den Ersten, und wieder füllten sich die Ränge mit der Zeit – und alle waren zufrieden.

Irgendwann fragte ich dann meinen Gastgeber: «Wie viel Uhr haben wir eigentlich?» – «Wissen wir nicht», war die Antwort, «aus der Zeit machen wir uns hier nichts.» Ich schaltete den Fernseher ein und wartete auf die Nachrichten. Sie kamen dann auch – aber ohne jede Erwähnung der Uhrzeit.

Mein deutsches Pflichtbewusstsein begann zu rebellieren. «Wie kann man hier leben», fragte ich, «wenn keiner die Zeit auch nur kennt?» Die Antwort ließ mich in ungläubigem Staunen zurück: «Was willst du denn?», fragte man mich. «*Ihr* habt die Uhr – *wir* haben die Zeit!»

HEIMKOMMEN

78
La testa fra le nuvole

Heimreisen mit einem Kontinentalflug ist immer kritisch, weil man diesen unter keinen Umständen verpassen darf. Genau dann sollte es einem nicht passieren, dass im letzten Moment etwas dazwischenkommt. Man braucht einen klaren Kopf und die nötige Prise Konzentration, was leider nicht immer gegeben ist ...

«La testa fra le nuvole» – den Kopf in den Wolken –, so sagen die Italiener, wenn jemand gedankenverloren wie ein Professor die Wirklichkeit vergisst. Von Sir Isaac Newton wird berichtet, wie ihn seine Frau in der Küche beim Eier-Kochen vorfand. Übles ahnend schaute sie in den Topf, weil er auf ein Ei in seiner Hand starrte – und tatsächlich, im kochenden Wasser lag seine Sackuhr.

Auch kleinere Geister können diese Eigenschaft haben, und ich bin wohl einer davon. Gerade wenn mir vieles durch den Kopf geht, wenn ich wirklich die Probleme der Welt wälze und über die Zukunft nachdenke, kann es sein, dass ich mich selbst in die Bredouille bringe. Ein weiteres Mal passierte mir dies nicht weit von Cape Canaveral an der Ostküste Floridas, das heute die Raketenabschussrampe des «Kennedy Space Center» trägt.

Hierhin hatte ich mich nach einer Konferenz für einige Tage zurückgezogen, um etwas Urlaub zu genießen. Mein später Atlantikflug ab Orlando gab mir am Abreisetag noch genügend Zeit, morgens nochmals am Strand die Sonne und die Wellen zu genießen. Auschecken musste ich aber schon frühmorgens aus dem kleinen Strandhotel – ich konnte meinen großen Koffer und die Laptop-Tasche an der Rezeption lassen. Meinen Handgepäck-Trolley nahm ich mit ins Auto – da waren auch meine Arzneien drin, meine Ladekabel, mein Pass, die Tickets und ein Satz Anziehsachen fürs Flugzeug. Außerdem einige Bücher, meine englische Bibel und Konferenzunterlagen – um Gewicht im großen Koffer zu sparen ...

Am frühen Nachmittag beschloss ich, die Badehose aus- und die Reisesachen anzuziehen. Da ich kein Hotelzimmer mehr hatte, fuhr ich auf einem großen Parkplatz so neben eine Garagenwand, dass ich zwischen den beiden geöffneten Türen fast unsichtbar war. Wenn man viel im Auto lebt, legt man sich einige solche Techniken zu, um beim Umziehen im Freien relativ unsichtbar zu bleiben ...

Eigentlich wollte ich meinen Trolley für den Rest der Fahrt im Kofferraum unterbringen, damit er beim Parken nicht sichtbar ist, aber irgendwie funktionierte die Fernbedienung nicht wie erwartet – jede Taste auf dem Autoschlüssel konnte ich drücken, aber nichts geschah. So gab ich schließlich auf und fuhr erst mal zu einem Restaurant, wo ich mir mein Abschiedsessen schmecken ließ.

Beim Zahlen packte mich ein mulmiges Gefühl. Warum hatte ich nur die Kreditkarte in der Tasche und nicht mein ganzes Ausweistäschchen? Hatte ich jetzt meinen Trolley mit den Wertsachen sichtbar im Auto liegen lassen? Zurück beim Auto fuhr mir der Schreck in die Glieder: Die Rückbank war leer.

Als Erstes raste ich an den Parkplatz, wo ich mich umgezogen hatte – nichts. Müllmänner luden gerade große Plastiksäcke auf, ich befragte sie und zerrte an den Säcken, ob darunter etwa braunes Leder zu sehen war. Sie sprachen nur Spanisch, schüttelten aber energisch mit dem Kopf.

Fieberhaft raste ich zu meinem Parkplatz beim Restaurant zurück – war das Auto abgeschlossen gewesen, als ich zurückkam? Ich meinte doch! War der Trolley womöglich gestohlen worden? Oder hatte ich ihn gedankenlos mit ins Restaurant genommen? Ich hielt alles für möglich, denn langsam dämmerte es mir, dass ich höchstens noch dreißig Minuten hatte, bevor ich aufgeben und die neunzig Minuten zum Flughafen in Orlando zurückfahren musste. – Die Polizei verständigen? Eine der Patrouillen anhalten?

Ich klingelte in dem Nagelstudio, vor dem der Wagen während des Mittagessens geparkt war. Über Mittag geschlossen. Nebendran waren Überwachungskameras, der Besitzer der Air-Condition-Firma könnte was haben. Aber die war auch zu. Jetzt fielen mir meine Koffer im Hotel ein und dass ich die familiäre Gebetskette informieren könnte.

Inzwischen hätte ich es sogar für möglich gehalten, dass der Trolley nie im Auto war, stattdessen aber noch im Hotel. Aber auch da bestätigte man mir, dass ich nur zwei Gepäckstücke zur Aufbewahrung abgegeben hatte. Gott – ich brauche ein Wunder. Noch zehn Minuten, dann musste ich aufgeben und ohne mein Handgepäck mit all den Papieren und meinem Laptop die Heimreise versuchen.

Und dann kam der Tornado. Wie schon am Vortag plötzlich ein Gewittersturm mit so viel Regen, dass alle Autos stehen blieben. Wenn das auf dem Highway nach Orlando passieren würde, wäre mein Atlantikflug ohnehin weg. Also sofort losfahren? Ich betete in Gedanken nochmals den ganzen Vormittag durch – zermarterte mir den Kopf, wo ich überall gewesen war, was passiert sein könnte. Gestohlen? Ja, vielleicht, aber es gab keinerlei Einbruchspuren. Und die Schließanlage – sie hatte doch gesponnen: Hatte ich da mein Gepäck einfach stehen lassen und nichts bemerkt?

Es tat mir weh, den schönen kleinen Handkoffer einfach aufzugeben, ganz abgesehen vom Inhalt. Er war ein Erinnerungsstück, ein Abschiedsgeschenk nach einer jahrelangen Mitgliedschaft im Vorstand einer Organisation. Und meine Arznei? Meine Ladekabel?

Um Saft beim Handy zu sparen, stellte ich den Flugmodus ein. Aber wenn jemand was finden würde und mich anrufen wollte? Also wieder an.

Eins war mir klar: Wenn überhaupt, dann hatte ich nur noch einen Schuss. Polizei, nochmals das Hotel, das Restaurant, der Parkplatz? Es ist schwer, in so einem Moment logisch zu denken. Aber schließlich wurde gebetet. Welche Chance konnte ich Gott noch geben, mir das Gepäckstück zurückzuschenken oder vielleicht den genau richtigen Gedanken in mir entstehen zu lassen?

Ich fuhr zu dem Container zurück, den ich mittags als Garagenwand empfunden hatte. Noch fünf Minuten, dann musste ich losfahren. Ich rannte ums Auto herum – alles leer, und der Parkplatz war wie ausgestorben. Wenn ich ihn da stehen gelassen hätte, weil der Kofferraum nicht aufging, und ein ehrlicher Mensch hätte ihn gefunden – was hätte der wohl gemacht? Ihn vielleicht zum nächstgelegenen Hotel gebracht, zum Beispiel dem da drüben?

Ich beschloss, das noch zu versuchen. Aber da war eine lange

Schlange beim Einchecken. Ich drängte mich vor, um zu fragen – no way, bitte hinten anstellen. Es ging entsetzlich langsam. Mehrfach war ich versucht zu gehen, die Chance war ja minimal. Aber irgendwie hoffte ich es noch zu schaffen auf den Flug – ich war ja schon elektronisch eingecheckt.

Als ich dann drankam, ging alles ganz schnell. «Yes, Mr. Gühring, wir haben schon gehofft, dass Sie hier nachfragen. Wir haben sogar versucht, Sie zu erreichen. Aber da Sie eine ausländische Handynummer auf der Visitenkarte haben, gaben wir auf. Wir können hier an der Rezeption nur Inlandsgespräche führen …»

Es war eine fast irreale Situation und fühlte sich wie ein Traum an, als ich mit meinem kleinen Koffer Richtung Auto rannte. Gott – wie groß bist DU denn?! Schnell funkte ich meiner Familie Entwarnung – «Halleluja», kam es zurück. So saß ich dann im Flieger und konnte es kaum fassen. Da oben im Gepäckfach war alles wieder da, wie wenn nichts gewesen wäre.

79
Hilfreicher Ballast

Was waren wir gewarnt worden vor den Gefahren der lebensfeindlichen Natur im Dreieck Kirgistan, Tadschikistan und Usbekistan: Höhenkrankheit auf dem Dach der Welt, dem atemberaubenden Pamir-Gebirge! Malaria durch fliegende und krabbelnde Insekten in den heißen Ebenen! Tagelang keine Elektrizität, kein Handynetz und kein Diesel fürs Auto! Kein Wasser trinken aus Angst vor Bakterien und Amöben! Vorbereitet sein auf septische Reaktionen bei kleinsten Schürfwunden! Ja keine Blutkonserven akzeptieren, falls ein Unfall passiert! Hatten sich nicht Reisende mit HIV infiziert, nur weil ein Arzt unreines Spritzenbesteck benutzte? Eben! …

Ich kann nicht jeden Ort und jede Klimaregion nennen, in der ich gewesen bin – und gegen manche hätte meine Frau sicher rebelliert, wenn ich dorthin nur eine Vergnügungsreise gemacht hätte. Mancherorts war bekannt, dass schon westliche Touristen einfach verschwunden oder als Geiseln genommen wurden. Der Gefahr von medizinisch unbeherrschbaren Viren oder Krankheiten, für die es noch keine Medikation gibt, darf man sich auch nicht ohne Not aussetzen. So handelt es sich oft um ein Abwägen und dann um die Frage, wie man Bedrohungen und Gefahr durch gute Vorbereitung und geeignete Maßnahmen minimieren kann.

So aber stand meine liebe Frau hinter jeder meiner Reisen und drückte ihre Sorge und Fürsorge unter anderem darin aus, dass sie mit viel Liebe und Verstand eine Reiseapotheke zusammenstellte, nicht nur Moskito-Spray und Malaria-Aktiv-Tabletten. Auf Anraten des Tropenmediziners hatten wir von der Malaria-Prophylaxe Abstand genommen. Die verschiedenen Bakterienstämme würden immer mehr gegen die verfügbaren Schutzstoffe resistent, und man könne die Malaria-Aktiv-Tabletten auch noch nehmen, wenn einen ohne plausible Erklärung unnatürlich hohes Fieber ergreift. (Dies ist natürlich kein allgemeingültiger Rat. Jeder muss sich hier selbst erkundigen und beraten lassen.)

Dann empfahl man uns natürlich: Sonnenschutz mit Faktor 50 – wegen der direkten Sonneneinstrahlung in großer Höhe! Außerdem unbedingt Wasserreinigungstabletten – angeblich werden in dreißig Minuten die meisten Bakterien vernichtet und nach sechzig Minuten auch die Amöben! Und wenn trotzdem etwas passiert: Tabletten gegen Durchfall und Elektrolyte für den Ersatz der verlorenen Mineralien mitnehmen! Dazu Wundspray und ein «Wundermittelchen» unserer Freunde, das mich im Kaukasus vor einem zweifelhaften Krankenhausbesuch gerettet hatte. Dann sollten wir auch die folgenden Dinge noch einpacken: Schmerztabletten, Feuchttücher und Desinfektionsmittel für die Hände, und, und, und!

Es ist ein gutes Gefühl, in der Vorbereitung alles nur Denkbare getan zu haben und für jeden Fall gerüstet zu sein. Nach der Rückkehr von einer dieser Reisen stellte ich erleichtert fest: Wieder einmal – Gott sei Lob und Dank – war alles vollkommen für die Katz. Und so schrieb ich meiner Frau, als es zum ersten Mal wieder möglich war zu skypen: «Völlige Fehlplanung. Sonnenschutz und Desinfektionsmittel habe ich verwendet, aber die Reiseapotheke bringe ich unangetastet wieder nach Hause. Sicher bist du darüber sehr traurig», mutmaßte ich augenzwinkernd. – Sie schmollte nur kurz, um den Spaß mitzumachen.

Dann war ich wieder zuhause. Es ist bei weitem keine Selbstverständlichkeit, immer gesund heimzukommen. Das Schlimmste, was ich mal mitbrachte, waren Salmonellen, aber davon ganz viele. Dank Hausarzt und bravem Befolgen seiner Ratschläge kein so großes Problem.

Ein Bekannter hatte weniger Glück, er hatte sich in Afrika in einem verseuchten Gewässer erfrischt. Nach einigen Monaten wuchsen unter der Haut bis zu taubeneigroße Beulen, in denen sich Parasiten eingenistet hatten.

Einen jungen Familienvater traf es noch schlimmer. Er bekam – ebenfalls erst nach Monaten – eine schleichende Krankheit, die sich als untherapierbar erwies und den vorher kerngesunden Kerl mit knapp dreißig in die Frührente schickte. Eine Tragödie in einem Leben, in dem sich vorher keine größeren Sorgen abgezeichnet hatten und das dann ins andere Extrem kippte.

Die Bedrohung mag größer sein, als wir ahnen. Krankenhauskeime mit wechselnder und doch insgesamt steigender Resistenz machen uns auch hierzulande zu schaffen. Warum geht es mir – obwohl ich mich so vielem ausgesetzt habe – dann gesundheitlich so gut?

Glück gehabt, werden die meisten sagen. Ich sage: Danke, Marion, für dein Mitdenken, deine Fürsorge und den hilfreichen Ballast deiner Reiseapotheke. Und danke, Gott, der du alles andere unter Kontrolle hattest.

80

Ankommen

Was ist das Ziel jeder Reise? «Ankommen», wäre die einfachste Antwort. Wer aber immer wieder gerne loszieht, kennt auch das Glück, einfach unterwegs zu sein.

Die Welt ist an vielen unentdeckten Orten von solcher Schönheit, dass dies als Triebfeder für mein Fernweh durchaus ausreichen würde. Was aber viel schwerer wiegt, ist das Verlangen, der Wahrheit auf den Grund zu kommen – über das, was die Medien verschweigen und was angeblich keine Nachricht wert ist.

Und es gibt einen weiteren Grund, sich immer wieder auf den Weg zu machen: die überall anzutreffenden Menschen in ihrem Durst nach Leben, in ihrer Sehnsucht nach echter Erfüllung. Wo es diese Erfüllung gibt? Wer die Antwort hat und sie für sich behält, ist ein Betrüger und macht sich des Verbrechens der Unterschlagung schuldig.

Ich lebe in dem Bewusstsein, diese Antwort gefunden zu haben als ein Fundament, das auch in extremen Belastungssituationen des Lebens getragen hat. Aber können wir denn irgendetwas wirklich sicher wissen? Oder hat Sokrates recht mit diesem Satz, der als Gipfel der Weisheit gilt: «Ich weiß, dass ich nichts weiß»? Ich verstehe schon, wie er das meinte, aber wenn es bedeutet, dass Fragen wichtiger ist, als jemals eine Antwort zu akzeptieren, dann liegt er daneben. Noch mehr Respekt habe ich für Hiob, auch weil ich in diesem Punkt seine konkrete Erfahrung teile. Sein Kontrapunkt zu Sokrates lautet: «Ich weiß, dass mein Erlöser lebt.»

Das Überstülpen einer eigenen Meinung würde jede beginnende Beziehung sofort blockieren. Wo aber echtes Suchen und Fragen sichtbar wird, kann ich mich als Botschafter verstehen – im Sinne von 2. Korinther 5,20: «So bitten wir nun an Christi statt: Lasst euch versöhnen mit Gott!» Der Theologe Fulbert Steffensky definiert Mission als «die gewaltlose Werbung für die Schönheit eines Lebenskonzepts, indem ich den Glauben lebe und indem ich ihn erkläre».

Immer dann, wenn sich ein Mensch mit Gott versöhnen lässt, hat dies eine gewaltige Sprengkraft im Blick auf die Unversöhnlichkeit unter Menschen.

Immer wieder bestreiten Menschen ihre persönliche Schuld, erklären ihr Handeln als alternativlos, oder sie zerbrechen unter der Last der auf sich geladenen Verantwortung. Da ich selbst diese Phase durchlebt habe, kann ich einen Ausweg zeigen, ohne überheblich zu sein. Viele Menschen sind dankbar dafür, zur Anerkennung eigener Schuld geführt zu werden, und bestünde sie nur darin, den Schöpfer bisher ignoriert zu haben.

Mir wurde aus Dankbarkeit so viel Liebe geschenkt – selbst zu Menschen, denen ich zum ersten Mal begegne –, dass ich oft gerne unter fremde Lasten krieche und mittrage, was andere belastet. Es gibt Hoffnung, die mehr ist als Beschwichtigung, und Zuversicht, die mehr ist als positives Denken. Und so fühle ich mich durchaus wohl unterwegs – auf der Suche nach den Suchenden. Kein Schicksal ist so dunkel, dass es kein wärmendes Licht mehr ersehnt, und kein Mensch auf seiner Lebensreise ist so verirrt, dass er nicht noch «ankommen» könnte. *Es geht eben wohl kein Mensch über die Erde, der nicht mehr Liebe braucht, als er verdient.*

Abreisen und Ankommen sind wie Pole, die sich gegenüberstehen, deren Kreis sich aber auch immer wieder schließt. Und ich habe trotz allem *den Verdacht, dass die Sehnsucht nach echtem «Ankommen» die Triebfeder jeder Abreise ist.* Auf vollkommene Weise geschieht das Ankommen dann, wenn es auch uns zu unserem Schöpfer führt, der diese Welt und unser Leben erdacht und geschaffen hat, und dem wir in jedem Winkel der Welt in immer wieder neuen Facetten begegnen.

«Du bist ein Gott, der mich sieht», sagte die verstoßene Hagar selbst in der Wüste (1. Mose 16,13). Und so wende ich mich auch auf meinen Reisen immer wieder im Gebet an diesen Gott, klage ihm, was ich sehe, teile meine Freude und erbitte seinen Segen nach jeder Begegnung.

Glücklicherweise ist Gott nicht auf das angewiesen, was wir ihm im Gebet sagen. Wir könnten ihm auch nichts erklären, was er nicht schon weiß. Vielmehr freut er sich darüber, dass wir uns ihm im Vertrauen zuwenden, und belohnt dies damit, dass er von einer viel höheren Warte aus erhört. Er, der jederzeit alle Aspekte überschaut und deshalb nicht nur unseren Wünschen nachkommt, sondern unsere tatsächliche Sehnsucht erfüllt, hat große Freude daran, scheinbar Unumstößliches zu verändern, in Allmacht, Allwissenheit und Liebe.

Und noch etwas geschieht, wenn wir das Gebet als zentrale Funktion unseres Lebens entdecken. Wir begeben uns regelmäßig in seine Nähe, und weil ER Licht ist, fällt etwas von seinem Schein auf unseren Weg. Das hilft uns, manches neu zu bewerten und konkrete Schritte klar zu erkennen.

«Da geht's lang» – genau da. Es erweist sich für mich als schlüssig, mit diesem Schöpfer unterwegs zu sein, der das Ziel und die Zukunft kennt – und deshalb auch jeden sicheren Tritt, den ich gehen kann.

So behütet zu reisen, ist schon ein Genuss.

Aber das Ankommen wird noch schöner sein.

81
Incomplete

«Incomplete», so nennt man im American Football einen Versuch, bei dem der vom Quarterback geworfene Ball nicht vom eigenen Spieler kontrolliert gefangen wird, bevor er den Boden berührt. Der Raumgewinn wird annulliert, man muss zurück auf den Ausgangspunkt und hat einen Versuch weniger.

Wie soll man «incomplete» übersetzen? Unfertig, unvollendet, unvollkommen? In jedem Fall «nicht komplett», und damit irgendwie wertlos. Oder etwa nicht?

Ich konnte auf meinen Reisen vieles anstoßen, was das Leben von Menschen verändert hat. Dass diese es in ihren Sprachen weitertragen, in ihren Kulturen anpassen und umsetzen, ist der Reichtum einer Baustelle, die noch lange «incomplete» bleiben wird. Die Not erscheint unendlich, und selbst materielle Befriedigung würde die Sehnsucht der Menschen nicht stillen; die Sehnsucht nach einem Leben, das diesen Namen wirklich verdient.

Aber die Angst vor dem Unvollendeten sollte uns niemals lähmen. Was wir beitragen und tun können, ist immer begrenzt, kann aber für Einzelne alles bedeuten. Etwas nur anzustoßen, ohne das Ende mitzuerleben, ist in jedem Fall wertvoll, auch wenn nicht jeder geworfene Ball aufgefangen wird.

Incomplete bleibt dieses Buch, weil es mittendrin aufhört und das Leben weitergeht. Und noch immer sind die Träume größer als die Erinnerungen.

Incomplete ist es auch, wenn zu meinen Erfahrungen nicht auch noch die Erlebnisse meiner Leserinnen und Leser hinzukommen, die manches in Frage stellen und anderes bestätigen werden. Nicht immer verstehen wir die Bedeutung und Tragweite von Ereignissen sofort. Nicht jedes Puzzleteil ergibt für sich selbst einen Sinn, aber zusammen formen die vielen Teile ein Bild. Für mich war es die alles überstrahlende Erkenntnis, dass hinter allem und über allem die Weisheit dessen steckt, der diese Welt und unser Leben erfunden und erschaffen hat.

Und so ist aus einem Reisebericht eine Liebeserklärung geworden an den Gott, mit dem ich in über 150 Ländern unterwegs war.

82
Statt einer Biografie

Als Unternehmer weltweit zu reisen und dabei jeden Moment zu genießen, war mir wohl in die Wiege gelegt. Kaum konnte ich lesen und schreiben, studierte ich den Weltatlas meiner älteren Schwester und schrieb mir ganze Kolonnen von Ländern und Städten heraus, die ich einmal kennenlernen wollte. Als ich dann an Weihnachten noch ein Buch mit dem Titel «Weltreise mit 19 PS» erhielt, war es um mich geschehen. Dieser Mann aus Bremen war mit einem «Lloyd 600» in zweieinhalb Jahren um die Welt gefahren, und was hatte er nicht alles erlebt!

Schon mit 14 rangierte ich Elektrokarren und Autos auf dem Firmenhof meines Vaters. Leider überlebte eine Wohnbaracke meinen ersten Ausritt auf einem schweren Stapler nicht, da ich in der Aufregung Bremse und Gas verwechselte. Meine Sehnsucht nach Mobilität und nach fernen Ländern aber passte gut zu meinem Anspruch, aus dem kleinen Familienbetrieb heraus die ganze Welt zu erobern.

Dazu kam die zweite große Liebe meines Lebens – der Sport. Es geschah auf dem Höhepunkt meiner Karriere als Handball-Torwart, dass ich in einem Endspiel auf Hochschulebene zum Matchwinner und gefeierten Star wurde. Mitten in dieser Genussphase – Sonnyboy und erfolgreicher Student, dem alles zufiel – hatte ich die Sehnsucht nach mehr. Wo aber könnte ich das finden?

Meine Gedanken waren damals schon sehr von der Wissenschaft geprägt. Ich sog alles auf, was ich kriegen konnte. Mein «Studium Generale» konnte ich mir leisten, weil ich immer zu früh alle Zulassungsscheine für die nächste Prüfungsphase in der Tasche hatte. Meine Studienstadt Aachen hatte auf einigen Gebieten Koryphäen mit Weltruhm zu bieten, so der damals führende Ost- und Asien-Experte Prof. Klaus Mehnert und unser «Psychologie-Papst» Prof. Friedrich Steinwachs. Ihre atemberaubenden Vorlesungen sog ich ebenso lebensdurstig auf wie die Disziplinen Biologie, Chemie, Physik, Thermodynamik und Mineralogie.

Und schließlich entdeckte ich das, was mir ein Prädikatsexamen mit «Summa cum laude» einbrachte: Jeder Professor kannte nur *sein* Fachgebiet und war hier Experte, aber keiner ahnte viel von den anderen Disziplinen. Und so konfrontierte ich sie in den mündlichen Prüfungen mit Erkenntnissen aus einer anderen Fachrichtung, über die sie noch nie nachgedacht hatten.

Endeten nicht alle wissenschaftlichen Disziplinen in *einer* Realität? Wie konnte diese Wirklichkeit aus sich selbst heraus entstanden sein?

Einen Studienschwerpunkt legte ich auf das Fach Physikalische Chemie. Wie konnte es sein, dass die Formel von Gibbs-Thomson und von Clausius-Clapeyron eine ähnliche Grundstruktur aufwiesen, dass die fundamentalen Formeln der Disziplinen Optik, Akustik, Wärmelehre, Thermodynamik und andere einer simultanen Gesetzmäßigkeit folgten?

Und so kam ich immer mehr zu dem Schluss, dass mir zur gedankenlosen Adoption der Evolutionstheorie der Glaube fehlte.

Unseren Physikprofessor Fucks fragte ich damals im Audimax nach einer Vorlesung mit über tausend Studenten, was der wohl gesichertste Satz der Wissenschaft sei. Er nannte den 2. Hauptsatz der Wärmelehre, den wir scherzhaft als den «Satz der Hausfrau» bezeichneten. Der sogenannte Entropiesatz sagt im Prinzip, dass jedes sich selbst überlassene ungelenkte System spontan den Zustand immer größerer Unordnung annimmt.

Hmm. Wie aber konnte das Weltall mit seinen berechenbaren Planetenbahnen, wie konnten die in der Nanotechnologie erforschten Phänomene und das biologische Leben mit seinen Wundern sich zu solcher Höhe entwickelt haben, ohne dass ein lenkender Geist Pate stand?

Und dann las ich den Satz des Nobelpreisträgers Werner Heisenberg, der für die Entdeckung der nach ihm benannten Unschärferelation geehrt wurde: «Der erste Schluck aus dem Becher der Wissenschaft macht atheistisch, aber auf dem Grunde des Bechers wartet Gott.»

Der Moment der Entscheidung kam dann mitten in einer Sportarena. In einem Endspiel auf Hochschulebene stand ich im Brennpunkt des Geschehens, weil ich als Torwart meine Mannschaft gegen das favorisierte Team im Spiel hielt. Vor brechend voller Halle ging dieser Krimi zweimal in die Verlängerung, bevor je fünf Siebenmeter geworfen wurden. Weil es danach immer noch keinen Sieger gab, musste jede Mannschaft immer einen nominieren, der als

Nächster warf, und das so lange, bis einer gehalten wurde und der andere nicht.

Es war eine gedankenschnelle, fast reflexartige Reaktion, mit der ich den tief angesetzten Ball aus der Ecke fischte, und die Spannung entlud sich in einem Beifallssturm – und dem Entsetzen der anderen Spieler und Fans. Die Presse war da, ein Scout des Bundestrainers, mehrfach wurde ich in die Luft geworfen, benommen durfte ich den Pokal abholen, Interviews vor der Kamera – eigentlich hätte ich mich glücklich fühlen müssen …

Aber mitten im Trubel wurde mir klar, dass ich im Sport wohl alles gewinnen könnte, und es würde die Leere in meinem Herzen doch nicht ausfüllen können, die ich seit meiner bewussten Abwendung von Gott immer wieder gespürt hatte.

Nach der rauschenden Siegesfeier ging ich zu Bett und war mit mir allein. Ich folgte meinem inneren Wunsch, auf die Knie zu gehen und Gott zu sagen, wie sehr es mir leid tat, dass ich es ohne ihn versucht hatte, und dass er ab jetzt in meinem Leben das Sagen haben sollte.

Am nächsten Tag war Training. Ich packte eine Bibel obenauf in die Sporttasche, die ich im Umkleideraum als Erstes rausräumte und auf die Bank legte. «Was ist das denn?», kam prompt die Nachfrage. «Spinnst du jetzt und bist fromm geworden?»

Ich galt als lebenslustig und war eindeutig auf der Sonnenseite des Lebens, und da passte eine Bibel für die meisten einfach nicht ins Bild. Glücklicherweise war ich aber als Handballspieler gut genug, und zu keinem Zeitpunkt wollten sie auf mich verzichten. So fanden sie sich vorerst mit dieser «Neuerung» ab, später gab es dann oft sehr nachdenkliche Rückfragen. Etwa, als einer aus der Mannschaft bei einem Autounfall ums Leben kam.

In dieser Zeit war es mir eine große Hilfe, den damaligen Leiter der heute unter dem Namen «SRS e. V.» bekannten Organisation kennen zu lernen. Deren Claim «Im Sport. Für Menschen. Mit Gott.» sagt viel darüber aus, wie wir unsere Präsenz in der Sportwelt verstehen.

Viele Jahre lang war ich dann später für den Aufbau der ehrenamtlichen Mitarbeiterschaft und für die Ausbreitung der Vision auf der ganzen Welt im Einsatz.

Bei mir waren nun die Weichen neu gestellt. Ich sah immer mehr eine Lebensaufgabe vor mir, die sich nicht in Selbstverwirklichung erschöpfte. Nicht im Unglück oder unter großem Druck, sondern mitten im Erfolg und im Bewusstsein eigener Stärke hatte ich die seltsame Entscheidung getroffen, dass jetzt ein Größerer der Chef in meinem Leben sein sollte.

Für mich fühlte sich das einfach logisch an: Wenn es eine Tatsache wäre, dass der Gott der Bibel sich das Universum und das Leben genau so ausgedacht und ins Werk gesetzt hat, wie es tatsächlich existiert, wäre dies im theoretischen Ansatz vielleicht nicht beweisbar, müsste aber persönlich erfahrbar sein. Und wenn Gott tatsächlich in Allmacht und Allwissenheit jenseits der Grenzen von Raum und Zeit handelt, hängt seine Existenz nicht davon ab, ob ich an sie glaube.

Meine neue Perspektive hat mich von Anfang an elektrisiert. Angesichts der Sinnlosigkeit und Aussichtslosigkeit überall: Wenn da tatsächlich einer existieren würde mit der absoluten Kompetenz für alle Fragen des Lebens – sollte man sich dann nicht darauf einlassen, seine Weisheit verstehen und erschließen zu wollen?

Ich fasste den für viele selbst meiner engsten Freunde überraschenden Entschluss, alles auf diese eine Karte zu setzen – «all in» zu gehen in dem anfangs noch zaghaften Vertrauen zu Gott. Seither wurde dies durch gelebte Erfahrung immer mehr zum Fundament meines Lebens als Unternehmer und Weltbürger, und die Bibel wurde meine ständige Begleiterin – außer in Regionen, wo schon der Besitz einer Bibel mit der Todesstrafe bedroht war. Aber inzwischen hatte ich auch genug auswendig gelernt, um wegweisende Bibelverse stets bei mir zu haben.

Als ich dann auf vielen Reisen auch namenlosem Elend begegnete, geschundenen Menschen, denen jede Würde genommen worden war, da reifte mein Entschluss, zusammen mit einigen guten Freunden aus allen Kontinenten einen Prozess einzuleiten, der dieser negativen Spirale etwas Wirkungsvolles entgegensetzt.

Leidet nicht die Menschheit schwer am Machthunger von Despoten, Diktatoren, Autokraten und Ideologen, die sich das Recht nehmen, Andersdenkende zu unterdrücken oder zumindest auszubeuten? Viele der gutgemeinten Maßnahmen wie Entwicklungshilfe bleiben an vielen Orten wirkungslos, weil sie ineffizient sind oder in den Taschen korrupter Regimes landen. So rangen wir um den richtigen Ansatz, auch unter dem Eindruck einer Erkenntnis, die Albert Einstein formulierte: «Das eigentliche Problem der Menschheit ist nicht die Atombombe, sondern das menschliche Herz.»

Bald stand unsere Entscheidung fest: Wir wollten versuchen, in junge Menschen aus bildungsarmen Nationen zu investieren – einfach indem wir ihnen alle Werkzeuge zur Verfügung stellten, die sie brauchten, um in ihren eigenen Ländern Verantwortung zu übernehmen.

Die so aufgebauten Akademien durchliefen in zwanzig Jahren über 100.000 Studenten aus fast 200 Ländern, und die dort ausgebildeten Leiter tragen ein anderes Weltbild in sich. Nicht Wohlstand, Macht oder dominierender Einfluss sind die höchsten anzustrebenden Güter, sondern die Fähigkeit, die eigene Begabung in den Dienst der Gesellschaft im eigenen Land zu stellen. Dass hier auch fähige Unternehmer und Politiker gebraucht werden, ist keine Frage, und einige sind dort bereits angekommen. Aber noch wichtiger ist die Durchdringung der Gesellschaft mit einfachen Menschen auf allen Ebenen und in allen Berufsgruppen. Einigen von ihnen sind Sie in diesem Buch begegnet, auch wenn Namen, Orte und Zeiten vertauscht sein könnten.

Die Mitarbeit am Bau dieses Netzwerkes hat mich in mehr als 150 Länder geführt, fast immer verbunden mit meinen geschäftlichen Aktivitäten. Da ich es liebe, unterwegs zu sein, die Andersartigkeit fremder Kulturen zu entdecken und dabei die Bedürfnisse und Erwartungen der Menschen aufzuspüren, war und ist das Ganze für mich reiner Genuss. Vielleicht beginnen die Leserinnen und Leser dieses Buches etwas zu ahnen von dem geradezu bizarr schönen und so ganz eigenen Charakter weltweit gewachsener Beziehungen und der beglückenden Erfahrung, den richtigen Bezugspunkt für ein erfüllendes Leben gefunden zu haben.

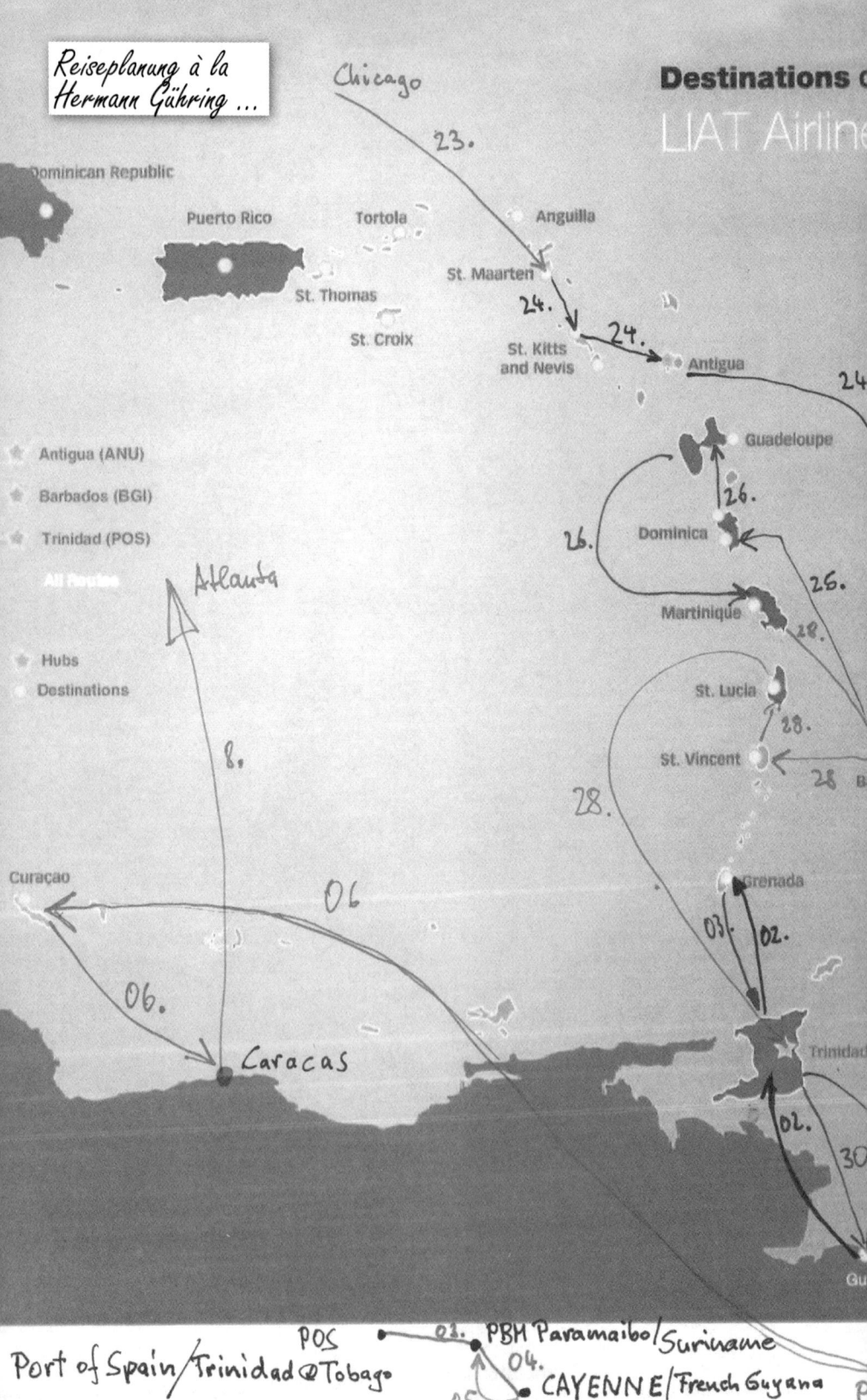

Abendstimmung in Vietnam

Die gefundene Brille
in Neuseeland
(Geschichte Nr. 72)

DANGER
KEEP OUT

Die Erfahrung eines Weitgereisten:
Die Welt ist voller Freunde!